Neue Medien i Lernen;

HEISE

Seymour Papert

Revolution des Lernens

Kinder, Computer, Schule in einer digitalen Welt

Verlag Heinz Heise

Die Deutsche Bibliothek – CIP-Einheitsaufnahme

Papert, Seymour:
Revolution des Lernens : Kinder, Computer, Schule in einer digitalen Welt / Seymour Papert. [Dt. von: Brosche & Weigmann, Heidelberg]. – Hannover : Heise 1994
Einheitssacht.: The children's machine <dt.>

ISBN 3-88229-041-2

Originaltitel: (ISBN 0-456-01830-0) The Childrens´s Machine
by Seymour Papert

Deutsch von: Brosche & Weigmann, Heidelberg

Printed in Germany 5 4 3 2 1
1998 97 96 95 94

Umschlaggestaltung: MB-GRAFIK-DESIGN, Hannover
Druck: Lengericher Handelsdruckerei, Lengerich

ISBN 3-88229-041-2

Inhalt

Einleitung

Bildung und Lernen im Informationszeitalter

Hartmut Mitzlaff,
Johann Wolfgang Goethe-Universität Frankfurt/ Main

»In der Pädagogik liegt der größtmögliche Erfolg nicht darin, Nachahmer zu finden, sondern darin, andere dazu zu inspirieren, etwas anderes zu tun«.
PAPERT

Das neue Buch des renommierten Computerwissenschaftlers und Mathematikers Seymour PAPERT, das hier in einer kongenialen deutschen Übersetzung von Marianne Brosche vorgelegt wird, trägt im vielbeachteten Original den Titel »The Children's Machine« und zeigt auf dem Titelbild der amerikanischen wie der britischen Ausgabe lediglich einen Computer. Natürlich ist PAPERTs Buch auch – wie könnte dies bei dem Erfinder der ursprünglich für Kinder bestimmten Programmiersprache LOGO und der Schildkröten-Mathematik auch anders sein – ein Buch über Computer. Aber es ist weit mehr, und oft verschwinden dabei die technischen Geräte im Hintergrund bzw. sie werden auf das reduziert, was sie für die meisten von uns sind: Auf Medien, Hilfsmittel und multifunktionale Werkzeuge. Es ist ein Buch, das sich kritisch mit den Schwächen des zeitgenössischen Schul- und Bildungssystems auseinandersetzt, über neue Formen und andere Inhalte des Lernens (Kybernetik, Mathetik) nachdenkt und das Visionen einer veränderten Schule entwirft, einer Schule, in der sich die Schülerinnen und Schüler (aber auch die Lehrerinnen und Lehrer) kreativ entfalten können und in der so – auf dem Wege gesteigerter Lernfreude – das allgemeine Bildungsniveau gehoben wird. In diesem Zusammenhang untersucht das Buch, welchen Beitrag der Computer zur Entwicklung dieser neuen Lernkultur leisten kann.

Die Verbindung von mathematischen und informationstechnischen mit pädagogischen, psychologischen und bildungspolitischen Überlegungen kommt nicht von ungefähr: Seymour PAPERT war mehrere Jahre lang Mitarbeiter des Genfer Psychologen Jean PIAGET. 1963 wechselte er an das MIT, das bekannte **M**assachusetts **I**nstitute of **T**echnology, um sich dort – zusammen mit Marvin Minsky – vornehmlich mit Fragen jenes Bereiches zu beschäftigen, den man gemeinhin als Künstliche Intelligenz (KI oder AI) zu bezeichnen pflegt, der aber treffender als Technische Intelligenz (TI) bezeichnet werden müßte. PAPERT ist Mitbegründer des MIT Media-Labors und leitete die 1985 gegründete »MIT-Arbeitsgruppe für Erkenntnistheorie und Lernforschung« (Anschrift im Anhang S. 229). Zur Zeit arbeitet er als Professor für Mathematik und Erziehungswissenschaften am MIT in Cambridge (MA). In den 60er Jahren entwickelte PAPERT speziell für Kinder die Computersprache LOGO, die schon Vorschulkinder in die Lage versetzen sollte, Computer zu kontrollieren und zu beherrschen. Die vielfältigen Einsatzmöglichkeiten dieser Sprache hat PAPERT 1980 in seinem Buch »Mindstorms« beschrieben, das 1982 unter dem Titel »Gedankenblitze - Kinder, Computer und neues Lernen« in deutscher Übersetzung erschien (Taschenbuchfassung aus dem Jahre 1985).

Gleichgültig, ob man Computern eher positiv oder negativ gegenübersteht, ihr Einfluß auf unseren Alltag wächst ständig. Sie haben Arbeitsabläufe grundlegend verändert und sind längst ein fester Bestandteil unserer Kultur. Eine Rückkehr zu einem computerlosen Zustand wäre Illusion. Schon Kinder im Grundschulalter haben heute in beachtlicher Zahl Zugang zu modernen PCs (vgl. MITZLAFF/ WIEDERHOLD, 1990) und erwarten von den Erwachsenen Hilfen auf dem Weg zu einem, so die Zielperspektive einer demokratischen Erziehung, »mündigen Umgang« mit den neuen Technologien. Eben dieser Situation stellt sich PAPERT, und auf eben diese Situation versucht er zukunftsweisende informationspädagogische, psychologische sowie bildungs- und gesellschaftspolitische Antworten zu geben, die unser Interesse verdienen. Er versucht nicht – wie immer noch die Mehrheit geisteswissenschaftlich orientierter Pädagogen in Deutschland – die Kinder vor der Computerkultur zu bewahren. Weil er von der kreativen Leistungsfähigkeit des Kindes und zugleich von den positiven didaktischen bzw. »mathetischen« (s.u.) Möglichkeiten des Computers überzeugt ist, will er den Kindern früh altersgemäße, d.h. (nach PIAGET) konkret-operative Zugangsmöglichkeiten zu den neuen Techniken eröffnen; Zugangsmöglichkeiten, die nicht der Lehrer auf ein genau definiertes Ziel hin vorherbestimmt, sondern die von den Kindern im Rahmen selbstbestimmter Lernprozesse erobert und erschlossen werden sollen. Anders ausgedrückt: Das Kind tritt aus der Objektrolle heraus und wird zum Subjekt seiner Lernprozesse. Computer können ihm dabei – so eine der zentralen Aussagen PAPERTS – helfen.

Als PIAGET-Schüler lehnt PAPERT die behavioristischen Lerntheorien, die die Konzepte des computerunterstützten Lehrens (von CAI über CAL bis CBT)* beherrschen und auf denen die gängigen Drill-and-Practice-Programme in aller Welt basieren, als völlig unzureichend ab. Statt dessen orientiert er sich an konstruktivistischen und kognitionspsychologischen Lerntheorien, die die aktive Rolle des lernenden Subjekts betonen. Das Ideal ist für PAPERT ein aktiver Lernprozeß, in dem die »Kinder die Schöpfer und nicht die Konsumenten von Wissen sind« (PAPERT, 1994, Kap. 1). Pädagogisch ist PAPERT vor allem vom Pragmatismus John DEWEYs beeinflußt (DEWEY, 1915/ 1993), wobei daran zu erinnern ist, daß DEWEY zusammen mit W. H. KILPATRICK im ersten Drittel dieses Jahrhunderts die inzwischen auch in Deutschland bekannte Projektmethode begründet hat.

Vor diesem pädagogischen und psychologischen Theorie-Hintergrund ist der Computer für PAPERT kein Gerät, das die Kinder mit individuell dosierten Wissenshäppchen füttert und die Aufnahme dieser Häppchen per Test überprüft, um dann in neuen, optimal angepaßten Sequenzen weitere Elemente anzubieten. Computer sollten, so seine Meinung seit Mitte der 60er Jahre, »Kindern« vielmehr »als Instrument dienen, mit dem sie arbeiten und denken« können, »als Mittel um Projekte durchzuführen, als Quelle von Konzepten, die ihre Gedanken in neue Bahnen lenken … « (PAPERT, Kap. 8).

Die Gesellschaft verlangt von der modernen Schule eine Auseinandersetzung mit den neuen Techniken. Andererseits bringt ein großer Teil der heutigen Kinder und Jugendlichen (insbes. der Jungen), in Deutschland ebenso wie in den USA und Japan, Computern ein großes Interesse, wenn nicht sogar eine ausgeprägte Begeisterung entgegen. Man müßte annehmen, die Schule greife diese Begeisterung auf und nutze sie zu einer grundlegenden Reform der Lehr- und Lernprozesse.

Wenn Computer in der Schule eingesetzt werden, dann geschieht dies in der Regel in formalisierten Konzepten, die in der Bundesrepublik die Namen »Informationstechnische Grundbildung« (ITG) oder »Informatik« tragen. Oder es werden im Rahmen des computerunterstützten Lehrens (CAI) »Drill-and-Practice«-Programme eingesetzt, die oft nicht mehr sind als eine computerisierte, und damit recht kostspielige, Form der traditionellen Arbeitsblätter oder eine moderne Form des alten Tafel- und Kreide-Unterrichts (vgl. PAPERT, Kap. 3).

Die formalisierten Konzepte schaffen es oft sehr schnell, die jugendliche Computer-Begeisterung zu brechen und die innovative Potenz des Mediums Computer, die PAPERT für das Lehren und Lernen ausmacht, zu neutralisie-

* CAI = Computer Aided Instruction; CAL = Computer Assisted Learning; CBT= Computer Based Training.

ren oder zu eliminieren. Diesem Phänomen, das auch in den USA zu beobachten ist, stellt PAPERT die Vorstellung entgegen, daß die Schule gerade das kindliche und jugendliche Interesse an den neuen Techniken nutzen müsse, um ihre Lernprozesse völlig neu zu bestimmen. Immerhin habe seit der Erfindung der Druckerpresse keine Erfindung ein so großes Potential zur Revolutionierung der Lehr- und Lernprozesse besessen wie eben der Computer. Doch bisher nutze die Schule dieses Potential gar nicht oder völlig unzureichend. Dies sei in besonderen, in sich geschlossenen Computerkursen auch gar nicht möglich. Vielmehr müsse der Computer den Heranwachsenden in allen Lernbereichen (als Experimentalwerkzeug und Informationsspeicher) zur freien Nutzung zur Verfügung stehen (vgl. auch PAPERT, 1985). PAPERT nennt zahlreiche Beispiele für kreative Projekte, die in dieser veränderten Arbeitsumgebung entstanden sind. Bisher ist der Computer in den meisten Schulen nach PAPERT zur Verstärkung der technisierten Lehr- und Lernkonzepte, die auch schon vor der Erfindung des PCs die Schule beherrschten, genutzt worden. Die – in der Tat paradox anmutende – Möglichkeit, das High-Tech-Medium Computer zur Entwicklung enttechnisierter, selbstbestimmter Formen des Lernens zu nutzen, sei bisher in den Schulen kaum erkannt oder aber systematisch als subversiv unterbunden worden:

> »Ich vertrete das paradoxe Argument, daß Technologie einen so tiefgreifenden Wandel der Schule herbeiführen kann, wie wir es in der Medizin erlebt haben, dies wird jedoch genau durch den entgegengesetzten Prozeß wie im Fall der modernen Medizin geschehen. Die Medizin hat sich gewandelt, indem sie ihrem Wesen nach immer stärker technisiert wurde; die Schule wird sich wandeln, indem technische Mittel verwendet werden, um das technische Wesen des schulischen Lernens abzuwerfen« (so PAPERT, a.a.O., Kap. 3).

Zweifelhaft bleibt allerdings, ob dieser Wandel zum enttechnisierten Lernen, wie man nach PAPERTs Ausführungen annehmen könnte, allein durch die Macht der technischen Entwicklung bewirkt werden wird oder ob es dazu nicht vor allem des entschiedenen pädagogischen und bildungspolitischen Willens bedarf?

Kennzeichnend für die entwickelte Industriegesellschaft ist die Forderung nach einem lebenslangen Lernen und nach einem – so verschiedene Reformpädagogen bereits zu Beginn dieses Jahrhunderts – »Lernen des Lernens«. PAPERT ist davon überzeugt, daß der Computer bei der Einlösung dieser Forderung zukünftig eine Schlüsselrolle spielen wird. Verwundert stellt er in diesem Zusammenhang fest, daß es zwar Begriffe zur Bezeichnung der Lehr- und Erziehungskunst (nämlich »Didaktik« und »Pädagogik«), aber kein entsprechendes Wort zur Benennung der »Kunst des Lernens« gäbe. Dies lasse auf eine Vernachlässigung nicht nur im öffentlichen Bewußtsein, sondern auch in der akademischen Forschung schließen. Im Rückgriff auf das griechische Verb »manthanein« (lernen) schlägt PAPERT den Terminus »Mathetik« zur Bezeichnung der von ihm geforderten »Unterweisung in der Kunst des *Lernens*« vor. Gleichgültig, ob sich dieser ungewohnte Begriff einbürgern wird, PAPERTs Feststellung, daß zukünftig »Mathetik ... ein noch wichtigeres Beschäftigungsfeld für Kinder als Mathematik« (s.u.) werden wird, verdient Zustimmung.

Wie jeder gute Pädagoge begegnet PAPERT den Kindern mit Respekt und Empathie. Er läßt sich auf ihre Erfahrungswelt ein und plädiert für ein Höchstmaß an Eigenverantwortlichkeit und für Methoden des entdeckenden Lernens. Diese Konzepte sind nicht neu. Im Gegensatz zu vielen Pädagogen, die sich mit den frühen Altersstufen beschäftigen, sieht PAPERT in dem Computer nun aber keine Gefahr, sondern vielmehr die Chance, die seit DEWEY, FREINET, PIAGET... u.v.a. propagierten Konzepte tatsächlich zu realisieren. Langfristig ist da die Vision von einer »Wissensmaschine«, aus der der Grundschüler selbstbestimmt – ohne den Umweg über die Frage an Erwachsene – jederzeit multimediale Informationen abrufen kann. Kurzfristig wirbt PAPERT nach wie vor für seine LOGO-Umgebung, in der die Kinder handelnd Mathematik ›entdecken können‹. Erweitert wurde dieser schon in *Gedankenblitze* vorgestellte Ansatz inzwischen um die Umgebung von LEGO-LOGO, die eine spielerisch-handelnde Einführung in kybernetische und systemtheoretische Schlüsselkonzepte ermöglichen will (vgl. insbes. Kap. 9). Nach PAPERT sind diese zunächst kompliziert anmutenden Aufgaben »durch die neuesten benutzerfreundlichen Versionen von Logo ... so einfach geworden, daß Konstruieren im Bereich der Technik und die zugrundeliegenden naturwissenschaftlichen Prinzipien ein ebenso natürliches Ausdrucksmittel der Phantasie werden wie Zeichnen oder Sprechen« (PAPERT, 1994, Kap. 1). ›Kinderleicht‹ werden die Lösungen, da sie sich auf dem Niveau des konkret-operativen und qualitativen Denkens bewegen, das der Altersstufe der Grundschüler entspricht.

PAPERT verbindet progressive pädagogische Konzepte, wie sie von der internationalen Reformpädagogik seit dem ersten Drittel dieses Jahrhunderts entwickelt und erprobt wurden, mit informationstechnischen Konzepten. Ja, er ist der festen Überzeugung, daß die Reformpädagogik erst mit der Computertechnik über jene Werkzeuge verfügt, die den Kindern ein selbstbestimmtes und freies Lernen im Sinne der reformpädagogischen Ideale ermöglicht. Die These kann aus der Tradition der europäischen Reformpädagogik durch verschiedene Beispiele untermauert werden: Nehmen wir zum Beispiel Célestin FREINET, der das freie Schreiben propagierte und zu diesem Zweck einfache Druckerpressen mit Bleilettern entwickelte. Man darf sicher sein, daß der technisch wie gesellschaftlich stets aufgeschlossene und interessierte FREINET heute komfortable Textverarbeitungssysteme nutzen würde, um »den Kindern das Wort zu geben«. Zur Pflege der Klassenkorrespondenzen mit weit entfernten Schulen würde er wahrscheinlich heute auch die Daten-Fern-Übertragung einsetzen.

PAPERT ist davon überzeugt, »daß die besten Lernerfolge erzielt werden, wenn der Lernende« nicht zum Objekt schulischer Vermittlungsprozesse gemacht wird, sondern wenn er »die Verantwortung« für seine Lernprozesse und seine Arbeiten »selbst übernimmt. Also« – so betont er – »strecke ich immer meine Fühler nach Initiativen aus, die es ermöglichen, den Zweck der Schule als Ort des Lernens mit einer Kultur der Eigenverantwortung zu verbinden« (a.a.O., Kap. 2). Am weitesten entwickelt sind solche Ansätze zu selbstbestimmten Lernprozessen in Deutschland zur Zeit in der Grundschule, die sich seit einem Jahrzehnt in einem reformpädagogischen Aufbruch befindet. Ausgewählte Stichworte wie »freie Arbeit«, »Wochenplan«, »projektorientiertes Lernen«, »entdeckendes Lernen«, »handlungsorientiertes Arbeiten«, »standortspezifische Curricula«, »Schulprogramm«, »doppelseitige Öffnung des Unterrichts« (außerschulische Lernorte werden aufgesucht, andererseits werden »Experten« in den Unterricht geholt), »Projektwochen«, »kindorientierte Klassenraumgestaltung«, »Lernwerkstätten«, »Arbeitsmittel mit Selbstkontrolle«; ganzheitliches Lernen mit »Kopf, Herz und Hand« mögen die dabei eingeschlagene Richtung markieren. Seit kurzem tauchen auch in der deutschen Grundschuldiskussion verstärkt Forderungen nach größerer Autonomie der Einzelsysteme auf, die in PAPERTs Schlußkapitel anklingen (Kritiker der Autononomie-Diskussion befürchten allerdings, daß sich Schulträger mit diesem wohlklingenden Konzept aus der finanzpolitischen Verantwortung stehlen könnten!).

PAPERT berichtet über kleinere und größere Projekte, die den Leser zu eigenen Experimenten und Überlegungen anregen werden:

- Selbstverständlich wird an verschiedenen Stellen des Buches über Arbeiten mit LOGO berichtet, das für PAPERT nicht nur eine Programmiersprache, sondern eine komplexe Lernumgebung zur Förderung des mathematischen Verständnisses und Interesses, ja im Grunde eine Lernphilosophie darstellt.
- Da die Kybernetik für PAPERT ein Schlüsselkonzept zum Verständnis technischer, biologischer und ökologischer Steuerungsvorgänge darstellt, plädiert er für ein Projekt oder »Fach, das man Kybernetik für Kinder nennen könnte«. Erste Projekte dieser Art werden mit dem LEGO-

LOGO verwirklicht, das auf einer Kombination der den meisten Kindern vertrauten LEGO-Bausteine mit LOGO basiert. Die Beschreibung der Vorgehensweise gibt Aufschluß über das pädagogische und psychologische Selbstverständnis PAPERTS:

> »Der Kernpunkt war, den Versuch aufzugeben, Kinder in die kybernetische Welt der Schildkröte zu locken, und statt dessen Kybernetik in ihre Welt zu bringen. Diese Vorstellung .... führte zu meiner Zusammenarbeit mit Lego. Kinder lieben es, Dinge zu konstruieren, also wählt man einen Bausatz aus und erweitert ihn um alles, was für den Bau kybernetischer Modelle notwendig ist. Sie sollten in der Lage sein, eine Schildkröte mit Motoren und Sensoren zu bauen, und die Möglichkeit haben, Logo-Programme für deren Steuerung zu schreiben; oder wenn sie einen Drachen, einen Lastwagen oder ein Aufwachbett wollten, sollten sie auch dies bauen können....In frühen Experimenten mit diesem Konzept mußten die Motoren und Sensoren über eine Schnittstelle mit einem Computer verbunden werden. Später bauten wir Computer, die so klein waren, daß sie in den Modellen selbst Platz hatten.... Es erscheint offensichtlich, daß in Zukunft kybernetische Konstruktionen genauso selbstverständlich zum Aufwachsen der Kinder gehören werden, wie jetzt das Bauen von Autos, Häusern oder Modelleisenbahn-Anlagen. Erst dann wird kybernetisches Denken wirklich ein Teil ihrer Kultur werden« (PAPERT, 1994, Kap. 9).

Der Wissenschaftler begibt sich in die spielerische Welt der Kinder, fragt nach ihrer Lebens- und Erfahrungsumwelt und stellt sich auf ihr konkret-operatives Handlungs- und Denkniveau (vgl. PIAGET) ein.

Wenn PAPERT in seinen Büchern über den unterrichtlichen Einsatz von Computern schreibt, dann bezieht sich dies überwiegend auf Kinder unter zwölf Jahren, also auf Schüler, die bei uns die Grundschule oder die Eingangsstufe der Sekundarstufe I besuchen würden. Anders als in den USA, aber auch in vielen anderen Industriestaaten (Frankreich, Großbritannien, Kanada, um nur einige wenige Beispiele zu nennen), in denen die Arbeit mit dem Computer heute zum Grundschulalltag gehört, haben sich in Deutschland die Kultusminister der Länder darauf verständigt, vor der siebten Klasse keine Computer im Unterricht einzusetzen. In dem richtungsweisenden Konzept der Bund-Länder-Kommission für Bildungsplanung und Forschungsförderung aus dem Jahre 1987 heißt es:

> »In den meisten Ländern der Bundesrepublik Deutschland ist bisher eine Festlegung dahingehend getroffen, daß die Grundschule zumindest vorerst von einer systematischen Einführung in die informationstechnische

> Bildung ausgenommen werden soll. Dafür spricht, daß Schülern der Grundschule in erster Linie die traditionellen Kulturtechniken vermittelt werden müssen, deren Beherrschung für das tägliche Leben weiterhin erforderlich bleibt; auch für den Umgang mit dem Computer sind diese Kulturtechniken eine grundlegende Voraussetzung« (BLK, 1987, S. 12).

Die Position wurde inzwischen auch auf die neuen Länder ausgedehnt. Die Problematik des BLK-Textes, der eine auf dieser Stufe zwangsläufig abzulehnende Norm (»systematische Einführung«) vorgibt und ebenfalls normativ eine absolute, empirisch längst unhaltbare Trennung zwischen dem Lernen am Computer und der Förderung der Kulturtechniken vornimmt, kann hier nicht erörtert werden. Tatsache ist, daß solche Vereinbarungen dafür gesorgt haben, daß in der Bundesrepublik bisher nur sehr wenige Grundschüler im Rahmen vereinzelter Modellversuche (so in Rheinland-Pfalz) oder im Rahmen kleinerer Projekte, die vor allem von engagierten Grundschullehrerinen und -lehrern – mit stillschweigender Duldung der Schulaufsicht – realisiert worden sind, im Unterricht mit Computern in Berührung gekommen sind. Lehrerinnen und Lehrer, die Computer im Grundschulunterricht einsetzen wollten, können z.T. von bemerkenswerten Widerständen berichten. PAPERT würde sich über diese Abstinenz in deutschen Grundschulen und die bewußte Abkoppelung von einer internationalen Entwicklung (dazu auch SCHREIER, 1992) wundern. Ob seine Beispiele für eine frühzeitige kreative Arbeit mit dem Computer geeignet sind, bei der Allianz aus deutschen Kultus- und Finanzministern einen Prozeß des Umdenkens einzuleiten, darf bezweifelt werden.

In pädagogischen Diskussionen hört man oft die Befürchtung, daß der Einsatz des Computers im Unterricht – zumal im Grundschulunterricht – zu einer sozialen Isolierung der Schüler führen werde und daß die Arbeit mit dem Computer die sozialen Lernziele einer demokratischen Schule konterkariere. Eigene Erfahrungen in der Grundschule zeigen, daß dies keineswegs zwangsläufig der Fall sein muß. In verschiedenen computerunterstützten Textprojekten konnte vielmehr beobachtet werden, daß sich ganz neue Kooperationsformen zwischen den Kindern, die im übrigen Unterricht isoliert an Texten gearbeitet hatten, entwickelten und daß die Mehrheit der Kinder am liebsten zu zweit am Computer arbeiteten (vgl. MITZLAFF/ WIEDERHOLD, 1990, S. 177). Wenngleich dieser Aspekt bei PAPERT eher eine untergeordnete Rolle spielt, so erwähnt er doch ähnliche Beobachtungen. Besonders interessant ist für mich das Beispiel von Brian und Henry, jenen beiden Klassenkameraden, die bisher kaum Kontakte zueinander hatten, sich nun aber am Computer mit ihren betont mathematischen bzw. musikalisch-künstlerischen Interessen zu einem gemeinsamen Projekt zusammenfinden (vgl. Kap. 3). Auch hier erkennt der Leser aber sofort, daß es nicht der Computer allein ist, der diese Möglichkeit eröffnet, sondern der neue offene pädagogische Kontext des handlungsorientierten und entdeckenden Lernens, in den die Computerarbeit integriert ist.

Die Computerwelt wird in weiten Bereichen von Männern beherrscht. In der von PAPERT beschriebenen Altersgruppe sind es vor allem Jungen, die außerhalb der Schule Zugang zu Computern haben. Geschlechtsspezifische Vorurteile und Technikbarrieren setzen sich offenbar auf dem Gebiet der Informatik fort. Widerlegt werden solche Stereotypen in dem vorliegenden Buch u.a. durch den beeindruckenden Bericht über Maria und ihre Freundinnen, die schrittweise zu einer kreativen Lösung eines selbstgestellten Lego-Problems finden. PAPERTs Beobachtungen und eigene Erfahrungen im Grundschulbereich legen die Vermutung nahe, daß die angesprochenen Technikbarrieren bei vielen Mädchen nicht entstehen würden, wenn man ihnen frühzeitig Gelegenheit zu einem konkret-operativen Umgang mit Computern in einem offenen pädagogischen Kontext, wie er von reformpädagogischen Konzepten intendiert ist, geben würde (vgl. MITZLAFF/ WIEDERHOLD, a.a.O.). Langfristig wäre dies vielleicht sogar der Ansatz, um in der zukünftigen Computerkultur eine positive Richtungsänderung einzuleiten. Die ersten Beobachtungen rechtfertigen aus meiner Sicht jedenfalls gezielte pädagogische Projekte.

»Wie schlafen eigentlich Giraffen?« Diese Frage bewegt die kleine Jennifer und anschließend den erwachsenen Computerforscher. Die Frage und die kindlichen Theorien bilden für PAPERT den Ausgangspunkt für den Traum von einer multimedialen »Wissensmaschine«, die kinderleicht zu bedienen sein wird und mit deren Hilfe die kleine Jennifer der nächsten oder übernächsten Generation diese Frage klären kann, noch bevor sie in der Lage ist, Bücher zu lesen. (Aus meiner Sicht werden allerdings diese Bücher, die von Computerfreaks auch heute schon gerne als »old-fashioned software« belächelt werden, auch neben dieser »Wissensmaschine« ihren besonderen Wert behalten und behaupten!). Erste Ansätze zu solchen Wissensmaschinen, die an Steve Jobs »Knowledge Navigator« erinnern, gibt es bereits in Form »interaktiver CD-Roms«. Ein gelungenes Beispiel, das zwar keine Informationen über Giraffen, dafür aber über die heimische Flora und Fauna enthält, liegt im deutschen Sprachraum seit kurzem mit der Hypermedia-Arbeitsumgebung und Datenbank »Das grüne Klassenzimmer« vor (LSW, 1994; VAN LÜCK, 1992). In ausgewählten Grundschulen Nordrhein-Westfalens und der Schweiz werden derzeit erste Erfahrungen mit diesem Hypermedia-System gewonnen.

Wenn der Mathematiker PAPERT über Perspektiven zur Reform des schulischen Lernens nachdenkt, setzt er natürlich fachspezifische Schwerpunkte, und so verlangt denn sein Programm aus deutscher Sicht auch zwangsläufig Ergänzungen und Korrekturen. Diese betreffen vor allem den Bereich des sozialen Lernens, der bei ihm insgesamt zu kurz kommt, aber gerade für unsere heutigen Grundschüler von so grundlegender Bedeutung ist, daß Grundschulpädagogen wie Richard MEIER eine »soziale Wende« in unseren Schulen einfordern (vgl. MEIER, 1993). Vernachlässigt wird bei PAPERT weiterhin der ebenfalls grundlegende Bereich der »ökologischen Bildung« (vgl. KLEBER, 1993; MITZLAFF, 1991 und 1992), der die unmittelbare Naturerfahrung voraussetzt und zu dem u.a. die originale Begegnung mit dem »Naturschönen«, die durch keine mediale Erfahrung ersetzt werden kann, gehört (SCHREIER).

PAPERT berichtet von Kindern, die bei der Frage nach der Herkunft von Karotten auf die Konservendose verweisen, und weist auf die Undurchschaubarkeit vieler Dinge in der kindlichen Umwelt hin. Man wird noch weiter gehen müssen und einen enormen Verlust an Primärerfahrungen in einer von Medien bestimmten Welt feststellen. Hier liegt heute eine der vorrangigen Aufgaben unserer Grundschulen und Kindergärten: Sie müssen vielfältige Primärerfahrungen vermitteln, insbesondere auch solche, die in einer technischen Umwelt verlorenzugehen drohen, also Erfahrungen im Umgang mit der Natur, Einblicke in Betriebe und Institutionen des Heimatortes, aber auch soziale Erfahrungen in der größeren Kindergruppe und mit Erwachsenen, die in der Ein-Kind-Familie oder den heute typischen Kindergeflechten nicht mehr möglich sind. Diese Primärerfahrungen können Medien gerade nicht vermitteln, aber der Computer kann dennoch als ein Werkzeug zur Aufarbeitung und Festigung der konkreten Realerfahrungen dienen: Kinder des dritten und vierten Schuljahres schreiben z.B. kleine Berichte über ihre schulischen Exkursionen, verfassen Gedichte über ihre Herbsterlebnisse, entwickeln am Computer ein Stadtteilbuch oder legen Datenbanken über die beoachtete Flora im Schulgarten an. Wie sich in derartigen Projekten Primärerfahrung und Computereinsatz altersgerecht – völlig ohne Kenntnis von Programmiersprachen – zu kreativen Handlungen verbinden, hat der Verfasser mit einem Forschungsteam an anderer Stelle beschrieben (vgl. MITZLAFF/ WIEDERHOLD, 1990; MITZLAFF, 1995).

Man darf sicher sein: PAPERTs Thesen und Vorstellungen werden in Deutschland heftige Kontroversen auslösen. Der einzelne Leser mag dessen Schulkritik und seine Thesen und Visionen von einer neuen Lernkultur nicht in allen Punkten teilen. Der Kernaussage, daß zukünftig das Lernen des Lernens, das lebenslange Erlernen neuer Fertigkeiten und

Kenntnisse zur Schlüsselqualifikation werden wird und daß bei der Entwicklung und Konkretisierung dieser Grundfertigkeit der Computer eine immer größere Rolle spielen wird, wird man seine Zustimmung nicht versagen können. Es ist zu wünschen, daß PAPERTs Buch auch in Deutschland eine breite Diskussion über die schulischen Rahmenbedingungen zur Förderung dieser Schlüsselqualifikation einleiten wird. Es wäre erfreulich, wenn sich an dieser Diskussion nicht nur bestallte Bildungswissenschaftler, sondern auch möglichst viele Eltern und Schulpraktiker beteiligen würden.

PAPERTs Buch gibt keine Patentantworten, sondern will Denkanstöße vermitteln. Der Autor betont, daß es nicht seine Absicht sei, »dem Leser zu sagen, was richtig oder falsch ist, sondern seine Vorstellungskraft herauszufordern und zu stärken« (Kap. 2). Dem Buch ist zu wünschen, daß dies auch in der deutschen Leserschaft in breitem Umfang gelingt.

Literatur

Bund-Länder-Kommission für Bildungsplanung und Forschungsförderung (BLK): *Gesamtkonzept für die informationstechnische Bildung.* Bonn, 1987.

DEWEY, JOHN: *Demokratie und Erziehung.* (Ersterscheinung 1915). Weinheim und Basel, 1993.

DEWEY, JOHN/ KILPATRICK, WILLIAM HEARD: *Der Projektplan – Grundlegung und Praxis.* Weimar, 1935.

KLEBER, EDUARD W.: *Grundzüge ökologischer Pädagogik. Eine Einführung in ökologisch-pädagogisches Denken.* Weinheim und München, 1993.

Landesinstitut für Schule und Weiterbildung LSW (Hrsg.): *Interaktive Medien im Unterricht. Gestaltung von Hypermedia-Arbeitsumgebungen - Lernen in Sach- und Sinnzusammenhängen.* Soest, 1994.

MEIER, RICHARD: *Dimensionen des Zusammenlebens.* In: Lauterbach u.a.: *Dimensionen des Zusammenlebens. Probleme und Perspektiven des Sachunterrichts.* Band 4. Kiel, 1993, S. 15-46.

MITZLAFF, HARTMUT (HRSG.): *Computer-Handbuch Grundschule.* Weinheim, 1995.

MITZLAFF, HARTMUT: *Heimat und Umwelt – Ortserkundung und Umwelterziehung im Grundschulunterricht.* In: Gesing, Harald/ Lob, Reinhold E. (Hrsg.): *Umwelterziehung in der Primarstufe.* Heinsberg, 1991, S. 129-174.

MITZLAFF, HARTMUT: *Mit »Kopf, Herz und Hand« in der Natur von der Natur lernen!* In: Schreier, Helmut (Hrsg.): Kinder auf dem Wege zur Achtung vor der Mitwelt. Heinsberg, 1992., S. 125 - 148.

MITZLAFF, HARTMUT/ WIEDERHOLD, KARL: *Computer im Grundschulunterricht. Möglichkeiten und pädagogische Perspektiven.* Hamburg, New York, St. Louis u.a., 1990.

PAPERT, SEYMOUR: *Gedankenblitze. Kinder, Computer und neues Lernen.* Reinbek, 1985.

SCHREIER, HELMUT: *Entwicklungslinien im Sachunterricht der Primarstufe seit 1980.* Eine Übersicht zu Forschung, Entwicklung und Erprobung in der Bundesrepublik Deutschland. Internes Gutachten, Universität Hamburg 1992.

VAN LÜCK, WILLI: *Hypermedia-Arbeitsumgebungen zum Lernen und Üben – Neue postliterale Medien.* In: Landesinstitut für Schule und Weiterbildung (Hrsg.): *Werkstattbericht 1: Gestaltung von Unterrichtssoftware.* Soest, 1992.

Revolution des Lernens

Vorwort

Häufig wird gesagt, daß wir ins Informationszeitalter eintreten. Man könnte diese heranbrechende Ära genauso gut als Lernzeitalter bezeichnen: Die bloße Menge des Lernens, das in der Welt stattfindet, ist bereits um ein vielfaches größer als in der Vergangenheit.

Vor noch nicht allzu langer Zeit, und in vielen Regionen der Erde auch heute noch, erwarben junge Menschen Fähigkeiten, die sie ihr ganzes Leben in ihrem Beruf verwenden konnten. Heute haben die meisten Menschen in den Industrienationen Berufe, die es bei ihrer Geburt noch gar nicht gab. Die wichtigste Fähigkeit, die den Lebenslauf eines Menschen bestimmt, ist heute bereits die, neue Fähigkeiten zu erwerben, für neue Konzepte offen zu sein, neue Situationen einschätzen zu können, mit dem Unerwarteten fertig zu werden. Dies wird in Zukunft noch stärker der Fall sein: Entscheidend für die Konkurrenzfähigkeit des Einzelnen ist die Fähigkeit zu lernen.

Was für den Einzelnen zählt, gilt noch stärker für Nationen. Die Konkurrenzfähigkeit einer Nation in der heutigen Welt ist direkt proportional zu ihrer Lernfähigkeit; das heißt, dem Zusammenwirken der Lernfähigkeit des Einzelnen mit jener der gesellschaftlichen Institutionen.

Die Lernfähigkeit des Einzelnen und die der Institutionen gehen nicht immer Hand in Hand. So brachten zum Beispiel die Bedingungen in der ehemaligen Sowjetunion Generationen hervor, die das notwendige hohe Maß an Anpassungsfähigkeit zeigten, um unter der Willkürherrschaft des kommunistischen Regimes zu überleben. Andererseits enthüllte der Zusammenbruch der sowjetischen Institutionen eine außerordentlich hohe Inflexibilität der Bürokratie. Die gesellschaftlichen Institutionen waren unfähig zu »lernen«, sich an veränderte Bedingungen anzupassen; sie waren sogar unfähig, das Entstehen einer Krise zu erkennen, bis diese bereits fatale Ausmaße angenommen hatte.

Japan ist in der heutigen Welt das leuchtende Beispiel einer Nation, die ihren Erfolg auf die Lernfähigkeit ihrer Gesellschaft gründet – die Fähigkeit und Bereitschaft von Institutionen und Einzelnen zu lernen. In Amerika hört man häufig den Vorwurf, Japan nütze in den USA gemachte technische Erfindungen aus. Dieser Vorwurf deckt sich mit meiner Aussage, wenn auch in einem anderen Sinne, als er gemeint ist; jene, die ihn äußern, haben nämlich nicht erkannt, daß der Erfolg Japans auf derselben Fähigkeit wie die früheren Erfolge Amerikas beruht – der Bereitschaft zu lernen. Sie täten gut daran, diese Lernfähigkeit, in der Amerika einst Weltmeister war, von den Japanern wieder zu lernen.

Rasante Veränderungen am Arbeitsplatz sind nicht der einzige Faktor, der eine Steigerung der Lernfähigkeit so wichtig macht. Das Ausmaß der Folgen menschlichen Tuns macht es sogar noch dringender, daß wir unser Tun verstehen. Ozonloch, AIDS-Problem, Bevölkerungsexplosion, sozialer Zusammenbruch in amerikanischen Großstädten und russischen Dörfern, Misere auf dem afrikanischen Kontinent und alle anderen Themen, die täglich für Schlagzeilen sorgen, sind mehr als nur äußerst drängende Probleme. Sie sind Vorboten für viel Schlimmeres, das kommen wird, wenn die Menschen es nicht schaffen, in einem bisher beispiellosen Ausmaß neue Denkweisen zu lernen.

Der optimistische Ton dieses Buches ist auf die Erkenntnis zurückzuführen, daß auf der Erde zwei Trends potentiell zusammenwirken. Einer dieser Trends ist technologischer Natur. Die gleiche technologische Revolution, die für die dringende Notwendigkeit besserer Lernmethoden verantwortlich ist, liefert auch die Mittel für effektive Maßnahmen. Informationstechnologien, vom Fernsehen bis zu Computern und all ihren Verwendungsmöglichkeiten, eröffnen nie dagewesene Möglichkeiten, Maßnahmen für die Verbesserung der Lernumgebung zu treffen, worunter ich alle Bedingungen zähle, die das Lernen in Beruf, Schule und Spiel bestimmen.

Der andere Trend ist erkenntnistheoretischer Natur, eine Revolution des Denkens über Wissen. Die Hauptthese dieses Buches ist, daß der gewaltige Beitrag der neuen Technologien zur Verbesserung des Lernens in der Schaffung von Medien besteht, die auf den Einzelnen zugeschnitten sind und eine große Bandbreite intellektueller Stile zulassen. Frauen und Angehörige ethnischer Minderheiten haben ihren Protest gegen die Auferlegung einer einzigen einheitlichen Lernweise am deutlichsten artikuliert. Die meisten haben kaum begonnen, die neuen Medien als Sprachrohr ihrer Aussage und Entwicklung zu verwenden. Es sind die Kinder, die die anspornende Wirkung von Medien, die ihren bevorzugten Denkweisen entsprechen, am klarsten vor Augen führen. Sie haben am meisten zu gewinnen und am meisten zu geben.

Überall auf der Welt sind Kinder eine leidenschaftliche und dauerhafte Liebesbeziehung zum Computer eingegangen. Was sie mit Computern machen, ist so unterschiedlich wie ihre Aktivitäten selbst. Die meiste Zeit verbringen sie mit Spielen, mit dem Ergebnis, daß Namen wie Nintendo Wörter des täglichen Gebrauchs geworden sind. Sie verwenden Computer zum Schreiben, Zeichnen, um zu kommunizieren, um Informationen zu erhalten. Einige verwenden Computer, um soziale Bindungen aufzubauen, andere um sich zu isolieren. Häufig ist ihre Hingabe so stark, daß besorgten Eltern das Wort Sucht in den Kopf kommt.

Diese Liebesbeziehung beinhaltet mehr als nur den Wunsch, Dinge mit dem Computer zu tun. Sie enthält auch ein Element des Besitzergreifens, und, besonders wichtig, der Bestätigung der geistigen Identität. Viele Kinder sehen den Computer als »ihre Maschine« – als etwas, das ihnen, ihrer Generation, gehört. Viele haben festgestellt, daß sie mit den Maschinen selbstverständlicher als ihre Eltern und Lehrer umgehen. Sie lernen ihre Verwendung leichter und natürlicher. Im Moment haben vielleicht einige von uns Alten noch das notwendige Spezialwissen, um den Computer zu meistern; Kinder wissen jedoch, daß es nur eine Frage der Zeit ist, bis sie die Maschinen erben. Sie sind die Computergeneration.

Was steckt hinter dieser Liebesbeziehung? In welche Richtung wird sie führen?

Kann sie von der älteren Generation in konstruktive oder destruktive Bahnen gelenkt werden? Oder ist ihre Entwicklung uns bereits entglitten?

Dieses Buch konzentriert sich auf einen Aspekt dieser Fragen: Wie beeinflußt die Beziehung zwischen Kindern und Computern das Lernen? Diese Beziehung zu verstehen wird für unsere Fähigkeit, die Zukunft zu gestalten, entscheidend sein.

Danksagung

Beim Schreiben dieses Buches hatte ich viele fruchtbare Gespräche mit Mitchel Resnik, Brian Silverman und Carol Sperry, weitaus weniger mit Alan Kay und Sherry Turkle, zwei mit Paolo Freire und keines mit Jean Piaget. Mit allen befand ich mich jedoch in einem ständigen inneren Dialog. Ihre Vorstellungen, Visionen und Gefühle bilden den Rahmen, in dem dieses Buch entstanden ist.

Der Stil dieses Buches, der eher einer Sammlung von Fingerübungen als einer wissenschaftlichen Abhandlung gleicht, eignet sich nicht dafür, einzelne Konzepte spezifischen Quellen zuzuordnen. Es enthält zu viele indirekte Bezüge. Deshalb muß ich darauf zurückgreifen, bestimmten Gruppen, in deren geistiger Schuld ich stehe, meine allgemeine, wenn auch intensiv empfundene Dankbarkeit auszusprechen. An erster Stelle sind hier meine derzeitigen und ehemaligen Studenten und die Logo-Gemeinde im In- und Ausland zu nennen.

In diesem Buch werden Anekdoten aus der Schule wie in der Bibel Gleichnisse verwendet: Geschichten drücken Gedanken besser als jede abstrakte Formulierung aus; die wörtliche Genauigkeit dieser Episoden ist dabei jedoch zweitrangig. Alle in diesem Buch beschriebenen Ereignisse haben so stattgefunden; ich habe mir lediglich herausgenommen, das, was in den Köpfen der Beteiligten abgelaufen sein mag, zu erraten, und gelegentlich verschiedene Einzelpersonen in einer Figur verschmelzen zu lassen. Ich hoffe, daß alle, die sich so als teilweise dargestellt erkennen, die respektvolle Haltung verstehen, die meinem Darstellungsstil zugrunde liegt.

Dieses Buch hat wie alle meine Arbeiten enorm von meiner Möglichkeit profitiert, im MIT Media Lab zu arbeiten, dessen Einrichtung durch Nicholas Negroponte einen erstmaligen und wichtigen Versuch darstellt, eine noch in den Kinderschuhen steckende neue Fachrichtung durch die Schaffung fruchtbarer Verbindungen zwischen Universität und Industrie zu fördern. Der Arbeitsstil in dieser Einrichtung hat es mir ermöglicht, mit einer Reihe kommerzieller Unternehmen zusammenzuarbeiten – hier seien besonders Lego, Apple, IBM, Nintendo und Logo Computer Systems genannt – ohne jemals das Gefühl zu haben, einen Teil meiner intellektuellen Integrität aufgeben zu müssen. Dieses Buch, und mein Denken im allgemeinen, verdanken dieser Zusammenarbeit weit mehr als nur finanzielle Unterstützung: In der heutigen Welt ist es notwendig, alle gesellschaftlichen Bereiche in das Nachdenken über Wandel in der Schule miteinzubeziehen. Mehr als finanzielle Unterstützung verdanke ich auch der National Science Foundation, in erster Linie, weil Andrew Molnar es schaffte, dort in guten wie in schlechten Zeiten einen Funken Glauben an Wandel lebendig zu halten.

Es dürfte schwierig sein, den Beitrag meiner Lektorin, Susan Rabiner, an diesem Buch in wenigen Worten auszudrücken. Wenn der endgültige Text dennoch Fehler enthalten sollte, so nur deshalb, weil ich sie mit Änderungen in letzter Sekunde umgangen habe.

Meine Frau Suzanne Massie, selbst eine begnadete Schriftstellerin, wußte unfehlbar, wann ich auf der richtigen Spur war, und wann nicht. Als äußerst kompetente professionelle Redakteurin verbrachte sie oft Stunden damit, Textseiten, die ich für hoffnungslos gehalten hatte, zu schneiden und wieder zusammenzusetzen, bis ich eine neue Form wie eine Skulptur aus einem Steinblock auftauchen sehen konnte. Sie zeigte außerordentliche Erfindungsgabe, Geduld und Aufopferungsbereitschaft, um mir die bestmöglichen Arbeitsbedingungen zu schaffen. Meine Dankbarkeit für ihre Anwesenheit in allen – geistigen, spirituellen und emotionalen – Lebensbereichen, die über das berufliche und praktische hinausgehen, läßt sich nicht mit Worten ausdrücken.

1 Visionäre und Traditionalisten

Man stelle sich eine Gruppe von Zeitreisenden aus einem früheren Jahrhundert vor, unter denen sich ein Kreis von Chirurgen und ein weiterer Kreis von Lehrern befindet, beide ganz gespannt darauf zu erfahren, wieviel sich in ihrem Beruf seit hundert Jahren oder mehr verändert hat. Man stelle sich weiter die Verwirrung der Chirurgen vor, wenn sie sich plötzlich im Operationssaal eines modernen Krankenhauses wiederfänden. Sie würden zwar erkennen, daß wohl irgendeine Art Operation durchgeführt wird, könnten sich vielleicht sogar denken, um welches Organ es geht; sie würden jedoch in den meisten Fällen nicht recht schlau daraus werden, was der Chirurg erreichen will oder welchen Zweck die vielen seltsamen Instrumente haben, die er und das Operationsteam verwenden. Die wie Rituale anmutenden Handlungen bei Sterilisierung und Anästhesie, das Piepsen der elektronischen Geräte, ja selbst die hellen OP-Lampen, alles, was heute jeder aus dem Fernsehen kennt, würde auf sie äußerst befremdlich wirken.

Die zeitreisenden Lehrer würden auf das Klassenzimmer einer modernen Grundschule ganz anders reagieren. Sie würden sich vielleicht über einige unbekannte Gegenstände wundern. Sie könnten vielleicht feststellen, daß sich einige Standardmethoden geändert haben – und hätten wahrscheinlich unterschiedliche Meinungen darüber, ob dies Veränderungen zum Guten oder zum Schlechten seien – sie würden jedoch den Sinn der meisten Vorgänge vollkommen verstehen und könnten den Unterricht ohne größere Schwierigkeiten selbst weiterführen. Ich erzähle dieses Gleichnis, um einen ungefähren Eindruck davon zu geben, wie ungleich sich Fortschritt über die gesamte Breite des geschichtlichen Wandels verteilt. Als Folge des rasanten Wissenszuwachses bei Wissenschaft und Technik in der jüngsten Vergangenheit hat in einigen Bereichen menschlichen Tuns ein radikaler Wandel stattgefunden. Telekommunikation, Unterhaltung und Verkehr gehören ebenso zu diesen Bereichen wie die Medizin. Schule ist ein bemerkenswertes Beispiel für einen Bereich, der davon nicht betroffen ist. Man kann zwar nicht sagen, daß sich die Art, wie wir unseren Schülern Bildung vorsetzen, in keiner Weise geändert hat. Natürlich haben auch hier Veränderungen stattgefunden; durch mein Gleichnis wird jedoch deutlich, was die meisten von uns ohnehin über unser Schulsystem wissen: Ja, es hat sich verändert, aber nicht so, daß sich sein Wesen von Grund auf gewandelt hätte. Das Gleichnis wirft die Frage auf: Warum gab es in einem Zeitraum, in dem so viele Bereiche menschlicher Aktivität revolutioniert wurden, keine vergleichbare Veränderung bei den Methoden, mit denen wir unseren Kindern beim Lernen helfen?

Ich stellte diese Frage immer wieder bei unterschiedlichen Gelegenheiten, von zufälligen Gesprächen bis zu Seminaren, und vor unterschiedlichem Publikum, angefangen bei Kindern, die erst einige Jahre Schulerfahrung hatten, bis hin zu erfahrenen Pädagogen, die ihr ganzes Leben in dieser Institution zugebracht haben. Die Antworten, die ich erhalten habe, sind zwar so vielfältig wie die Bandbreite an Reaktionen, die man auf die Tintenkleckse eines Rorschach-Tests erwarten kann, die Verteilung vom einen Extrem zum anderen ist jedoch alles andere als gleichmäßig. Die meisten Antworten lassen sich zwei ganz unterschiedlichen Meinungsblöcken zurechnen.

Der eine Block, die Traditionalisten, ist von meiner Frage überrascht und wundert sich, daß ich nach radikalem Wandel zu streben scheine. Sie räumen ein, daß die Schule zwar ihre Probleme hat (wer hat die nicht heutzutage?) und sind daran interessiert, diese Probleme zu lösen. Aber radikaler Wandel? Was meinen Sie denn bloß damit?

Viele reagieren empört. Sie empfinden die Diskussion über radikalen Wandel wie Leierspiel, während Rom niederbrennt. Die Schule ist heute mit direkten drängenden Problemen konfrontiert. Sagen Sie uns, wie wir Ihre Computer zur Lösung einiger der vielen direkten praktischen Probleme einsetzen können, so heißt es.

Der andere Block, die Visionäre, reagiert mit der Aufzählung von Hindernissen, die sich einem Wandel der Schule in den Weg stellen, wie Kosten, Politik, die immense Macht von Interessengruppen in der Schulbürokratie oder der Mangel an wissenschaftlichen Untersuchungen über neue Formen des Lernens. Diese Leute sagen nicht »Ich kann mir nicht denken, wonach Sie eigentlich suchen«, denn sie haben selbst die Sehnsucht nach etwas anderem in sich gespürt.

Viele einzelne Visionäre – von Eltern über Lehrer bis zu Zuständigen in der Verwaltung – suchen einfach nach Möglichkeiten, an der Schule vorbeizukommen, besonders, wenn sie erkennen, daß die Probleme der Schule direkt ihren Ambitionen mit den eigenen Kindern im Weg stehen. Einige Eltern behalten ihre Kinder zu Hause: In den USA gibt es mehrere hunderttausend Schüler, die zu Hause unterrichtet werden. Andere suchen aktiv nach alternativen Schulen oder beteiligen sich sogar am Aufbau von Schulen, die solche Alternativen bieten.

Eine weitere wichtige Gruppe von Visionären fungiert als eine Art fünfte Kolonne innerhalb der Schule selbst: Eine große Anzahl von Lehrern schafft es, innerhalb der Wände ihrer eigenen Klassenzimmer Oasen des Lernens zu schaffen, die mit der offiziell von der Schulverwaltung propagierten Bildungstheorie in direktem Widerspruch stehen; einige Bezirke der staatlichen Schulen, vielleicht jene, bei denen Visionäre in die Verwaltung eingezogen sind, haben innerhalb der Schule für Visionäre Raum geschaffen, indem sie die Einrichtung alternativer Programme innerhalb des Schulsystems dulden, und auch zulassen, daß diese bezüglich Methode und Lehrplan von den geltenden Richtlinien abweichen.

Aber trotz der vielen Beweise für eine weitverbreitete Sehnsucht nach etwas anderem, hält das Bildungswesen, einschließlich des größten Teils seiner Forschergemeinde, weiterhin an der Bildungstheorie des späten 19. und frühen 20. Jahrhunderts fest, und bisher konnte noch niemand, der diese heiligen Traditionen in Frage stellte, den Zugriff des Bildungswesens darauf, wie Kinder unterrichtet werden, lockern.

Die zeitreisenden Lehrer aus meinem Gleichnis, die in dem modernen Klassenzimmer nichts sahen, was ihnen unbegreiflich vorkam, hätten viele Überraschungen erlebt, wenn sie einfach mit einem oder zwei der Schüler nach Hause gegangen wären. Dort hätten sie nämlich festgestellt, daß sich eine große Zahl mit einem Fleiß und einer Begeisterung, wie sie die Schule nur selten hervorrufen kann, intensiv damit beschäftigt, die Regeln und Strategien von etwas zu erlernen, das auf den ersten Blick weitaus anspruchsvoller als jede Hausaufgabe erschien. Die Schüler würden den Gegenstand als Videospiel und ihre Tätigkeit als Spielen definieren.

Zuerst würde die Technologie selbst unseren Besuchern ins Auge fallen, als Lehrer wären sie jedoch nach einiger Zeit auch davon beeindruckt, wie anspruchsvoll die geistige Arbeit ist, die diese Kinder in ihre Beschäftigung hineinstecken, und was für ein hohes Lernniveau hier vorhanden ist, ein Lernniveau, das weit über dem liegt, das sie einige Stunden vorher in der Schule beobachtet hatten. Die aufgeschlossensten und ehrlichsten unserer zeitreisenden Lehrer würden sehr wahrscheinlich feststellen, daß sie noch nie gesehen hätten, daß soviel auf so kleinem Raum und in so kurzer Zeit gelernt wurde.

Die Schule möchte die Eltern – die offen gestanden nicht recht wissen, wie sie die eindeutig vorhandene Liebe ihrer Kinder zu Videospielen interpretieren sollen – glauben machen, daß die Kinder Videospiele lieben, weil sie einfach sind, und Hausaufgaben hassen, weil sie schwierig sind. In Wirklichkeit ist häufig genau das Gegenteil der Fall. Jeder Erwachsene, der denkt, daß diese Spiele einfach sind, braucht sich nur einmal hinzusetzen und zu versuchen, eines davon zu meistern. Die meisten sind schwierig, mit komplexen Informationen – und ebensolchen Techniken –, die es zu

beherrschen gilt, wobei die Beherrschung der Informationen häufig schwieriger und zeitraubender als die der Technik ist.
Falls dieses Argument die Eltern nicht davon überzeugen würde, daß die Spiele nicht ernst zu nehmen sind, würden sie sich sicher von einem zweiten überzeugen lassen: Viedeospiele sind Spielzeug – elektronisches Spielzeug zwar, aber dennoch Spielzeug – und natürlich lieben Kinder Spielzeug mehr als Hausaufgaben. Per Definition ist Spielen unterhaltend, Hausaufgaben sind es nicht. Einige Eltern übersehen jedoch möglicherweise, daß Videospiele, der erste Fall einer Verwendung der Computertechnologie zur Spielzeugherstellung, für Kinder eine Eintrittskarte in die Welt der Computer sind. Diese Spiele geben Kindern die Möglichkeit, ihre Vorstellungen über das Arbeiten im Rahmen vorgefertigter Regeln und Strukturen auf eine Weise auszuprobieren, wie dies nur bei wenigen anderen Spielen der Fall ist. Damit erweisen Videospiele sich als fähig, Schülern den Umgang mit den Möglichkeiten und Schwierigkeiten eines für sie neuen Systems auf eine Weise beizubringen, um die sie viele Erwachsene beneiden sollten.

Videospiele lehren Kinder, was Computer beginnen Erwachsene zu lehren – daß einige Formen des Lernens schnell, äußerst spannend und lohnend sind. Daß sie auch enorm zeitintensiv sind und neue Denkwege erfordern, ist ein kleiner Preis (und ist vielleicht sogar ein Vorteil), der als Zukunftsinvestition betrachtet werden sollte. Es überrascht keineswegs, daß die Schule jungen Leuten vergleichsweise langsam, langweilig und, offen gestanden, weltfremd vorkommt.

Die Einführung des Computers ist nicht die erste Herausforderung von Bildungswerten. So begann zum Beispiel John Dewey seinen Feldzug für einen aktiveren und selbstbestimmteren Lernstil in Schulen bereits vor über hundert Jahren, und in diesen dazwischenliegenden Jahren haben sich zahlreiche mehr oder weniger radikale Reformer darum bemüht, die Schule zu verändern. Als Dewey damals seine gewaltige Aufgabe in Angriff nahm, hatte er wenig mehr als eine starke, theoretisch begründete Überzeugung von der Entwicklungsweise von Kindern, denn zu jener Zeit gab es in der Gesellschaft keineswegs eine allgemein starke Bewegung zur Veränderung der Schule. In Deweys Tagen war die Unzufriedenheit mit dem Bildungswesen sicher nicht so groß wie heute, wo man manchmal eher gewillt scheint, die faktische Zerstörung des staatlichen Schulsystems in Kauf zu nehmen, als die Dinge so wie bisher weiterlaufen zu lassen. Dewey ist nach wie vor für alle ein Held, die eine moderne Sicht des Kindes als einer Person mit dem Recht auf intellektuelle Selbstbestimmung haben, und es kann kaum ein Zweifel daran bestehen, daß ein Kind, dem man mit Respekt und Ermutigung begegnet, sich in jedem Bildungssystem besser entwickelt als eines, das auf Ablehnung und Bestrafung stößt. Deweys Einfluß hat sicherlich einige der schlimmsten Behinderungen für die gesunde Entwicklung des Kindes beseitigt, ist jedoch so verwässert worden, daß er das nächste große Problem kaum anspricht: Verwendet die Schule beim Versuch, Kindern das beizubringen, was Erwachsene von ihnen erwarten, auch die Methode, durch die Menschen am natürlichsten in einer nichtschulischen Umgebung lernen?

Daß frühere Reformer bei dem Versuch, das Lernen wesentlich zu verbessern, versagt haben, hat die Reformer innerhalb des Bildungswesens mit dem Argument versorgt, zukünftige Vorschläge, das Lernen radikal zu verbessern, würden sich als ebensowenig geeignet herausstellen. Einige denken bestimmt, das beste Argument gegen radikalen Wandel wäre: Wenn er schon seit so langer Zeit so schrecklich notwendig ist, warum sind dann frühere Hilferufe verhallt? Dem Bildungswesen steht jedoch möglicherweise ein Schock bevor. Dieses Buch wird von der Überzeugung getragen und gestaltet, daß eine starke Unzufriedenheit in der Gesellschaft insgesamt es rasch unmöglich machen werden, die Schule, wie wir sie kennen, dadurch zu retten, daß an ihren Rändern herumgeflickt wird. Ganz entscheidend ist hier auch die Unzufriedenheit der Kinder selbst. Früher haben Kinder die Schule vielleicht nicht geliebt, sie konnten jedoch davon überzeugt werden, daß Schule der Schlüssel zum Erfolg im Leben ist. In dem Maße, in dem Kinder die Schule ablehnen, weil sie mit dem heutigen Leben nichts mehr zu tun hat, wirken sie aktiv daran mit, Druck für das Herbeiführen von Veränderung auszuüben. Wie jede andere soziale Struktur ist auch die Schule auf die Akzeptanz ihrer Teilnehmer angewiesen. Sie wird nicht lange überleben, wenn die Kinder nicht mehr dazu überredet werden können, ihr ein gewisses Maß an Legitimation zuzugestehen.

Mit weitaus mehr Überzeugungskraft als der theoretische Ansatz auch eines so radikalen Denkers wie Dewey bietet der Computer in all seinen Verwendungen den Visionären neue Möglichkeiten, Alternativen zu schaffen. Die einzige Frage, die noch bleibt, ist diese: Werden solche Alternativen auf demokratische Weise geschaffen werden? Wird das staatliche Bildungswesen vorangehen, oder wird, wie meistens, der Wandel zuerst den Kindern der Reichen und Mächtigen zugute kommen und nur langsam und unter viel Mühe in das Leben der Kinder der übrigen von uns seinen Weg finden? Wird die Schule weiterhin jedem einen einzigen Weg der Erkenntnis aufzwingen, oder wird sie sich an einen erkenntnistheoretischen Pluralismus anpassen? Da ich mich der demokratischen Wahlmöglichkeit verschrieben habe, wird ein großer Teil dieses Buches der Betrachtung von Musterfällen gewidmet sein, die zeigen, was Visionäre aus den wenigen Chancen gemacht haben, die sie hatten, um einen Wandel an den staatlichen Grundschulen zu bewirken. Die meisten Beispiele, die ich hier anführe, werden realistisch und daher nicht besonders spektakulär sein. Sie werden nicht als exakte Bilder der Zukunft dargeboten, sondern eher als eine Ankündigung des reichen Potentials, das die Zukunft bereithalten könnte. Mit der folgenden Geschichte, die ich zum Teil tatsächlich erlebt, zum Teil hingegen erfunden habe, wird die Richtung klarer erkennbar, die ich mit diesem Buch einschlagen will.

Im tatsächlich erlebten Teil geht es um eine Begegnung, die ich mit einem vierjährigen Vorschulkind hatte. Jennifer hatte gehört, daß ich in Afrika aufgewachsen bin und fragte mich, ob ich wüßte, wie Giraffen schlafen. »Sie haben so lange Hälse,« meinte sie und überlegte, was sie wohl beim Schlafen mit ihren Hälsen machen. Ich antwortete (wahrheitsgemäß), daß ich es nicht wüßte, und fragte sie, was sie denn denken würde. Sie schmiegte ihren Kopf auf ihre zusammengelegten Arme und erläuterte mir ihre Frage: »Mein Hund kuschelt sich mit seinem Kopf auf die Pfoten, und ich mache es genauso, aber der Kopf der Giraffe ist so weit oben.« Ich setzte das Gespräch mit anderen Kindern, die inzwischen dazugekommen waren, fort und erhielt eine reiche Ausbeute guter Theorien. Ein Kind schlug vor, daß die Giraffe im Stehen »wie ein Pferd« schläft. Dies führte zu einer lebhaften Diskussion, die immer wieder zu der Frage zurückkam, wo das Tier seinen Kopf auflegt. Niemand brachte vor, daß der Kopf möglicherweise hoch oben bleibt. Eines der Kinder meinte, daß die Giraffe den Kopf auf den Boden legen könnte, wenn sie einen Spagat macht. Jennifer, die inzwischen überzeugt war, daß Giraffen aufrecht schlafen, freute sich königlich, als ihr ein neuer Gedanke kam: »Sie findet einen Baum mit einem Ast, wo sie ihren Hals auflegen kann.« Ich fragte sie, was passieren würde, wenn keine Bäume da wären. Sie schaute mich mit einem überlegenen Blick an und erklärte mir, daß es dort ganz sicher Bäume gibt – Giraffen fressen die oberen Zweige der Bäume, deshalb haben sie ja schließlich so lange Hälse.

In diesem Gespräch können wir zwei Seiten des intellektuellen Lebens von Kindern in diesem Alter erkennen: eine erstaunliche Fähigkeit, Theorien aufzustellen, und gleichzeitig eine beinahe hilflose Abhängigkeit von den Informationen der Erwachsenen, um diese Theorien zu überprüfen oder in anderer Weise an der Realität zu messen. Jennifer befindet sich in einer Übergangsphase. Kleinere Kinder leben noch viel stärker in einer Welt der unmittelbaren Erforschung. Wenn sie wiederum etwas älter sind, werden sie in der Lage sein, eine Welt jenseits der Berührung und des Sehens zu erforschen, wenn ihnen nicht, was viel zu oft passiert, der Forschergeist inzwischen ausgetrieben worden ist.

Als ich am Abend nach Hause kam, stürzte ich mich unter dem Eindruck meines Gesprächs mit den Kindern in eine Erforschung der Giraffen, und zwar mit einer solchen Intensität und vielleicht sogar Unmittelbarkeit, wie sie Jennifer in der Beziehung zu ihrem kleinen Hund erlebt. Ich halte mir zwar keine Giraffe als Haustier, besitze aber eine große Sammlung von Büchern, von denen bald ziemlich viele über meinen Schreibtisch verstreut waren, als ich, zwar mit einigen Irrwegen, aber doch erfolgreich, meine Nachforschungen über die Schlafgewohnheiten der Giraffen immer weitertrieb. Ich konnte diese Welt erforschen, weil mir die Bücher eine Erweiterung der unmittelbaren Umgebung boten.

Bis vor kurzem hätte die Frage absurd geklungen, warum diese Erweiterung der unmittelbaren Umgebung Jennifer nicht zur Verfügung stehen kann. Kinder in ihrem Alter können nicht lesen, und selbst wenn sie es können, sind sie nicht in der Lage, diese Art von Nachforschungen anzustellen. Heute ist diese Antwort jedoch nicht mehr überzeugend. Es gibt keine technischen Schwierigkeiten mehr, die verhindern würden, daß eine Maschine – nennen wir sie einmal die Wissensmaschine – gebaut wird, die Jennifer in die Lage versetzen könnte, auf das Wissen anderer zuzugreifen. Vor nun schon beinahe 20 Jahren hat Nicholas Negroponte, einer meiner Kollegen am Massachusetts Institute of Technology eine Maschine gebaut, die es ermöglichte, die Erforschung der kleinen Stadt Aspen in Colorado durch einen Computer nachzustellen. Erste primitive Beispiele solcher Maschinen sickern allmählich bis zur kommerziellen Produktion durch, unter Namen wie »interaktives Video« oder elektronisches Buch, »ebook« oder »interaktive CD« oder, in etwas ausgefeilteren Versionen, als »virtuelle Realität«.

Was diese Bestrebungen noch von einer wirklichen Wissensmaschine trennt, sind nicht mehr die unzureichenden Speicher- und Zugriffsmöglichkeiten, sondern der enorme Arbeitseinsatz, der nötig wäre, um das Wissen zusammenzutragen. Der riesige potentielle Markt für eine Wissensmaschine macht ihr Erscheinen früher oder später jedoch unausweichlich.

Ein solches System würde eine Jennifer der Zukunft in die Lage versetzen, ihre Nachforschungen in einer wesentlich besser ausgestatteten Welt anzustellen, als ich sie durch meine Bücher geboten bekam. Durch den Einsatz von Sprache, Berührungen oder Handbewegungen würde sie die Maschine zum Gegenstand ihres Interesses lenken und dabei einen Wissensraum durchsteuern, der viel größer als der Inhalt jeder gedruckten Enzyklopädie ist. Ob sie an Giraffen, Panthern oder Fliegen interessiert ist, ob sie sehen will, wie sie essen, schlafen, gehen, laufen, springen, kämpfen, Junge bekommen oder sich paaren, sie wäre in der Lage, ihren Weg zu den relevanten Geräuschen und Bildern zu finden, von denen sie glaubt, daß sie ihr verstehen helfen, was sie verstehen will. Für meine Argumentation ist dies zwar nicht wichtig, aber eines Tages wird selbst die Erfahrung des Geruchs und der Berührung verfügbar sein und vielleicht sogar das Gefühl der körperlichen Nähe des Tieres.

Die Beschreibung der Wissensmaschine dringt kaum unter die Oberfläche der Thematik, wie neue Medien die Beziehung von Kindern zum Lernen verändern werden. Jedoch erfordert selbst die oberflächlichste Betrachtung dieser Frage ein grundlegendes aber logisch zwingendes Eingeständnis: Bei Kindern, die mit der Möglichkeit aufwachsen, die Urwälder, die Großstädte, die Tiefsee, die alten Mythologien und den Weltraum zu erforschen, ist es noch unwahrscheinlicher als bei Kindern, die sich mit Videospielen beschäftigen, daß sie etwas ruhig über sich ergehen lassen, das auch nur im Entferntesten aussieht wie ein Grundschullehrplan, wie wir ihn bis heute kennen!

Eine weniger oberflächliche Betrachtung führt zu folgender Frage: Welche Gefahr wäre die Einführung einer Wissensmaschine in die schulische Umgebung für die beherrschende Stellung, die wir dem Lesen und Schreiben – d.h. der flüssigen Beherrschung der Sprache des Alphabets – einräumen? In der pädagogischen Fachliteratur gibt es seit langem eine vorherrschende Tendenz zu der Annahme, daß Lesen für Schüler die wichtigste Möglichkeit darstellt, Wissen zu erwerben. Wer nicht lesen kann, wird als jemand betrachtet, der zur Unwissenheit verdammt ist, oder zumindest zur Beschränkung auf jene begrenzten Möglichkeiten, die es gibt, um wichtige Informationen auf mündlichem Weg zu erhalten.

Die schulische Entwicklung von Kindern wird deshalb als streng abhängig vom rechtzeitigen Erlernen des Lesens angesehen. Mit dem Ausblick auf die Wissensmaschine drängt sich der Gedanke auf, daß diese grundlegende Annahme nicht notwendigerweise für immer gelten muß und in den kommenden ein oder zwei Jahrzehnten hier durchaus ein Auflösungsprozeß einsetzen könnte. Ich will damit nicht sagen, daß das geschriebene Wort wahrscheinlich abgeschafft wird. Ich will damit sagen, daß man die Stellung neu überdenken sollte, die man ihm zugewiesen hat, nämlich die Voraussetzung dafür zu sein, daß Schüler nützliches Wissen ansammeln können, oder zumindest der erste Pfad, den man Kindern am Beginn ihrer schulischen Ausbildung eröffnen sollte.

Zu einer anderen Frage, die durch die Wissensmaschine und die Vorherrschaft des Lesens in unserer gegenwärtigen Kultur aufgeworfen wird, ist mein Standpunkt sogar noch eindeutiger. Lesen und Schreiben lernen ist sicherlich ein wichtiger Teil dessen, was mit Jennifer in den untersten Klassen passiert, es ist jedoch nicht notwendigerweise das Entscheidende, was ihr darüber vermittelt wird, worum es beim Lernen überhaupt geht. Jennifers Übergang fällt in Wirklichkeit in den Bereich der Erkenntnistheorie; sie ist sich dessen zwar in keinster Weise bewußt, aber ihr Vertrauen auf ein vorherrschendes Mittel der Erkenntnis wird sich zu einem anderen hin verlagern.

Als Kleinkind erwarb sie Wissen durch Erforschung. Sie selbst hatte ihr Lernen in der Hand. Ihre Eltern sorgten zwar dafür, daß sie in ihrem Umfeld Wissen erwerben konnte, sie selbst wählte jedoch aus, was sie erforschen wollte, und bestimmte dabei selbst, was sie und wie sie darüber denken würde. Ich will damit nicht sagen, daß die Erwachsenen sie selbst und ihr Lernen nicht mehr oder weniger steuern würden. Es deutet jedoch vieles darauf hin, daß Kinder im Vorschulalter das Wissen, das ihnen Erwachsene einzutrichtern versuchen, nicht in gleicher Weise in ihrem Gedächtnis abspeichern, wie sie das später im Schulalter lernen werden. Das Wissen wird umgesetzt, eng mit allen anderen direkten Erfahrungen mit der Welt verbunden assimiliert.

Als Jennifer mich nach der Giraffe fragte, war sie jedoch in einer Phase, in der bereits mehr Fragen in ihr auftauchten, als sie durch die direkte Erforschung ihrer unmittelbaren Welt beantworten konnte. Sie reagierte so, wie sie es gelernt hatte: Frag einen freundlichen Erwachsenen, der deine Neugier in der Regel mit Lob belohnt. Der Druck, auf diese Art zu Lernen – durch Fragen, durch Akzeptieren von Autorität – hat seine Wurzeln in der eigenen Neugier des Lernenden. Er wird jedoch im Lauf der schulischen Erfahrungen bei den meisten Kindern massiv durch die Schule verstärkt. Wie sich Jennifer schließlich entwickeln wird, hängt von vielen sozialen, psychologischen und zufälligen Faktoren ab. Klar ist jedoch, daß sie in eine Phase des Übergangs eintritt, die auf gewaltsame, vielleicht sogar brutale und gefährliche Weise ihre intellektuelle Entwicklung beeinflußt. In Pädagogenkreisen geht es häufig um die Lesefähigkeit. Autoren, die sich etwas grundsätzlicher mit der Problematik des Bildungsbegriffs überhaupt auseinandersetzen, haben jedoch mit vernichtender Kritik über die Ansicht geschrieben, daß es ausreichen würde, Kindern zum Erreichen dieser Fähigkeit lediglich beizubringen, rein mechanisch schwarze Zeichen auf weißem Papier zu entziffern. Es geht dabei um viel mehr. Paolo Freire schärft uns ein, das »Lesen des Wortes« nicht vom »Lesen der Welt« abzutrennen. Lesen können bedeutet, anders zu denken als vorher, die Welt anders zu verstehen, und dies legt nahe, daß es viele verschiedene Arten von Lesefähigkeit gibt.

In diesem Sinn wird die Wahl der Bezeichnung zur erkenntnistheoretischen Aussage; verschiedene Autoren haben in der letzten Zeit als Ersatz für diese Lesefähigkeit die Bezeichnung Mittel der Erkenntnis vorgeschlagen. Ich teile die Absichten dieser Autoren vollständig, wünsche mir jedoch eine Bezeichnung, die den Unterschied zwischen Lesefähigkeit im wörtlichen Sinn und den subtileren Bedeutungen dieses Begriffs in Richtung Lese- und Weltverständnis stärker herausstellt.

In meiner Verzweiflung habe ich die Wörter Lesefertigkeit und lesefertig geprägt, um auf die spezielle Fertigkeit, die man zum Lesen von aus Buchstaben des Alphabets zusammengesetzten Wörtern braucht, hinzuweisen. Nicht in den Bereich dieser engeren Definition gehören jedoch die Möglichkeiten, die sich, symbolisch durch die Wissensmaschine repräsentiert, größtenteils durch die neuen Medien bieten und es den Schülern ermöglichen, unabhängig von ihren Fortschritten in der Lesefertigkeit, ein hohes Maß an Lesefähigkeit im Sinne von Verständnis zu erreichen.

Die Notwendigkeit solcher Sprachmanöver reflektiert die Radikalität der durch den Computer eingeleiteten Revolutionierung der Medien. Ohne den Sachverhalt grob zu vereinfachen, kann man sagen, daß es bisher erst zwei weitverbreitete Medien für die Weitergabe von Informationen und Gedanken gegeben hat und damit auch nur eine historische Übergangsphase größeren Ausmaßes.

Während des größten Teils der Menschheitsgeschichte war das gesprochene Wort das einzige Mittel der Weitergabe früherer Lernprozesse. Zeichnungen, Rauchzeichen und Gesten waren wichtige Ergänzungen des Sprechens; die Monopolstellung des Sprechens in der Festlegung, welche Informationen die Menschen einer Gesellschaft untereinander weitergaben, wurde durch sie jedoch nie in Frage gestellt. Die Schrift war das erste bedeutende Abweichen von der mündlichen Tradition, und die Frage, ob das Auftauchen des geschriebenen Wortes auf die ägyptischen Hieroglyphen zurückgeht oder auf Gutenberg, ist nur von geringer Bedeutung.

Filmemacher, Maler und andere Anwender neuerer Medien fühlen sich vielleicht gekränkt, daß ich ganz bewußt das Erscheinen der computergestützten Medien als den nächsten grundlegenden Schritt einschätze. Ich glaube jedoch, daß die Geschichte von Jennifer besser als theoretische Ausführungen einen großen Teil der Frage beantwortet, was diese neuen Medien qualitativ so anders macht. Insbesondere zeigt sie uns eine Alternative zu der gefährlichen Situation, in der sich Kinder durch die faktische Gleichsetzung von Lesefähigkeit und Lesefertigkeit befinden. Für sie steht etwas auf dem Spiel, weil sie keinen Zugang zu einem größeren Bereich unmittelbaren Erforschens haben und sich ihnen nur sehr begrenzte Möglichkeiten bieten, Antworten auf ihre Fragen zu erhalten. Hinzu kommt noch, daß durch diese Situation die Schule in ihrer traditionellen Rolle als Institution, die den Schülern Lesefertigkeit aufzwingt, und in ihrer ganzen, mit dieser Rolle verbundenen Starrheit gefestigt wird.

Da diese Technologie noch so neu ist, erstaunt es keineswegs, daß wir uns auf keinen allgemeingültigen Sprachgebrauch geeinigt haben, um über sie zu reden. Wir sollten uns dennoch klarmachen, daß wir am Anfang einer Revolution stehen, und wir sollten alles daran setzen, ihre weitere

Entwicklung zu steuern. Denn in bezug auf die Problematik, wie die Grundschule zu reformieren wäre, könnte der Schritt von der Lesefertigkeit zum mediengestützten Wissenserwerb sogar noch bedeutender sein, als der Schritt von der mündlichen zur schriftlichen Kultur.

Man darf nicht vergessen, daß die Revolution des geschriebenen Wortes (das heißt, das Erscheinen der Schrift und des Buchdrucks) keinen direkten Einfluß darauf hatte, wie die meisten Zwei-, Vier- oder sogar Sechsjährigen die Welt erforschen und etwas über sie lernen. Natürlich würde die wirklich große Frage nach der Zukunft von Lesefähigkeit und Lesefertigkeit über den Rahmen dieses Buches hinausgehen. Wichtig ist hier jedoch, daß die Wissensmaschine Kindern einen Übergang vom vorschulischen Lernen zur wahren Lesefähigkeit bietet, und zwar auf eine Weise, die wesentlich persönlicher, individuell anpassungsfähiger, gleichmäßiger und damit viel unbedenklicher ist, als der abrupte Übergang, den wir den Kindern heute zumuten, wenn sie den Schritt vom Lernen durch direkte Erfahrung zur Verwendung des gedruckten Wortes als Quelle wichtiger Informationen machen.

Warum also sollte jemand etwas nicht ernst nehmen, wie es die Traditionalisten ja tun, das für die Lehrmethoden der Schule so weitreichende Folgen haben könnte? Vorsätzlichkeit? Hartnäckige Weigerung, eingefahrene Wege zu verlassen? Diese Faktoren können immer beobachtet werden, wenn seit langer Zeit bestehende Methoden plötzlich in Frage gestellt werden. Im Fall der Schule spielt noch ein anderes Element eine Rolle. Die meisten ehrlichen Traditionalisten sind durch die Annahme blockiert, daß die eingeführten Schulmethoden die einzig möglichen sind, weil sie in bezug auf die Fähigkeit, bestimmte Arten von Wissen zu vermitteln, noch nie überzeugende Alternativen kennengelernt haben oder sich solche vorstellen konnten.

Auch der überzeugteste Traditionalist wird bereitwillig zugeben, daß in einigen wichtigen Bereichen erfolgreiches Lernen unter Bedingungen stattfindet, die sich deutlich von denen an der Schule abheben: Babies lernen ohne Lehrplan und systematischen Unterricht sprechen; viele entwickeln ohne Lehrer Fertigkeiten in ihren Hobbies; um Sozialverhalten mitzubekommen, braucht man keinen Unterricht im Klassenzimmer. Ein Traditionalist mag einräumen, daß durch eine Wissensmaschine der Bereich dieser Art des Lernens auf Giraffen, die weit weg leben, oder auf junge Hunde, die es auch bei uns gibt, ausgedehnt werden könnte, wäre aber weiterhin skeptisch, da er noch nie von jemandem gehört hat, abgesehen vielleicht von einigen hochbegabten Ausnahmen, der es geschafft hätte, so schwierige Fachgebiete wie Geometrie oder Algebra anders zu bewältigen als mit Hilfe von guteingeführten und langzeiterprobten Unterrichtsprogrammen.

Diese Skeptiker hätten keine Schwierigkeiten, sich zum Beispiel einen Lehrer vorzustellen, der eine Klasse dazu bringt, durch »sokratisches Fragen« einige mathematische Formeln »selbst zu entdecken.« Sie sehen darin jedoch keinen wesentlichen Unterschied zu einer guten Erklärung der Formel. Ich muß ihnen Recht geben. Ich habe zwar schon seit langem die Vision von Arten des Lernens, bei denen Kinder die Schöpfer und nicht die Konsumenten von Wissen sind, habe aber immer den Eindruck, daß die bisher vorgeschlagenen Methoden den alten, wenn überhaupt, nur unwesentlich überlegen sind.

Ein Wendepunkt kam für mich in den frühen sechziger Jahren, als Computer meine eigene Arbeitsweise veränderten. Am stärksten beeindruckte mich, daß bestimmte Probleme, die vorher abstrakt und schwierig zu begreifen waren, konkret und klar wurden, und daß bestimmte Projekte, die zwar interessant, aber zu komplex in der Durchführung schienen, bewältigt werden konnten. Gleichzeitig erlebte ich zum ersten Mal die Aufregung und Faszination, die viele Menschen die ganze Nacht an den Computer fesselt. Mir wurde klar, daß auch Kinder davon profitieren könnten – ein Gedanke, der mein Leben veränderte.

Mein Ziel wurde es, mich dafür einzusetzen, ein Umfeld zu schaffen, in dem alle Kinder – unabhängig von Kultur, Geschlecht oder Persönlichkeit – Algebra und Geometrie, Rechtschreibung und Geschichte auf eine Art lernen könnten, die eher dem zwanglosen Lernen des unverbildeten Kleinkinds oder des Wunderkinds gleicht, als dem in den Schulen eingehaltenen Unterrichtsablauf. In der Sprache der skeptischen Traditionalisten ausgedrückt, meine Triebfeder war die Frage, ob »Wunderkinder« unterschiedlich lernen, weil sie Ausnahmen sind, oder, wie ich vermutete, daß sie zu Wunderkindern werden, weil bestimmte Umstände ihnen ein anderes Lernen erlauben.

Ich kann mir vorstellen, daß viele Traditionalisten jetzt denken: »Ja, ja, das haben wir schon oft gehört. Die alte Leier vom progressiven Unterricht. Das wurde ausprobiert und hat nicht funktioniert. Sie selbst haben sich ja gerade über die Methode des Selbstentdeckens im Algebra-Unterricht lustig gemacht«.

Es besteht eine gewisse Verwandschaft (und ich will das Wort progressiv in diesem Zusammenhang gelten lassen) zwischen der Vision vom Lernen, die ich hier vorstelle, und bestimmten philosophischen Grundsätzen, die in den verschiedenen Arten von Neuerungen zum Ausdruck kommen und unter solchen Bezeichnungen wie progressive, offene, kindzentrierte, konstruktivistische oder radikale Schulform laufen. Ich teile mit dieser breiten Strömung sicher die Kritik an einer Schule, die dem Kind die Rolle eines passiven Empfängers von Wissen zuweist. Paolo Freire äußert diese Kritik besonders lebendig in seiner Beschreibung der Schule, die in seinen Augen einem »Kontenmodell« anhängt, bei dem Informationen im Gedächtnis des Kindes wie Geld auf einem Sparkonto deponiert werden. Andere Autoren drücken denselben Gedanken aus, wenn sie der Schule vorwerfen, das Gedächtnis des Kindes als »Gefäß, das gefüllt werden muß« oder als Empfänger am anderen Ende einer Übertragungsleitung zu behandeln.

Ein Punkt, in dem ich mich von Vertretern der progressiven Schulform abhebe, wird deutlich, wenn wir uns von der Kritik an der Schule der Suche nach neuen Methoden zuwenden. Meiner Ansicht nach verliefen alle Experimente, die vorgaben, die progressive Schulform einzuführen, deshalb enttäuschend, weil sie ganz einfach nicht weit genug darin gingen, den Schüler vom Objekt zum Subjekt des Lernprozesses zu machen. In einigen Fällen ist dies darauf zurückzuführen, daß die Experimentatoren zu ängstlich waren; die Experimente schlugen genauso fehl, wie die Erprobung einer medizinischen Behandlung fehlschlagen würde, wenn die behandelnden Ärzte Angst hätten, die Arznei in einer wirksamen Dosis zu verabreichen.

In den meisten Fällen gab es Ursachen für ihre Zurückhaltung, die tiefer lagen als bloße Ängstlichkeit. Als die frühen Experimente mit progressiven Schulformen geplant wurden, gab es keine Werkzeuge, die eine Schaffung neuer Methoden zuverlässig und systematisch ermöglicht hätten. Durch die äußerst begrenzten verfügbaren Mittel waren die Urheber dieser Experimente gezwungen, sich zu einem großen Teil auf die besonderen Begabungen einzelner Lehrer oder ein günstiges Zusammentreffen mit einem spezifischen sozialen Umfeld zu verlassen. Als Folge konnte das, was sie an Erfolgen erzielten, häufig nicht verallgemeinert werden.

Ein weiteres Gleichnis wird diesen Punkt herausstellen und auch verdeutlichen, worin ich meinen wichtigsten neuen Beitrag zu der alten Diskussion sehe. Meine hypothetischen Traditionalisten meinten, daß progressive Schulformen ausprobiert wurden und nicht funktionierten. Ich denke ebenfalls, daß sie nicht besonders gut funktionierten – aber ungefähr in dem Sinn, in dem Leonardo da Vincis Versuch, ein Flugzeug zu bauen, fehlschlug. Zu seiner Zeit war mehr für die Konstruktion eines Flugzeugs nötig als eine einfallsreiche Handhabung all dessen, was man über Aeronautik wußte. Sein Mißerfolg beim Bau eines funktionsfähigen Flugzeugs war kein Beweis dafür, daß seine Annahme über die Machbarkeit einer Flugmaschine falsch war.

Leonardos Flugzeug mußte auf etwas warten, das nur durch große Veränderungen in der Art, wie die Gesellschaft von ihren Mitteln Gebrauch machte, entwickelt werden konnte. Wo Leonardo nur sein Traum blieb, war den Gebrüdern Wright Erfolg beschieden, weil eine technologische Infrastruktur sie mit Materialien und Werkzeugen, mit Maschinen und Brennstoffen versorgte, während eine wissenschaftliche Kultur (die sich gleichzeitig mit der Infrastruktur entwickelte) sie mit Ideen versorgte, die den besonderen Möglichkeiten dieser neuen Mittel Rechnung trugen.

Schulreformer waren sogar bis vor kurzem noch in einer gleichen Situation wie Leonardo. Sie konnten kühne Perspektiven formulieren und taten dies auch: zum Beispiel John Deweys Vorstellung, daß Kinder besser lernen, wenn Lernen wirklich ein Teil ihrer Erfahrungswelt ist; oder Freires Vorstellung, daß sie besser lernen, wenn sie wirklich für ihre eigenen Lernprozesse verantwortlich sind; oder Jean Piagets Vorstellung, daß Intelligenz durch einen Entwicklungsprozeß entsteht, in dem viele Faktoren Zeit brauchen, um ihr Gleichgewicht zu finden; oder Lev Vygotskys Vorstellung, daß das Gespräch beim Lernen eine entscheidende Rolle spielt. Solche Gedanken haben bei Visionären schon immer Anklang gefunden; in ihnen schwingt eine respektvolle Haltung Kindern gegenüber und eine demokratische, soziale Weltanschauung mit.

In der Praxis erwiesen sie sich leider als nicht flugtauglich. Als Pädagogen versuchten, eine wirkliche, auf diese allgemeinen Grundsätze gegründete Schule ins Leben zu rufen, ging es ihnen wie Leonardo, wenn er versucht hätte, ein Flugzeug aus Eichenholz zu bauen und es mit einem Maultier anzutreiben. Viele Praktiker, die sich bemühten, den zukunftsweisenden Vordenkern in der Pädagogik zu folgen, mußten so tiefgreifende Kompromisse eingehen, daß die ursprüngliche Absicht verloren ging. So kann zum Beispiel die »Methode des Entdeckens« ein Schritt in die Richtung von Deweys Traum sein, es ist jedoch ein winziger erster Schritt, völlig unzureichend, um einen solchen Unterschied zu bewirken, wie er in der großartigen Vision vom eigenverantwortlichen Kind, das durch seine Erfahrungswelt lernt, zum Ausdruck kommt. Es ist ganz einfach doppelzüngig, Kinder aufzufordern, für ihr eigenes Lernen die Verantwortung zu übernehmen, und ihnen gleichzeitig zu befehlen, etwas zu »entdecken«, das ihnen in keiner Weise dabei helfen kann, Dinge zu verstehen, die ihnen wirklich am Herzen liegen, für sie interessant sind oder ihre Neugier geweckt haben.

Für das Zugreifen auf Wissen, so wie Jennifer es gesucht hat, wird die Maschine noch einige Zeit nichts weiter als eine aussagekräftige Metapher bleiben, da die Menge an Sachwissen, die für das Funktionieren notwendig wäre, so umfangreich ist. Es gibt aber andere Wissensbereiche, in denen der erkenntnistheoretische Übergang für manche Kinder sogar noch brutaler ist, und in denen eine Maschine, die eine Umgebung für einen weicheren Übergang schafft, sehr viel schneller zur Verfügung stehen könnte. Ein solcher Bereich ist die Mathematik.

Wenn die Vorstellung eines Übergangs von mündlichen zu schriftlichen Mitteln der Erkenntnis für die Mathematik weniger geeignet erscheint, so liegt dies größtenteils daran, daß man in unserer Kultur dazu neigt, die Bezeichnung *Mathematik* für die in der Schule gelehrte und vielleicht eine minimale, direkt damit verbundene intuitive Basis zu reservieren. Durch dieses Ausschließen einer sehr viel breiteren Wissensbasis, die eigentlich als Fundament für formale Mathematik dienen sollte, haben wir den Weg zu besserem Lernen abgeschnitten. Jedes Kind im Vorschulalter hat selbst in seinem speziellen mathematischen Wissen über Mengen, über Raum, über die Verläßlichkeit verschiedener Denkprozesse, Elemente angehäuft, die später im Mathematikunterricht nützlich sein werden. Die enorme Menge dieser von jedem Kind aufgebauten und im Gedächtnis behaltenen »mündlichen« Mathematik wurde von Jean Piaget gut dokumentiert.

Das zentrale Problem für den Mathematikunterricht liegt darin, Möglichkeiten zu finden, von dem großen Erfahrungsschatz des Kindes an mündlicher Mathematik Gebrauch zu machen. Das kann der Computer.

Der wirkungsvollste Einsatz des Computers zur Veränderung der erkenntnistheoretischen Struktur kindlichen Lernens war bisher der Aufbau von Mikrowelten, in denen Kinder Mathematik betreiben, weil die Welt, in die sie einbezogen werden, von ihnen die Entwicklung spezieller mathematischer Fertigkeiten verlangt. Gleichzeitig entsprechen diese Welten von der Form her genau dem erfolgreichen mündlichen Lernstil des kleinen Kindes. Mathematik durch ein nichtformalisiertes Mittel der Erkenntnis zu lernen und anzuwenden, hemmt nicht, sondern fördert eher die Annahme auch eines formalisierten Mittels, genau wie die Wissensmaschine Kinder letztendlich eher zum Lesen anregt, als daß sie sie davon abhält.

Dabei möchte ich betonen, daß ich einen Unterschied zu vielen Strömungen, die eine Anwendung konkreter oder konstruktivistischer Methoden im Mathematikunterricht anstreben, sehe. Man würde den Kern der Wissensmaschine verfehlen, wenn man sie lediglich als Gerät verstehen würde, mit dessen Hilfe man Kindern das Lesen beibringt. Ebenso würde man den entscheidenden Punkt bei der Entwicklung nichtformalisierter Mittel der Erkenntnis in der Mathematik völlig untergraben, wenn man diese nur als Gerüst für das Lernen formaler Mittel oder als Trick, um Kinder zum formalisierten Unterricht zu locken, verstehen würde. Man muß ihnen für sich genommen und in und aus sich selbst heraus als wirkliche Hilfe für den Lernenden Wert beimessen. Viele weitere Beispiele dieser Unterscheidung werden in späteren Kapiteln zu finden sein.

An dieser Stelle beschränke ich meine Argumentation auf die Betrachtung des phantasievollen Musters auf der nächsten Seite, das von Schülern der mittleren Klassenstufen einer New Yorker Schule im Rahmen der Be-

Das afrikanische Stoffmuster. Die Zeichnung rechts wurde ebenfalls von Kindern erzeugt, die Logo zur Computerprogrammierung im Unterricht verwendeten.

schäftigung mit afrikanischen Stoffen entworfen wurde (in großartigen Farben, die hier leider nicht wiedergegeben werden können). Entstanden ist das Muster durch die Programmierung eines Computers in der Programmiersprache Logo, wobei eine nichtformalisierte Version einer als Schildkröten-Geometrie bezeichneten Art von Mathematik angewandt wurde. Diese Schüler verwendeten den Prozeß des Entwerfens nicht dazu, mehr über formale Mathematik zu lernen. Sie benutzten eine Art von Geometrie, die ihrem bevorzugten Mittel der Erkenntnis entsprach, um Vorstellungen über afrikanische Muster weiter nachzugehen. Geometrie ist nicht dazu da, gelernt zu werden. Sie ist dazu da, angewandt zu werden. Die wichtigste Ausnahme, die ich hier machen will, ist eine sehr bedeutungsvolle: Geometrie und ebenso Geometrie lernen können ein Gegenstand der Liebe sein, wobei die Anwendung dann zur Nebensache wird.

Diese Bemerkungen über formale und andere Geometrie sind für viele Visionäre genauso wie für die meisten Traditionalisten vielleicht ein Stein des Anstoßes. Es scheint so, als meinte ich, daß einige Schüler sich mit einer Art anwendbaren Geometrie, die sich von der »richtigen« unterscheidet, begnügen sollten, und dies könnte nach Elitedenken klingen. In Wirklichkeit meine ich jedoch und werde dies besonders in Kapitel 9 herausarbeiten, daß viel Platz dafür da ist, noch einmal darüber nachzudenken, welches Wissen und welche Mittel der Erkenntnis bevorzugt werden sollten. Die Schule hat sicher nicht das Recht, diese Entscheidung für uns zu treffen. Jene Visionäre, die sich nur nach besseren Methoden sehnen, um das von der Schule für alle festgelegte Wissen zu lehren, haben die Vorstellung vom radikalen Wandel noch nicht richtig akzeptiert. Ich hoffe, daß sie nach diesem Buch nicht nur fragen, wie in der Schule gelehrt wird, sondern auch, was gelehrt wird.

Ein größeres Abweichen vom Lehrplan wird mit einem Projekt vorgestellt, bei dem Kinder sich künstliche Geschöpfe ausdenken und bauen, wobei sie eine Version von Lego verwenden, zu der auch winzige Computer gehören, die Informationen von Sensoren und Steuerungsmotoren verarbeiten. Der Computer kann in Logo so programmiert werden, daß die Geschöpfe sich »zielgerichtet« bewegen. Ein achtjähriges Mädchen konstruierte zum Beispiel eine Modell-»Katzenmutter« und ihr »Kätzchen«. Beide wanderten immer umher, bis das Kätzchen Piepser von sich gab und ein Licht auf seinem Kopf zu blinken anfing; auf dieses Signal hin begann die Katze immer, sich in Richtung Kätzchen zu bewegen. Andere Kinder konstruierten Schlangen und Monster. Ein Team baute ein »intelligentes« Modell-Haus, das sich selbst reinigte.

Ein solches Verhalten durch Programmierung zu erzeugen, mag in der Vorstellung schwierig klingen. In Wirklichkeit ist dies durch die neuesten benutzerfreundlichen Versionen von Logo (wie Microworlds Logo) so einfach geworden, daß Konstruieren im Bereich der Technik und die zugrundeliegenden naturwissenschaftlichen Prinzipien ein ebenso natürliches Ausdrucksmittel der Phantasie werden wie Zeichnen oder Sprechen. Damit wird eine der Fächergrenzen, durch die der erkenntnistheoretische Ansatz der Schule geteilt wird, verwischt: Traditionell ist in der Schule vielleicht in der Kunst- und Aufsatzerziehung Zeit für Phantasie, in den naturwissenschaftlichen Fächern beschäftigt man sich jedoch mit Fakten. Kein Wunder, daß viele Kinder diese Fächer als kalt erleben. Eine zweite Fächergrenze wird durch die Verbindung von Technik und Biologie verwischt. Der Bau eines künstlichen Tieres ist zwar kein Ersatz für die Beschäftigung mit echten, er erlaubt jedoch Einblicke in bestimmte Aspekte bei echten Tieren, zum Beispiel in das Prinzip der »Rückkopplung«, das es der Legokatze ermöglicht, ihr Kätzchen zu finden. Dies ist so wie beim Prinzip des Auftriebs, das dem Fliegen von Vögeln und Flugzeugen zugrunde liegt, in bezug auf die gesellschaftliche Bedeutung der beiden Fälle gibt es jedoch einen großen Unterschied. Während es keine große Rolle spielt, ob jemand das Prinzip des Auftriebs versteht oder nicht, ist das Prinzip der Rückkopplung ein Schlüsselbegriff für das Denken in Systemen. Die Unfähigkeit, sich die Umwelt, die Wirtschaft oder sogar die eigene Familie mühelos als System vorstellen zu können, spielt tatsächlich eine große Rolle.

Der Begriff der Rückkopplung verdeutlicht, wie unnatürlich es ist, die Naturwissenschaften auf die präzise festgelegte Art der Erkenntnis zu beschränken, die durch Lesefertigkeit begünstigt wird. Die Legokatze »erkennt« nie genau, an welcher Stelle sich das Licht befindet; sie »erkennt« lediglich ungefähr, ob es eher auf der linken oder eher auf der rechten Seite ist. Das Programm bewirkt, daß die Katze sich etwas in die entsprechende Richtung dreht, sich etwas vorwärts bewegt und diesen Ablauf periodisch wiederholt; ob sie sich bei jedem Zyklus um ein Grad oder um zehn Grad dreht, spielt dabei keine Rolle. Was die Katze »weiß«, entspricht eher dem qualitativen Wissen eines Vorschulkindes, und hat weniger mit Genauigkeit und Quantität zu tun. Daß sie dennoch den Weg zu genau der richtigen Stelle findet, stärkt die Position aller qualitativen Denker und besonders die der Kinder. Sie erlaubt ihnen einen Zugang zu den Naturwissenschaften über einen Bereich, in dem naturwissenschaftliches Denken am ehesten ihrem eigenen Denken entspricht.

Der Gedanke, daß Teilwissen und qualitatives Wissen zum Erfolg führen können, kann auch als Argument in einer Diskussion darüber gelten, ob der Bau eines Lego-Modells für die wissenschaftliche Beschäftigung mit Biologie wirklich relevant ist. Jemand, der alles ungenaue Wissen ablehnt, glaubt vielleicht, daß nur ein Modell, das eine genaue Simulation der Natur darstellt, diese auch erklären kann. Die Modell-Katze zeigt eine andere Art von Simulation, eine »weiche Simulation«, die zu einem qualitativen Verständnis eines komplexen Systems führt, indem sie ein einfaches System konstruiert, das mit dem ersteren ein Prinzip gemeinsam hat.

Die Computergraphiken und die Projekte mit den künstlichen Geschöpfen erlauben einen kurzen Blick auf Veränderungsmöglichkeiten der Schule, die in Richtung radikaler Wandel gehen. Der übrige Teil dieses Buches gliedert sich in drei Themenbereiche, die sich damit beschäftigen, wie groß die Wahrscheinlichkeit ist, daß dieser Wandel tatsächlich stattfindet. Der am stärksten auf die Realität bezogene Bereich ist ein Blick darauf, was in den Schulen passiert. In Kapitel 3 betrachte ich die Reaktionen der Schule als Institution auf die Visionen von der Veränderung, die ich hier vorweggenommen habe. Kapitel 4 beschäftigt sich mit den Lehrern und Kapitel 10 behandelt strategische Probleme für eine Veränderung. Der nächste Themenbereich geht in Richtung Förderung eines besseren Verständnisses für die Entwicklung der Technologie selbst und die mit ihr entstehenden Denkweisen und Kulturformen. Dies zieht sich durch das ganze Buch, steht jedoch in den Kapiteln 8 und 9 besonders im Mittelpunkt. Der letzte Themenbereich wird die heftigsten Kontroversen auslösen. Ich glaube, wenn wir neue Formen des Lernens haben sollen, brauchen wir eine ganz andere Art von Lerntheorie. Die Theorien, die von pädagogischen und akademisch orientierten Psychologen generell entwickelt wurden, sind an eine ganz bestimmte Methode des Lernens angepaßt, nämlich an die Methode der Schule. Solange diese Denkmodelle vom Lernen die Oberhand behalten, wird es sehr schwierig werden, sich ernsthaft von der traditionellen Form der Schule zu entfernen.

Im folgenden Kapitel gebe ich einen ersten Ausblick auf die Richtung, in der ich nach neuen Denkmustern suche. Wenn man es auf den kürzesten Nenner bringen will, kann man sagen, diese Richtung liegt in uns selbst. In Kapitel 5 mache ich den Vorschlag, einer neuen Art von Lerntheorie einen Namen zu geben, der die Tatsache widerspiegelt, daß die menschliche Erfahrung für uns alle einen viel größeren Reichtum an Wissen über Lernen bereithält, als alle weißgekleideten Akademiker in ihren Labors jemals angehäuft haben.

2 Eigenes Denken

Von einem Psychologiekurs, den ich als Student belegt hatte, blieb mir nicht viel mehr im Gedächtnis haften als ein Vortrag über Objektivität, der gleich in der ersten Sitzung gehalten wurde. Wir wurden auf die Gefahr hingewiesen, daß viele von uns sich unter dem falschen Eindruck eingeschrieben haben könnten, der Kurs könne, da es ja um Psychologie ging, uns die Gelegenheit geben, die psychologischen Kernpunkte unseres eigenen Lebens zu erforschen. Die aus diesem Grund gekommen waren, sollten doch bitte überlegen, ob sie hier auch wirklich richtig aufgehoben wären. Der Ausgangspunkt für eine wissenschaftliche Beschäftigung mit der Psychologie wäre nämlich, so wurde uns gesagt, die Fähigkeit, sich selbst vom Gegenstand der Untersuchung zu distanzieren. Wir würden hart daran arbeiten müssen zu lernen, auf unseren eigenen Erfahrungen beruhende Intuitionen aus unserem Denken über die psychologische Themen, mit denen wir uns beschäftigen würden, herauszuhalten.

Zweifellos ist es in jedem Fachgebiet notwendig, sich vom Gegenstand der Untersuchung distanzieren zu können. Was in der Pädagogik jedoch in auffallender Weise fehlt, ist genau das Gegenteil: Hier gibt es zu viel Distanzierung.

Visionäre haben unermüdlich dagegen protestiert, daß die Lehrpläne der Schule eine Distanz zwischen dem Wissen und dem Schüler als Individuum schaffen. Darüber hinaus hat das Streben nach einer Wissenschaft der Pädagogik zu einem Denken über das Lehren geführt, das den Lehrer als Person außer acht läßt, und zu einem Denken über pädagogische Forschung, das den Forscher außer acht läßt. Ich beginne aus diesem Grunde meinen Protest mit der Darstellung, welche Stellung meine eigene Arbeit über Erneuerung der Schule in meiner Lebenserfahrung einnimmt.

Meine kritische Einstellung zur Schule und meine Sehnsucht nach etwas anderem waren schon sehr früh da. In der Grundschule erkannte ich bereits ziemlich klar, daß ich meine besten geistigen Leistungen außerhalb des Klassenzimmers vollbrachte. Meine Abneigung gegen die Schule wurde nur dadurch gemildert, daß ich zwei Lehrer liebte und eine Handvoll Freunde hatte, mit denen ich mich gemeinsam in einigen Bereichen engagierte, die mir wichtiger als Schule waren. Die wichtigste dieser Tätigkeiten war das Herausgeben einer Zeitung, die mit Hilfe einer Desktop Publishing Version der dreißiger Jahre produziert wurde. Mein Drucker war ein selbstgebauter gallertartiger Druckstock, auf den Tinte von einem feuchten Originalbogen aufgebracht werden konnte und von dort auf Druckbogen aus Saugpapier. Die Zeitung war für mich in vielerlei Hinsicht wichtig. Vor allem gab sie mir ein Identitätsgefühl. Erwachsene fragten sich gegenseitig, »Was machen Sie?« und ich »machte« etwas, das ich als persönlicher und charakteristischer ansah, als »zur Schule zu gehen«.

Außerdem erhielt ich über die Zeitung Verbindungen zu mehreren Bereichen geistiger und sozialer Entwicklung, die meine Zeit an der High-School und danach prägen würden. Ich entwickelte ein Selbstwertgefühl und einige Fertigkeiten auf dem Gebiet der Chemie. Mein Drucksystem ging auf einen Artikel in der *Children's Encyclopedia* von Arthur Mee zurück, entwickelte sich jedoch im Lauf der Zeit mit viel Experimentieren weiter. Ich sah mich mehr und mehr als Schriftsteller und mußte finanzielle und organisatorische Verpflichtungen eingehen, die zwar gering, aber dennoch ganz real waren. Und, was sich vielleicht am nachhaltigsten auf mein späteres Leben auswirkte: Die Zeitung führte mich allmählich an den Anfang meiner politischen Aktivität in der äußerst gespannten Atmosphäre Johannesburgs heran, wo ich von Sieben bis gut Mitte Zwanzig lebte.

Die besonderen Umstände meiner Geschichte sind für mich als Individuum zwar einzigartig; die allgemeinen Grundsätze, die sie veranschaulichen, sind es jedoch nicht. Ich habe Biographien gelesen und Freunde befragt und bin dadurch zu der Überzeugung gelangt, daß alle, die erfolgreich im Lernen sind, Möglichkeiten finden, ihr Leben schon früh so selbständig in die Hand zu nehmen, daß sie ein Gefühl geistiger Identität entwickeln. Ein faszinierendes Beispiel ist Jean Piaget. Es entbehrt nicht einer gewissen Ironie, daß dieser Mann, der so häufig als Autorität zitiert wird, wenn es darum geht, daß Kinder bestimmte Fähigkeiten noch nicht haben können, weil sie noch nicht in der entsprechenden Entwicklungsphase sind, daß dieser Mann seinen ersten wissenschaftlichen Artikel im Alter von elf Jahren veröffentlicht hat! Was soll man davon halten? Glühende Verehrer Piagets werten es häufig ehrfurchtsvoll als frühes Anzeichen seines Genies. Tatsächlich enthält der kurze Artikel, in dem von der Beobachtung eines seltenen Vogels in den Schweizer Alpen berichtet wird, kein einziges logisches Muster, das bei einem durchschnittlichen Elfjährigen überraschend wäre. Ich glaube eher, daß diese Veröffentlichung ebensosehr eine Ursache wie eine Folge von Piagets außergewöhnlichen geistigen Fähigkeiten ist, obgleich sie natürlich (in einem Sinne, den er selbst als dialektisch bezeichnet hätte) gleichzeitig sicher beides ist.

Piagets Artikel ist nicht einfach nur als Folge einer bestimmten geistigen Eigenschaft entstanden. Er erklärt ihn als einfache zweckbestimmte Handlung. Er wollte die Erlaubnis erhalten, die Hochschulbibliothek seiner kleinen Heimatstadt in der Schweiz zu benutzen, und schrieb und veröffentlichte den Artikel, um den Bibliothekar dazu zu bringen, ihn so ernst zu nehmen, daß er ihm diese Erlaubnis erteilen würde. Was mich an der Geschichte am stärksten beeindruckt, ist nicht, daß ein elfjähriger Junge einen Bericht über einen Vogel schreiben konnte, sondern daß eben dieser elfjährige Junge sich selbst so ernst genommen hat, daß er sich diese Strategie für den Umgang mit dem Bibliothekar ausgedacht und auch durchgezogen hat. Ich kann hierin den kleinen Jean erkennen, der sich darauf vorbereitet, Piaget zu werden. Er übte sich hier darin, seine Entwicklung selbst in die Hand zu nehmen, was nicht nur für jene wichtig ist, die herausragende Denker werden wollen, sondern auch für alle Bürger einer Gesellschaft, in der die Einzelnen ihre Rollen ein Leben lang immer wieder neu definieren müssen.

In völligem Gegensatz zu der Vorstellung von dem Kind Piaget, das selbständig den Erwachsenen Piaget entwirft, hat die Schule eine systemimmanente Tendenz, Kinder unselbständig zu machen, indem sie für sie eine Situation schafft, in der sie machen müssen, was ihnen gesagt wird, sich mit Arbeit beschäftigen müssen, die ihnen von anderen vorgeschrieben wird und die außerdem noch nicht einmal einen Wert an sich hat – Schularbeit wird nur deshalb verrichtet, weil der Erfinder eines Lehrplans bestimmte, daß das Verrichten dieser Arbeit den Ausführenden in erwünschter Weise formen würde. Ich finde dies beleidigend, zum Teil, weil ich mich daran erinnere, wie sehr ich mich als Kind dagegen wehrte, in diese Situation gestellt zu werden, zum größten Teil jedoch, weil ich davon überzeugt bin, daß die besten Lernerfolge erzielt werden, wenn der Lernende wie der junge Piaget die Verantwortung selbst übernimmt. Also strecke ich immer meine Fühler nach Initiativen aus, die es ermöglichen, den Zweck der Schule als Ort des Lernens mit einer Kultur der Eigenverantwortung zu verbinden.

Dies sollte nicht mit der Modevorstellung verwechselt werden, daß der Lernstoff für die Kinder »relevant« gemacht werden sollte – also, Lehrer, laßt sie nicht einfach nur Zahlen addieren, tut so, als würdet ihr im Supermarkt einkaufen. Kinder lassen sich nicht so leicht an der Nase herumführen. Wenn sie spüren, daß sie in einem dummen Spiel mitmachen sollen, verlieren sie den Mut, sich selbst ernst zu nehmen. Ein bißchen besser gefiel mir, was ich an der Lamplighter School in Dallas sah, wo die Schüler eines vierten Schuljahres tatsächlich selbstverantwortlich einen Eierhandel betrieben. Sie kauften das Futter, reinigten die Hühnerställe, sammelten die Eier ein und verkauften sie und behielten am Jahresende den Gewinn, sofern es einen gab. Wenn sie Verlust machten, mußten sie sich vor der nächsten

Klasse rechtfertigen. Auch hier bot sich jedoch nur sehr wenig Gelegenheit für wirkliche Eigeninitiative, und ein Gefühl, etwas wirklich Wichtiges zu tun, konnte sich nur begrenzt entwickeln.

Ein ausgeprägteres Gefühl, etwa wirklich Wichtiges zu tun, läßt sich in dem Projekt »Kidnet« feststellen, das in Zusammenarbeit von der National Geographic Society und Robert Tinker entwickelt wurde, der für die Entwicklung einiger der besten pädagogischen Computeranwendungen im Bereich der Naturwissenschaften verantwortlich ist. In diesem Projekt beschäftigen sich Schüler der mittleren Klassenstufen damit, Daten über den sauren Regen zu sammeln. Die einzelnen Schulen senden ihre Daten über elektronische Datennetze an einen Zentralrechner, der die Daten sammelt und dann an die lokalen Stellen zurückschickt, wo sie analysiert und im Zusammenhang mit wichtigen globalen Problemen diskutiert werden können. Das Projekt erweckt eine Vision von Millionen von Kindern auf der ganzen Welt, die sich mit einer Arbeit beschäftigen, die einen wirklichen Beitrag zur wissenschaftlichen Untersuchung eines drängenden gesellschaftlichen Problems leistet. Im Grunde könnte eine Million Kinder mehr Daten über die Umwelt sammeln als jede finanziell noch tragbare Anzahl professioneller Wissenschaftler.

Ein solches Projekt ist tausendmal wertvoller als die schematischen Arbeitsblätter und Demonstrationsexperimente der Schule, zumindest schon deshalb, weil die Schüler spüren, daß sie an einer sinnvollen und gesellschaftlich wichtigen Aufgabe beteiligt sind, an der ihnen wirklich etwas liegt. Am meisten gefällt mir hier jedoch, daß sich den Schülern Möglichkeiten bieten, sich über den eigentlichen Rahmen dieser Aufgabe hinaus mit stärker selbstbestimmten Dingen auseinanderzusetzen. Eine dieser Möglichkeiten, die von Schülern ziemlich häufig genutzt wird, besteht darin, das in dem Projekt erworbene Fachwissen in die Mitarbeit in örtlichen Umweltinitiativen einzubringen. Ein weiteres Beispiel, das mir besonders gefiel, wurde von einem Schüler geschaffen, der einen Plan ausgearbeitet hatte, wie die bisher von den Kindern ausgeführte Arbeit des Datensammelns automatisiert werden konnte. Er erklärte, daß die Kinder sich dann mit wichtigeren Umweltaufgaben befassen könnten! Der Schüler konnte diesen Plan mit den von seiner Schule zur Verfügung gestellten Mitteln nicht in die Tat umsetzen, er war jedoch kurz davor: In ein paar Jahren wird bei solchen Projekten eine Hard- und Software zur Verfügung stehen, die so flexibel ist, daß der Plan dieses Schülers in großem Umfang verwirklicht werden kann.

Ein anderes Beispiel dafür, wie Computer Kindern die Gelegenheit bieten können, ein Gefühl des ernsthaften Arbeitens zu entwickeln, ist der Fall zweier Schüler eines fünften Schuljahres mit sehr unterschiedlichen Interessen, der eine in den Naturwissenschaften, der andere im Bereich Tanz und

Musik. Sie kamen zusammen, um durch die Programmierung eines hinten im Klassenzimmer aufgestellten Computers eine »Bildschirm-Choreographie« zu erarbeiten. Ihre Arbeit mag vielleicht nicht allgemein relevant gewesen sein, für sie selbst war sie jedoch sicherlich von entscheidender Bedeutung und wurde auch von ihrer Lehrerin so eingestuft, die sie dazu ermunterte, während des normalen Unterrichts an ihrem Projekt zu arbeiten. Als ich die beiden beobachtete, wurde ich an die Zeitung erinnert, mit der ich mich als Kind beschäftigt hatte. Mir war klar, daß die beiden sich als geistig unabhängige Individuen entwickeln würden, und jeder konnte erkennen, daß sie für ihr Alter außergewöhnlich viel über Mathematik und Programmierung lernten.

Diese Darstellung, in der sich Lernumstände aus meiner und aus Piagets Kindheit mit Ereignissen aus dem Leben von Kindern an heutigen Schulen vermischen, bildet eine Alternative zu der Methodik, die von der vorherrschenden »wissenschaftlichen« Schule des Denkens bevorzugt wird. Forscher, die das sogenannte wissenschaftliche Verfahren der kontrollierten Versuche anwenden, unterziehen Kinder mit großem Aufwand irgendeiner »Behandlung« und schauen dann nach meßbaren Ergebnissen. Dies steht jedoch in völligem Widerspruch zu allem, was allgemein über die menschliche Entwicklung bekannt ist. Für mich ist zwar völlig klar, daß meine Zeitung eine entscheidende Rolle in meiner geistigen Entwicklung spielte, ich bin mir jedoch ziemlich sicher, daß dies in keinem Test erkannt worden wäre, der meine »Leistung« einen Tag vor Beginn des Projekts und drei Monate später gemessen hätte. Die signifikanten Wirkungen entwickelten sich über einen wesentlich längeren Zeitraum und wären wahrscheinlich erst nach Jahren meßbar gewesen. Außerdem würde ein Experiment, das hundert Kindern die Gelegenheit geben würde, »die Erfahrung des Zeitung Produzierens« zu machen, selbst wenn es über mehrere Jahre laufen würde, den Kernpunkt dessen, was mit mir passierte, verfehlen. Das wesentliche Engagement war zu persönlich, als daß man es als Massenwirkung erwarten könnte; ich verliebte mich in meine Zeitungsarbeit (wie auch in die Mathematik und in andere Wissensbereiche) aus Gründen, die so persönlich und in gewisser Weise nicht reproduzierbar sind, wie jene, die jede Form des sich Verliebens bestimmen.

Die Methode des kontrollierten Experimentierens, bei der eine Idee beurteilt wird, indem man sie in die Tat umsetzt, und bei der sichergestellt wird, daß alle anderen Bedingungen gleich bleiben, und dann das Ergebnis mißt, ist vielleicht dafür geeignet, die Auswirkungen einer kleineren Veränderung zu beurteilen. Sie kann uns jedoch keinen Aufschluß über Ideen geben, die zu einem tiefgreifenden Wandel führen könnten. Man kann solche Ideen nicht einfach in die Tat umsetzen, um zu sehen, ob sie zu einem tiefgreifenden Wandel führen: Ein radikaler Wandel eines Systems kann nur durch langsame organische Entwicklung und in enger Übereinstimmung mit der gesellschaftlichen Entwicklung erfolgen. Er wird weniger durch die Ergebnisse von Tests und Messungen gesteuert, sondern vielmehr durch ein intuitives Verständnis der beteiligten Personen.

Das wichtigste Hilfsmittel in diesem Prozeß ist genau das, was von der objektiven Psychologie und der sogenannten Wissenschaft der Pädagogik in Abrede gestellt wird. Jeder von uns hat einen Vorrat an intuitivem, gefühlsmäßigem, dem gesunden Menschenverstand entsprechenden Wissen über Lernen aufgebaut. Dieses Wissen kommt ins Spiel, wenn man das Positive einer Lernerfahrung unabhängig vom Ergebnis erkennt. Es scheint mir klar auf der Hand zu liegen, daß jeder gute Lehrer auf diese Art von Wissen in täglichen Entscheidungen über Schüler weitaus häufiger als auf Testergebnisse und andere objektive Messungen zurückgreift. Die wichtigste Aufgabe der pädagogischen Forschung liegt vielleicht darin herauszufinden, wie dieses Wissen mobilisiert und gestärkt werden könnte.

Ein Schritt zu seiner Stärkung besteht bereits darin, es überhaupt anzuerkennen. Das Bestreiten eines persönlichen intuitiven Wissens hat zu einer tiefen Spaltung im Denken über Lernen geführt; die Spaltung erinnert an die Theorie, daß jeder von uns zwei Gehirnhälften hat, die auf grundsätzlich unterschiedliche Weise denken. Analog dazu könnte man sagen, daß beinahe alle von uns beim Nachdenken über Lernen eine schulische Seite des Gehirns haben, die denkt, daß Schule die einzig natürliche Form des Lernen darstellt, und eine persönliche Seite, die genau weiß, daß es nicht so ist.

Eine zweite Strategie, um die persönliche Seite zu stärken und den lähmenden Einfluß der schulischen Seite abzuschütteln, besteht darin, eine Methodik des Nachdenkens über Fälle erfolgreichen Lernens und besonders der eigenen besten Lernerfahrungen zu entwickeln. Vergleiche mit zwei Ereignissen aus der Geschichte der Luftfahrt – ein Fall von wirklich radikalem Wandel – werden meine Gedanken verdeutlichen.

Wer davon träumte, Flugmaschinen zu bauen, betrachtete Vögel mit der gleichen Haltung, mit der ich Beispiele erfolgreichen Lernens betrachten möchte. Es reichte aber nicht aus, nur zu beobachten und zu kopieren. Viele wurden irrtümlicherweise auf den Gedanken gebracht, daß das Entscheidende beim Fliegen der Vögel ihr Flügelschlag wäre. Sogar der große Leonardo wurde zu der Vision von einem Schwingenflügler verleitet, einer Maschine, die wie ein Vogel aussehen und durch Schlagen der den Vögeln nachgebildeten Flügel fliegen sollte. So konnte man jedoch keine Flugmaschine bauen. Dennoch führte letztendlich die Beobachtung der Vögel zur Lösung des Rätsels. Ich beziehe mich hier auf John Wilkins, Bischof von

Chester, Wissenschaftler und einer der Gründer der Royal Society im 17. Jahrhundert. Wilkins war sicher nicht der erste, der beobachtete, daß Vögel auch ohne Flügelschlag fliegen konnten. Er war jedoch der erste, der die Bedeutung dieser ansonsten banalen Beobachtung erkannte. Er hatte recht. Die Möwe, die sich ganz einfach und ohne sichtbare Bewegung in die Lüfte erhebt, wurde das Modell, auf dessen Grundlage schließlich das Prinzip des Auftriebs formuliert wurde, eines Prinzips, das sowohl zum Verständnis der natürlichen als auch zu der Konstruktion künstlicher Flieger führte. Wir müssen lernen, erfolgreiches Lernen durch das Prisma solcher einflußreichen Ideen zu sehen.

Das zweite Ereignis folgte direkt aus dem ersten. Das Jahr 1903 – als ein angetriebenes Flugzeug das erste Mal erfolgreich flog – war ein Wendepunkt in der Geschichte des Verkehrs. Der berühmte von Wilbur und Orville Wright gebaute Flieger überzeugte nicht durch seine Leistungsfähigkeit. An diesem Tag dauerte der längste von mehreren Flügen lediglich neunundfünfzig Sekunden! Als praktische Alternative zum pferdegezogenen Wagen war dies geradezu lächerlich. Wer genügend Vorstellungskraft hatte, konnte in diesem Flugzeug jedoch die Geburt einer Industrie sehen, die zu Jumbo-Jet und Spaceshuttle führen würde. Das Nachdenken über die Zukunft der Schule erfordert eine ähnliche Bemühung der Vorstellungskraft. Die vorherrschende nüchterne »What you see is what you get« (WYSIWYG) Auffassung, daß der Nutzen des Computers beim Lernen nur am heutigen Gewinn in den Klassenzimmern zu bemessen sei, machen es unausweichlich, daß die Zukunft immer der Vergangenheit verhaftet bleibt. Tatsächlich ist die Situation in der Pädagogik häufig noch schlimmer, als es der Fall wäre, wenn man den Nutzen des Flugzeugs nach dem Neunundfünfzig-Sekunden-Flug beurteilte. Hier ist es eher so, als ob ein Düsenflugzeug an einem altmodischen Pferdefuhrwerk befestigt wird, um zu sehen, ob das den Pferden hilft. Höchstwahrscheinlich würden die Pferde erschrecken und der Wagen auseinanderfallen, und damit wäre dann »bewiesen«, daß die Düsentechnik der Verbesserung des Verkehrs tatsächlich sogar schadet.

In meinen Ordnern habe ich eine große Sammlung wissenschaftlicher Abhandlungen, in denen über Versuche berichtet wird, »die Auswirkung der Computer auf das Lernen« zu messen. Dies ist so, als messe man die Flugeigenschaften des Fliegers der Gebrüder Wright, um »die Auswirkung des Fliegens auf den Verkehr« zu bestimmen. Die richtige Einschätzung der Bedeutung dieses Fliegers konnte jedoch nur durch den Einsatz von sehr viel Vorstellungskraft und auf der Grundlage eines Verständnisses der dieser Konstruktion zugrundeliegenden Prinzipien, wie zum Beispiel des Auftriebs, erfolgen. Um die entsprechenden Prinzipien im Bereich des Lernens herauszufinden, müssen wir uns selbst genauso wie den Computer beobachten: Prinzipien wie »Verantwortung übernehmen« und »geistige Identität« und »Sich Verlieben« (wie ich es, als ich meine Zeitung beschrieb, ausgedrückt habe) spielen inzwischen in meinem eigenen Denken diese Rolle; dies ist ein direktes Ergebnis der Beobachtung, was in mir ablief, wenn ich geistig zu fliegen schien. Die im übrigen Teil dieses Kapitels beschriebenen Ereignisse werden einige andere Prinzipien genauer beleuchten.

Als ich aufwuchs, wurde Lernen zu meinem Hobby. Natürlich beinhaltet jedes Hobby Lernen. Die meisten Menschen interessieren sich jedoch mehr für die Lerninhalte als für die Prozesse, die beim Lernen ablaufen. Tatsächlich lernen die meisten ohne auch nur im geringsten darüber nachzudenken. Ich verfalle oft ins andere Extrem. Ich lernte zu jonglieren, ein Flugzeug zu bauen und zu kochen, nicht nur, weil ich diese Dinge tun wollte, sondern auch, weil ich neugierig auf den Lernprozeß selbst war. Ich liebte diese Hobbys zwar mit der Zeit um ihrer selbst willen, jedoch war ein Teil des Vergnügens immer auch, mich selbst beim Lernen zu beobachten und Theorien darüber aufzustellen, wie ich lernte. Ein gutes Beispiel für diesen Prozeß ist, wie ich lernte, Croissants zu backen.

Als ich endlich nach vielen Mißerfolgen richtige Croissants backen konnte, war ich zunächst einmal stolz auf mich, dann begann ich jedoch darüber nachzudenken, was passiert war. Am einen Tag konnte ich es noch nicht, und am nächsten konnte ich es plötzlich! Was hatte sich verändert? Um den Moment des Übergangs zu rekonstruieren, versuchte ich mich noch einmal in den Zustand des »Nichtkönnens«, in dem ich mich am Tag zuvor befunden hatte, zu versetzen. Zuerst dachte ich an äußerliche Faktoren wie das Verhältnis der Zutaten, die Dauer des Gehen- und Ruhenlassens und die Temperaturen von Teig, Arbeitsoberfläche und Herd. Das Variieren dieser Faktoren schien für meine früheren unterschiedlichen Ergebnisse jedoch nicht verantwortlich zu sein.

Als ich schließlich den Schlüsselmoment noch einmal durchlebte, hatte ich viel mehr gelernt, als nur Croissants zu backen. Der Unterschied zwischen vorher und nachher lag darin, den Grad der »Geschmeidigkeit« der Butter durch die Geschmeidigkeit des Gebäckteigs und durch mein schweres Nudelholz aus Marmor hindurch zu fühlen. Anfangs kam ich mir beim Versuch, diesen Punkt bewußt einzufangen, wie die Prinzessin auf der Erbse vor. Ich versuchte es viele Male. Erst als ich beschloß, daß ich genug hatte und es für diesen Tag lassen wollte, kam der Durchbruch. Auf meiner Marmorplatte war noch ein in Teig eingewickeltes Stück Butter. Ich wußte nicht recht, was ich damit tun sollte, rollte es spielerisch mit dem Nudelholz aus, ganz entspannt und ohne eine bestimmte Absicht – und plötzlich konnte ich deutlich die Beschaffenheit der Masse fühlen. Nachdem ich das gespürt hatte, wußte ich »in meinen Fingern«, wie man ein Croissant macht, und wenn ich es heute nach mehreren Jahren wieder einmal versuche, habe ich nach dem zweiten Blech jedesmal wieder den Dreh heraus – wenn ich mich jedoch einem Schultest unterziehen müßte, würde ich versagen, weil ich immer den mißratenen ersten Versuch brauche, um das Gespür für den gelungenen zweiten zu bekommen.

Wenn ich diese Erfahrungen vor einem Publikum von Pädagogen noch einmal erzähle, hoffe ich immer, daß sich jemand über meine Plauderei über Croissants aufregt und sagt: »Was hat das mit Grammatik oder Mathematik oder dem Schreiben von Geschäftsbriefen zu tun? Natürlich muß man beim Kochen lernen, das Verhältnis des eigenen Körpers zur Materie zu spüren. In der Mathematik geht es jedoch nicht darum, das Verhältnis des eigenen Körpers zu Zahlen zu spüren.« Mir gefällt diese Reaktion, weil sie etwas an die Oberfläche bringt, das in der Kultur unterschwellig vorhanden ist, und ich damit die Möglichkeit habe, mich mit ihm auseinanderzusetzen.

Vor ein paar Jahren hätte ich mit der Erwiderung angefangen: »Sie glauben, daß Mathematik nichts mit dem Körper zu tun hat, weil Sie kein Mathematiker sind; wenn Sie ein Mathematiker wären, müßten Sie eigentlich wissen, daß in der Mathematik die Gefühle im Bauch und alle möglichen anderen Körpergefühle eine große Rolle spielen.« Heute würde ich es anders herum sagen: »Der Grund, warum Sie kein Mathematiker sind, könnte darin liegen, daß Sie glauben, daß Mathematik nichts mit dem Körper zu tun hat; Sie haben Ihren Körper aus der Mathematik herausgehalten, weil sie als abstrakt gilt, oder vielleicht hat Sie ein Lehrer gescholten, weil Sie beim Addieren die Finger benutzt haben!« Dieser Gedanke ist nicht bloße Metaphysik. Er hat mich dazu inspiriert, den Computer als Mittel zu benutzen, das es den Kindern ermöglicht, ihren Körper wieder in die Mathematik einzubringen.

Mein bevorzugtes Beispiel ist eine Erfindung namens »Schildkröte«. Man kann sie sich als ein Zeichengerät vorstellen, dessen einfachste Verwendung im folgenden Szenario deutlich wird. Stellen Sie sich vor, Sie blicken auf einen Computerbildschirm. Sie sehen eine kleine Schildkröte, die sich bewegt und eine Spur hinter sich läßt, wenn Sie Befehle in einer als »Schildkrötensprache« bezeichneten Programmiersprache eintippen. Der Befehl »Vorwärts 50« bewirkt, daß die Schildkröte sich eine bestimmte Strecke geradeaus bewegt. »Vorwärts 100« läßt sie die doppelte Strecke in die gleiche Richtung gehen. Sie werden schnell begreifen, daß die Zahlen die Strecke, die sie zurücklegt, darstellen; man kann sie sich als Schildkrötenschritte vorstellen. Wenn Sie nun wollen, daß sie sich in eine andere Richtung bewegt, geben Sie einen Befehl wie »Rechts 90« ein. Sie bleibt auf der Stelle, dreht sich aber und schaut nun nach Osten, wenn sie vorher nach Norden geschaut hat. Mit diesem Wissen sollten Sie schnell in der Lage sein, sie ein Quadrat zeichnen zu lassen. Wenn Ihnen das leicht vorkommt, können Sie daran denken, einen Kreis zu zeichnen; und wenn Ihnen das ebenfalls leicht fällt, können Sie sich an einer Spirale versuchen. Irgendwann werden Sie den Grad erreichen, an dem es für Sie schwierig wird, und für diesen Fall gebe ich Ihnen folgenden Rat: Versetzen Sie sich an die Stelle der Schildkröte. Stellen Sie sich vor, Sie laufen ein Quadrat, einen Kreis, eine Spirale oder sonst eine Figur ab. Sie leisten vielleicht eine Weile Widerstand, weil Sie angespannt und zu ehrgeizig sind, so wie ich mit meinen Croissants. Wenn Sie sich jedoch entspannen, werden Sie feststellen, daß in Ihrem Körper ein reicherer Vorrat an mathematischem Wissen als in jedem Lehrbuch ist.

Französisch zu lernen war eine meiner lehrreichsten Lernerfahrungen. Es war zwar kein Fall von Lernen um seiner selbst willen – ich ging nach Paris, um die Untersuchungen im Rahmen meiner Doktorarbeit in Mathematik abzuschließen –, meine berufliche Absicht war jedoch mit spielerischen Lernerfahrungen vermischt. So entwickelte ich zum Beispiel eine Beziehung zu einem achtjährigen Jungen, der sehr viel Vergnügen darin fand, mein »Lehrer« zu sein. Er war gerade so alt, daß er zur gleichen Zeit wie ich »Französisch lernte«. Französisch war zwar seine Muttersprache, er lernte jedoch in der Schule Buchstabieren und Grammatik und erweiterte seinen Wortschatz recht schnell. Ich konnte die Geschwindigkeit und das Muster meiner eigenen Fortschritte mit seinen vergleichen und kam dabei zu einem erstaunlichen Ergebnis: Nach jedem erdenklichen Maßstab gemessen, lernte ich schneller. Ich hätte die Diskrepanz zwischen dieser Beobachtung und der normalerweise bei Erwachsenen vorhandenen Schwerfälligkeit beim Erlernen von Sprachen einfach auf eine Art spezieller »Sprachbegabung« zurückführen können. Das tat ich jedoch nicht. Ich erkläre die Diskrepanz vielmehr dadurch, daß ich Französisch in erster Linie wie ein Kind lernte, aber auch einige differenziertere gedankliche Vorstellungen nutzen konnte, die einem Kind normalerweise nicht geläufig waren. Auf der einen Seite war ich offen für ein spielerisches Eintauchen in die Sprache; auf der anderen Seite konnte ich auch gelegentlich auf die formale Sprachwissenschaft zurückgreifen. Irgendwo zwischen diesen beiden Polen lag die Tatsache, daß mir das Erlernen des Französischen dadurch leichter vorkam, daß ich nicht nur mit dieser Sprache experimentierte (oder spielte) sondern auch mit dem Lernen selbst. Die Beschäftigung mit dem eigenen Lernprozeß – das zeigt sich auch am Beispiel der Croissants – kann eine wirkungsvolle Methode zur Verbesserung des Lernens sein. Wenn ich zurückblicke, sehe ich jedenfalls eine wichtige Wurzel meiner heutigen Vorstellungen in der Erkenntnis, welche Vorteile es mit sich bringt, die Lernmethoden der Kinder mit denen der Erwachsenen zu kombinieren. Meine mathematischen Forschungen in Paris brachten mir zwar einen Doktortitel ein, die für mein weiteres Leben wichtigste Entdeckung während meiner Pariser Zeit war jedoch Jean Piaget, der damals gerade ein Seminar an der Sorbonne hielt. Ich lernte ihn kennen und wurde eingeladen, in seinem Zentrum in Genf zu arbeiten, wo ich die folgenden vier Jahre verbrachte und ein leidenschaftliches Interesse für das kindliche Denken entwickelte. Wenn die Kerngedanken dieses Buches mir auch damals das erste Mal in den Sinn kamen, so waren sie doch noch äußerst verschwommen. Soweit ich mich erinnern kann, stellte ich insbesondere noch keine Verbindung zwischen meinem eigenen Lernen und dem Prozeß der intellektuellen Entwicklung der Kinder her, mit dem wir uns an Piagets Zentrum beschäftigten. Der Grund ist bedeutsam: Wir waren alle viel zu ernsthaft und zu formal in unserer Beschäftigung mit dem kindlichen Denken. Natürlich dachten wir auch an ihr Spielen; Piaget selbst prägte den oft zitierten Satz, daß Spiel die Arbeit des Kindes ist. Aber niemand in dieser Umgebung befaßte sich mit der Kehrseite dieses prägnanten Aphorismus: dem Gedanken, daß Arbeit (zumindest ernsthafte geistige Arbeit) das Spiel des Erwachsenen sein könnte. Wir betrachteten Kinder als »kleine Wissenschaftler«, dachten jedoch kaum über das Gegenstück dieser Vorstellung nach, nämlich Wissenschaftler als »große Kinder« zu betrachten.

Nach den vier Jahren in Genf wurde ich Professor für Mathematik am MIT. Viele Faktoren machten diesen Schritt für mich attraktiv. Da war die Aussicht auf Zugang zu Computern und auf Zusammenarbeit mit Marvin Minsky und Warren McCulloch, und eben auch ein wunderbares Gefühl des Spielerischen, das ich dort bei kurzen Besuchen erlebt hatte. Als ich schließlich anfing, konzentrierte sich dies alles in den nächtelangen Sitzungen um einen PDP-1 Rechner herum, der Minsky zur Verfügung gestellt worden war. Es war reines Spiel. Wir fanden allmählich heraus, was man mit einem Computer machen konnte, und alles Interessante schien der Mühe wert. Niemand kannte sich zu diesem Zeitpunkt gut genug aus, um zu bestimmen, daß einige Dinge wichtiger wären als andere. Wir waren wie Kleinkinder beim Entdecken der Welt.

Genau in dieser Situation dachte ich über Computer und Kinder nach. Ich spielte wie ein Kind und erlebte einen Vulkanausbruch an Kreativität. Warum sollte der Computer einem Kind nicht die gleiche Erfahrung vermitteln? Warum sollte ein Kind nicht spielen können wie ich? Was müßte man tun, um dies zu ermöglichen?

Durch diese Fragen wurde ich erneut in eine Suche gestürzt, die wie bei Robin Hood von der Vorstellung geleitet war, Technologie von den Herren der Labors zu stehlen und sie an die Kinder dieser Erde zu verteilen. Ein erster Schritt in dieser Suche war die Erkenntnis, daß eine der Quellen, aus denen die Technologen ihre Macht bezogen, der Schleier des esoterischen Geheimnisses war, der den Begriff des Programmierens umwob. Dies ist wie bei den Priestern früherer Jahrhunderte, die dem Volk Macht vorenthielten, indem sie das Monopol auf die Fähigkeit zu lesen und zu schreiben hatten, und indem sie das in ihren Augen machtvollste Wissen in einer Sprache beließen, die das gemeine Volk nicht verstehen konnte. Ich erkannte die Notwendigkeit von Computersprachen, die »vulgarisiert« werden konnten – d.h. die der Allgemeinheit und besonders den Kindern zur Verfügung gestellt werden konnten.

Dies erwies sich als langwierige und schwierige Aufgabe. Computersprachen – ähnlich wie natürliche Sprachen – können nicht »gemacht« werden; sie müssen sich entwickeln. Was gemacht werden konnte, war ein erster Versuch in Richtung einer solchen Sprache, nämlich Logo, der als Ausgangspunkt für eine längere Entwicklung dienen würde, einer Entwicklung, die tatsächlich immer noch andauert.

Um die Darstellung bildhaft zu machen, werden die Gedanken in diesem Buch anhand der Geschichte meiner eigenen Erfindungen entwickelt. Ich mache kein Geheimnis daraus, daß ich einige von ihnen liebe und schätze. Ich glaube, daß einige sogar langfristig Zukunft haben werden. Ich wiederhole jedoch, daß meine Absicht hier nicht ist, dem Leser zu sagen, was richtig oder falsch ist, sondern seine Vorstellungskraft herauszufordern und zu stärken. In diesem Buch dienen meine wirklich existierenden Erfindungen demselben Zweck wie die imaginären Beispiele der Zeitreisenden und die hypothetischen Ingenieure aus dem 19. Jahrhundert. Sie sollen weitere Gedanken anregen, um unseren Geist auf andere, viel aufregendere Erfindungen der Zukunft vorzubereiten. Ich beabsichtige alles andere als eine einzelne Erfindung als die Lösung für das Problem der Schule zu befürworten; vielmehr soll jedes Beispiel als Wegweiser in ein riesiges Gebiet neuer Möglichkeiten für schulische Erneuerung dienen. Mein Ziel in bezug auf Traditionalisten – oder jeden, der glaubt, daß irgendeine Form des Lernens die einzig richtige und natürliche sei – ist es, ihre Vorstellungskraft zu wecken, damit sie Alternativen finden können. Piaget sagte, Verstehen ist Erfinden. Er dachte dabei an Kinder. Dieser Grundsatz gilt jedoch für uns alle.

3 Schule: Wandel und Widerstand

Einen ersten Versuch, Vorstellungen von einem radikalen Wandel der Schule zu erwecken, machte ich in meinem Buch *Gedankenblitze. Kinder, Computer und neues Lernen,* das ich in den späten siebziger Jahren geschrieben habe, in einer Zeit also, als Personalcomputer noch etwas absolut Neues darstellten. IBM war noch nicht auf der Bildfläche erschienen, ebensowenig wie die Japaner. Der erste Apple war hauptsächlich der Liebling enthusiastischer Freaks.

Im Untertitel dieses Buches spiegelt sich eine Lücke in meinem damaligen Erfahrung- und Erkenntnisstand wider, da hier zwar Kinder, nicht aber die Schulen erwähnt werden. Kinder fingen bereits an, eine Beziehung zum Computer zu entwickeln. Die ersten primitiven Videospiele waren aufgetaucht, und man konnte Experimente inszenieren, bei denen große und teure Maschinen den noch nicht vorhandenen Personalcomputer simulierten. Die Neugier der Kinder, was sie mit den Maschinen machen konnten, wurde nicht durch Wissen darum abgelenkt, daß hinter dem im Rahmen der Experimente verwendeten Terminal eine mehrere Millionen Dollar teure Maschine stand. Keine vergleichbaren Versuche konnten jedoch durchgeführt werden um festzustellen, wie Schulen sich in einer Welt, in der Computer Dinge des täglichen Gebrauchs wären, verhalten würden. In den Reaktionen der Schulen spielten Preis und Größe eine so entscheidende Rolle, daß keine »Simulation« Einsichten darüber liefern konnte, wie sie tatsächliche Haushaltsmittel verteilen und tatsächliche Strukturveränderungen akzeptieren würden. Es ist daher keineswegs überraschend, daß bei meiner Erörterung der Schule etwas fehlte, das bei der Erörterung der Frage, wie Computer als Bindeglied zwischen Kindern und Begriffen dienen könnten, aufgrund wirklicher Erfahrungen vorhanden war. Ich war nicht der einzige, der diesen Fehler machte; in Wirklichkeit verzerrt eine chronische Gesichtsfeldeinschränkung auch heute noch die öffentliche Diskussion über das Verhältnis von Technologie und Schule. In diesem Kapitel will ich versuchen, den Gesichtskreis zu erweitern.

Gedankenblitze wurde geschrieben, als die sich entwickelnde Verwendung des Computers in der Schule an einem Wendepunkt angelangt war. Damals gab es höchstens eine Handvoll Klassenzimmer, in denen etwas wie das im vorigen Kapitel Beschriebene hätte stattfinden können; tatsächlich waren die einzigen mir bekannten Aktivitäten in diesem Bereich zwei offizielle Forschungsprojekte, nämlich mein eigenes und ein ähnliches unter der Leitung von Alan Kay, der die Vorstellung vom Computer als Instrument für jedermann in sehr fruchtbarer Weise mitgeprägt hat. Zwei Jahre nach der Veröffentlichung des Buches gab es jedoch bereits Hunderte von Klassenzimmern, in denen man vergleichbare Ereignisse beobachten konnte, und nach weiteren zwei Jahren waren es Zehntausende. Diese Entwicklung einer schulischen Computerkultur war von einem radikalen Wandel zwar noch weit entfernt, hatte jedoch schon Größenordnungen erreicht, die sie als Voraussetzung für das Verständnis schulischer Veränderungsprozesse unvergleichbar wertvoller machten als die verkrampften Experimente des vorangegangenen Jahrzehnts. In zehn Jahren waren an amerikanischen Schulen drei Millionen Computer angeschafft worden; Zehntausende von Lehrern nahmen an Computerkursen teil; neue Industriegiganten erschlossen den Pädagogikmarkt; zwanzigtausend Produkte wurden unter der vorgeblichen Bezeichnung »pädagogische Software« zum Verkauf angeboten.

Diese dramatischen Ereignisse zogen natürlich die Aufmerksamkeit der Medien auf sich. Einmal abgesehen von den bloßen Zahlen, bereits die Vorstellung von einem kleinen Kind, das am Computer sitzt, gab vielen das Gefühl, daß etwas Neues, Aufregendes und auch ein wenig Beunruhigendes in der Luft lag. Wenn noch dazu kommt, daß vom Schein des Computerbildschirms erhellte Kinderaugen besonders fotogen sind, ist es verständlich, daß Computer in der Schule eine Zeitlang eher zu enthusiastischen Schlagzeilen in der Presse als zu einer sinnvollen Diskussion darüber führten, was dies alles bedeuten sollte. Was bedeutete es tatsächlich? Welche Fragestellungen waren sinnvoll, um diese Entwicklung und die Richtung, in die sie vielleicht führen würde, zu verstehen? Eine Schlagzeile im *Wall Street Journal* spiegelte die Bedenken der nüchternen Beteiligten in der unteren Zeile wider. SCHULEN KAUFEN VIELE COMPUTER, hieß es da, NUTZEN IM KLASSENZIMMER JEDOCH GERING. Der skeptische Ton ist verständlich. Immer häufiger wurde von der Krise in den Schulen gesprochen. Sogar in dem Klima der Kritiklosigkeit, das in der Ära Reagan in Washington herrschte, hatte der Bericht »Eine Nation in Gefahr« dies dramatisch verkündet. Es überrascht nicht, daß Fragen gestellt wurden: Wo sind all diese Computer, von denen wir so viel gehört haben? Was machen sie? Weit entfernt davon, die Situation zu verbessern, schienen sie nicht einmal in der Lage, die weitere Verschlechterung aufzuhalten.

Solchen im *Journal* vorgebrachten Bedenken setze ich zwei Argumente entgegen, wobei das eine relativ an der Oberfläche bleibt und das andere tiefer in die Problematik eindringt. Das erste Argument betrifft die Verwendung des Wortes *viele* zur Beschreibung der in den Schulen vorhandenen Zahl der Computer, die damals zwischen einer und zwei Millionen lag.

Waren dies wirklich viele? Ja, wenn man sich einen Berg von Computern im Hinterhof vorstellt. Nein, wenn man diese Zahl durch die Anzahl der Schüler in all diesen Klassenzimmern teilt. Ich weiß, wie es ist, wenn sich meine Denkweise verändert, und habe dies mehr als einmal durch die Verwendung des Computers erlebt. Außer einer tieferen geistigen Veränderung, haben sich auch meine Schreibgewohnheiten verändert, weil ich den Computer ins Flugzeug, ins Auto, in den Garten oder ins Badezimmer mitnehme; und meine Kommunikationsgewohnheiten haben sich ebenfalls verändert, weil ich mit so vielen Kollegen und Freunden durch elektronische Post verbunden bin. Erst vor zwei Tagen sind meine Gedanken über die wirtschaftliche Reform in Rußland dadurch klarer geworden, daß ich ein weiches Simulationsprogramm des wirtschaftlichen Wettbewerbs erstellt habe. Dies ist möglich, weil ich meistens einen Computer, eigentlich sogar mehrere Computer, in Reichweite habe.

Damit die Verwendung des Computers wirklich einen Unterschied ausmacht, ist sicher nicht soviel technische Ausrüstung erforderlich, wie mir zur Verfügung steht, aber ebenso sicher ist das, was Schulen den meisten Schülern bieten, zu wenig. Wenn man eine Million Computer durch fünfzig Millionen Schüler teilt, ergibt sich, daß jedem Schüler ein Fünfzigstel eines Computers zur Verfügung steht. Ich glaube nicht, daß mir die bedeutenden Vorteile eines Computers erwachsen wären, wenn ich lediglich über ein Fünfzigstel einer Maschine verfügt hätte. Ein einfaches Rechenexempel, das in seinem Ergebnis nicht grundsätzlich dadurch verändert wird, daß in einigen Schulen möglicherweise das Drei- oder Vierfache der durchschnittlichen Computeranzahl zur Verfügung gestanden hat, liefert eine so offensichtliche Lösung des im *Journal* aufgeworfenen Problems, daß man sich fragt, ob die Autoren dieses Artikels wirklich im konkreten Sinne darüber nachdachten, was sie schrieben. Ich frage mich, ob sie wohl überrascht wären, wenn man in einem Land, an dessen Schulen sich fünfzig Schüler ein Schreibgerät teilen müssen, beobachten würde, daß Schreiben das Lernen nicht wesentlich verbessert.

Es könnte so scheinen, als stünde das Argument, eine kleine Zahl von Computern führe wahrscheinlich keine große Veränderung herbei, im Widerspruch zu einigen der früher erwähnten Ereignisse, in denen Kinder die Erfahrung genossen, zwei Computer mit der ganzen Klasse zu teilen. Es gibt keinen Zweifel daran, daß ein einzelnes Ereignis, mit oder ohne Computer, plötzlich eine bedeutende Weiterentwicklung der intellektuellen Fähigkeiten bewirkt. Häufiger erfordert Veränderung jedoch eine über einen längeren Zeitraum andauernde und stärker gesellschaftlich eingebettete Computererfahrung, als sie von zwei hinten in einem Klassenzimmer aufgestellten Maschinen ermöglicht wird. In Kapitel 6 werden wir Debbie kennenlernen, die tatsächlich ein »Aha«-Erlebnis bezüglich der Bedeutung von Mathematik hatte; sie war jedoch in einer Schule, die über hundert Computer verfügte. Eine solche Veränderung kann sich oft auch ins Gegenteil verkehren, wie es zum Beispiel bei Raymond der Fall war, dessen Erfahrungen mit dem Computer ihm einen Vorgeschmack von angenehmem und erfolgreichem Lernen in der Schule vermittelte. Dieser Schüler, der als »lernbehindert« eingestuft worden war, arbeitete so ausgezeichnet, daß seine Lehrer, seine Eltern und sogar er selbst überrascht waren. Dieser Vorgeschmack von etwas Besserem verstärkte jedoch seine Abneigung gegen die Methoden des normalen Schulalltags derartig, daß er schließlich die Schule noch stärker als vor seiner Computererfahrung ablehnte.

Ein weiterer Grund für die geringe Wirkung des Computers hat mit tieferliegenden Problemen als mit Zahlen zu tun. In den frühen achtziger Jahren gab es nur wenige Mikrocomputer in den Schulen, diese wenigen befanden sich jedoch fast ausschließlich in den Klassenzimmern der Visionäre unter den Lehrern, von denen die meisten sie in einem »progressiven« Geist einsetzten und sich über die Schulpraxis der Lehrplanzerstückelung und des unpersönlichen Routinelernens hinwegsetzten. Dann trat jedoch eine deutliche Veränderung ein. Initiative und Macht im Bereich Computer verlagerten sich von den Lehrern zu den Schulverwaltungen – meist zu denen auf Gemeinde- oder einzelstaatlicher Ebene. Solange es wenige Computer in der Schule gab, begnügte sich die Verwaltung damit, sie in den Klassenzimmern der Lehrer zu lassen, die am meisten Begeisterung dafür zeigten, und das waren im allgemeinen jene, die am Computer als einem Instrument der Veränderung interessiert waren. Als die Zahl der Computer jedoch stieg und sie zu einer Art Statussymbol wurden, griff die Verwaltung ein. Aus Sicht eines Verwaltungsbeamten war es sinnvoller, alle Computer in einem Raum – mit der irreführenden Bezeichnung »Computerlabor« – unter die Kontrolle eines spezialisierten Computerlehrers zu stellen. Jetzt konnten die Kinder zusammenkommen und sich eine Stunde pro Woche damit befassen. Durch unerbittliche Logik war der nächste Schritt die Einführung eines Lehrplans für den Computer. So wurden nach und nach die subversiven Eigenschaften des Computers untergraben: Anstatt fächerübergreifend eingesetzt zu werden und damit genau den Begriff der Fächergrenze in Frage zu stellen, legte der Computer die Grenzen eines neuen Faches fest; anstatt den Schwerpunkt von einem unpersönlichen Lehrplan zu einer spannenden, aktiven Erforschung durch die Schüler zu verlagern, diente der Computer der Stärkung der Schulmethoden. Was als subversives Instrument der Veränderung begonnen hatte, wurde vom System neutralisiert und in ein Instrument der Konsolidierung umgewandelt.

Diese Analyse steht in direktem Widerspruch zu der üblichen Antwort der Wissenschaftler auf die Frage, warum Computer so wenig dazu beitragen, die Probleme der Schule zu lösen. Sie antworten häufig, daß »Schulen nicht wissen, wie sie die Computer verwenden sollen«; und zur Lösung dieses Problems schlagen sie vor, die Methoden der Computerverwendung besser zu erforschen, mehr Software, vor allem benutzerfreundlichere Software, zu entwickeln und mehr Möglichkeiten für die Verbreitung von Computerkenntnissen zu schaffen. Dies ist ein grundsätzlicher Irrtum. Natürlich wird Forschung zu einer größeren Vielfalt und Effektivität bei der Verwendung des Computers führen, dadurch wird sich jedoch das Wesen der Computerverwendung in Schulen nicht grundsätzlich ändern. Der Wandel von einem radikal subversiven Instrument im Klassenzimmer zu einem stumpfen konservativen Instrument im Computerlabor wurde weder durch fehlendes Wissen noch durch fehlende Software herbeigeführt. Ich führe ihn auf systemimmanente Intelligenz der Schule zurück, die wie jeder lebende Organismus mit Abwehr auf einen Fremdkörper reagierte. Sie setzte eine Immunreaktion in Gang, deren Endergebnis Verdauung und Assimilierung des Eindringlings sein würde. Progressive Lehrer wußten sehr wohl, wie sie den Computer für ihre eigenen Ziele als Instrument der Veränderung nutzen konnten; die Schule wußte sehr wohl, wie sie diese Subversion im Keim ersticken konnte. Niemand, der hier involviert war, handelte aus Unwissenheit über Computer, obwohl die Beteiligten vielleicht so naiv waren, das gesellschaftliche Drama, bei dem sie mitwirkten, nicht zu erkennen.

Diese Sicht der Entwicklung des Computers in der Schule führt zu einer ganz anderen Interpretation der Frage, was aus der Erfahrung der Schulen mit Computern gelernt werden kann, als der des Artikels im *Wall Street Journal*. Die Frage lautet nun nicht mehr »War sie positiv oder negativ«, sondern »Was hat unter der Oberfläche tatsächlich stattgefunden; was können wir aus dieser Erfahrung für unsere zukünftigen Strategien lernen?« Die wichtigste »Lektion«, die ich lernte, bedeutet eine erhebliche Veränderung der Ansichten, die ich in dem Buch *Gedankenblitze* vertreten habe, und die auf dem Gebiet Computer und Schule immer noch allgemein verbreitet sind.

Die Veränderung entspricht dem Aufkommen des entwicklungstheoretisch begründeten Unterrichts, durch den der Geist nicht wie ein passives Medium geformt werden soll, sondern der statt dessen anstrebt, das Entwicklungsmuster des Schülers miteinzubeziehen. Wenn der Schüler nicht die erwarteten Fortschritte macht, versucht der in der Entwicklungstheorie ausgebildete Lehrer zu verstehen, was passiert ist, anstatt den Schüler als Versager abzustempeln. Wenn man unter die Oberfläche blickt, erkennt man häufig einen inneren Zusammenhang in dem, was zunächst einfach schlichtweg falsch erschien, man erkennt mentale Blockaden, die Fortschritte verhindern, und erkennt dynamische Elemente, die mobilisiert werden können, um sie zu fördern. Meine in *Gedankenblitze* vertretenen Auffassungen waren zwar im großen und ganzen entwicklungstheoretisch begründet; heute erröte ich jedoch bei der Erkenntnis, daß mein Denken über die Schule gegen grundlegende Regeln der Entwicklungstheorie verstieß. Ich charakterisierte vieles von dem, was die Schule tut, als »falsch« und hielt eine Predigt darüber, was »richtig« ist. Ein solches Vorgehen ist nicht wirkungsvoll zur Anleitung von Kindern, und es wird auch als Anleitung zur Erneuerung der Schule erfolglos bleiben. Die Schule wird nicht anfangen, Computer »richtig« zu verwenden, weil Wissenschaftler ihr dies sagen. Sie wird anfangen, Computer nutzbringend (wenn es überhaupt je soweit kommt) als einen integralen Bestandteil eines koherenten Entwicklungsprozesses einzusetzen. Wie gute in der Entwicklungstheorie ausgebildete Lehrer, können Wissenschaftler den besten Beitrag leisten, wenn sie die Veränderung der Schule als Entwicklung begreifen, und diese unterstützen, indem sie die Auffassungen, die für das Verständnis der kindlichen Veränderung nützlich waren, auch in diesen Bereich übertragen.

Piaget hat außerordentlich viel zum Verständnis von Kindern durch einen Gedanken beigetragen, der, wie viele der größten Gedanken, geradezu lächerlich naheliegend ist, wenn man ihn einmal verstanden hat. Bei allen geistigen Prozessen gibt es nach seiner Ansicht zwei Aspekte, die er *Assimilation* (die Veränderung des Bildes von der Welt, um sie den eigenen Denkmustern anzupassen) und *Akkomodation* (die Anpassung der eigenen Denkmuster, um sie mit der Welt in Einklang zu bringen) nennt. Die erste Reaktion der Schule auf den Computer war natürlicherweise eine der Assimilation. Die Schule ließ es nicht zu, daß sie durch den Einfluß des neuen Geräts verändert wurde; sie sah den Computer durch die Brille ihrer eigenen Denkmuster und Methoden. Es ist typisch für konservative Systeme, daß Akkomodation erst dann einsetzt, wenn die Möglichkeiten der Assimilation erschöpft sind. In der Übergangsphase kann man in der Geschichte der Entwicklung interessante Nebenhandlungen beobachten, wenn das System seine Fähigkeit zeigt, beginnende Akkomodationsprozesse abzublocken.

In der Pädagogik steht das Akronym CAI (**C**omputer **A**ided **I**nstruction) für die vollständig assimilierte Verwendung der Computertechnologie. CAI bezieht sich auf eine Programmierung des Computers, die darauf abzielt, dieselbe Übungsmethode zu vermitteln, die traditionellerweise von einem Lehrer an der Tafel, einem Schulbuch oder einem Arbeitsblatt vorgegeben wird. Dies ist so weit davon entfernt, die Grundannahmen der traditionellen Schule herauszufordern, daß Kritiker häufig fragen, ob dies überhaupt einen Vorteil bringt, der die Computerkosten rechtfertigen würde. Die schärfsten Kritiker bezeichnen den Computer als »a thousand-dollar flash card«* und das, was damit gemacht wird, als »drill and kill«.

Befürworter antworten mit einer Auflistung der Vorteile, die es bringt, wenn Schüler vom Computer aufgefordert werden, zum Beispiel 35 Prozent von $ 2,00 auszurechnen. Die am häufigsten zitierten Vorteile sind das sofortige Feedback (man lernt schneller aus einem Fehler, wenn man nicht nur gesagt bekommt, daß man unrecht hat, sondern auch warum), individueller Unterricht (die Fragen können an den Leistungsstand des Schülers angepaßt werden), und Objektivität (der Computer hat keine Vorurteile in bezug auf Rasse, Geschlecht und persönliche Erfahrung, wie sie in der Lehrer-Schüler-Beziehung häufig eine Rolle spielen). Statistische Untersuchungen zeigen, daß die Einführung von CAI häufig zu geringfügig besseren Testergebnissen führt, besonders am unteren Ende der Notenskala. Die Struktur und die pädagogischen Ziele der traditionellen Schule werden durch CAI jedoch nicht in Frage gestellt.

Das erste Anzeichen einer beginnenden Akkomodation zeigte sich, wie vielleicht immer, durch eine weitere Assimilation. Eine große Anzahl progressiver Lehrer konnte den Computer für ihre Vorstellungen vom Lehren (und vom Umgehen der Schule) assimilieren, und dies führte zu einer Bewegung, die ich als Progressive Educational Technology (Progressive Unterrichtstechnologie) oder PET Bewegung bezeichnen werde.

CAI ist älter als PET – sie ist beinahe so alt wie die Idee vom Computer selbst. Als ich die Computerszene betrat, gab es sie bereits und hatte tatsächlich eine Monopolstellung innerhalb der Überlegungen, wie der Computer in der Pädagogik eingesetzt werden könnte. Die ersten Ansätze zu den Überlegungen, die später die Grundlage von PET bilden würden, entstanden allmählich aus der Entwicklung von Logo und der Schildkröte, die im zweiten Kapitel erwähnt wird. In den frühen siebziger Jahren verband sich diese Entwicklungsrichtung mit einer anderen, die unter der Leitung von Alan Kay stand, ein Computerwissenschaftler, Musiker und eine inspirierende Persönlichkeit, der meines Wissens als erster das Wort Personalcomputer verwendete. Ende der siebziger Jahre sickerten diese Ideen langsam in das Bewußtsein progressiver Lehrer, die damals gerade auch von der Aufregung um die ersten Mikrocomputer angesteckt wurden.

1980 kamen drei Ereignisse zusammen und gaben dem Bewußtsein unter den Lehrern, daß Computer im Geist des progressiven Unterrichts

---

* Anm.d.Übers.: Flash cards sind Illustrationstafeln mit Wörtern, Zahlen oder Bildern, die vom Lehrer zu Übungszwecken kurz gezeigt werden.

verwendet werden konnten, kraftvollen Auftrieb. *Gedankenblitze* zeigte es in leicht zugänglicher Form auf, preisgünstige Personalcomputer erreichten einen Leistungsgrad, der eine anwendbare Version von Logo unterstützte, und Logo-Software kam auf den Markt. Das Ergebnis war eine Bewegung an der Basis, die zu vielen tausend PET-Realisierungen im Klassenzimmer führte. Das Wesen dieser Bewegung und die Tiefe des Konflikts mit den Grundsätzen der Schule kann nicht durch abstrakte Formulierungen begreiflich gemacht werden. Statt dessen sollen einige Anekdoten die Natur dieses Konflikts verdeutlichen.

Selbst heute noch kann ich eine Szene, die sich 1981 im Klassenzimmer einer fünften Klasse an einer staatlichen Schule in New York City abspielte, deutlich vor mir sehen. Zwei Welten schienen nebeneinander in einem Raum zu bestehen: An der Tafel hielt die Lehrerin, Thelma, eine »Stunde«; hinten arbeitete eine Gruppe von Schülern mit zwei Computern. Die Computergruppe stand vor einem Problem und schickte jemand nach vorne, um »die Lehrerin zu fragen«. Thelma erwiderte, »Vielleicht kann Bill Euch helfen« – fuhr ohne Unterbrechung mit ihrem Unterricht fort, und blieb von der Tatsache ziemlich unberührt, daß jetzt auch noch Bill bei der Computergruppe war, die nicht einmal vorgab, ihr zuzuhören.

Der vordere und hintere Teil des Raumes waren durch sehr viel mehr getrennt als nur durch den Unterschied zwischen der Technologie von Computer und Tafel. Der weitaus größere Unterschied lag in der Beziehung der Kinder zu dem, was sie gerade machten. Vorne folgten sie einer fremden Tagesordnung; hinten folgten sie ihrer eigenen. Von den Kindern aus dieser Gruppe erinnere ich mich am lebhaftesten an Brian und Henry.

Als ich den Raum betrat, war ich, wie wohl jeder Besucher, von den ins Auge fallenden visuellen Effekten fasziniert, die durch das von den beiden Schülern geschriebene Programm auf dem Bildschirm erzeugt wurden. Farbige Formen, die sich in komplexen, ineinander verschlungenen Mustern bewegten, ließen sofort auf eine choreographische Begabung, ein Gefühl für Bewegung und Drama schließen. Ich mußte die Grafikdarstellung erst genauer untersuchen, bevor ich erkennen konnte, welche ausgetüftelten mathematischen Methoden notwendig gewesen waren, um die Geometrie und Dynamik der Bewegungen zu steuern. Diese Jungen waren mit mathematischen Aufgaben beschäftigt, die sich grundsätzlich davon unterschieden, auf Anweisung 35 Prozent von $2,00 auszurechnen. Ihre Tätigkeit umfaßte auch diese Rechenvorgänge (zusammen mit anspruchsvolleren mathematischen Denkprozessen), jedoch nicht in Form von gestellten Aufgaben; die Rechenvorgänge ergaben sich im Verlauf eines viel umfangreicheren und viel stärker persönlich motivierten Projekts. Tatsächlich wählte ich Prozentrechnen ganz bewußt als Beispiel, um CAI zu veranschaulichen, weil es einer der vielen verschiedenen Rechenaufgaben ganz ähnlich ist, die Brian und Henry lösen mußten: Mit welcher Geschwindigkeit müssen sich zum Beispiel zwei Objekte bewegen, um zur gleichen Zeit am gleichen Ort anzukommen, wenn eines einen Weg zurücklegt, dessen Länge 35 Prozent von der Länge des anderen beträgt?

Diese Aufgabe ist schwieriger als die üblichen Schulaufgaben, weil die geometrische Form zu einer höheren Komplexität führt, und weil die Jungen sich überlegen müssen, wie sie einen Lösungsweg finden könnten: einen Lehrer oder Mitschüler fragen, in einem Buch nachschlagen, mit der Analogie zu einer anderen Situation arbeiten, versuchen, eine Methode zu erfinden oder auf Versuch und Irrtum zurückgreifen. Kindern scheint dies nichts auszumachen: Was die Schulmathematik für die Brians abstoßend und für die Henrys langweilig macht, ist nicht, daß sie »schwierig« ist, sondern daß sie ein sinnloses Ritual darstellt, das von der Tagesordnung eines vorgegebenen Lehrplans diktiert wird, der vorschreibt, »Da heute der fünfzehnte Montag in Deinem fünften Schuljahr ist, mußt Du diese Addition ausführen, ohne Rücksicht darauf, wer Du bist oder was Du wirklich tun willst; tu, was Dir gesagt wird und tu es so, wie Dir gesagt wird«. Der Kernpunkt ist nicht, daß ihre Lehrerin bereit war, wie es einige Befürworter der »freien Schule« vorgeschlagen haben, ihre Schützlinge machen zu lassen, was sie wollten. Ganz im Gegenteil: Sie stellte sehr hohe Anforderungen und verlangte Interesse und Disziplin. Als Brian und Henry jedoch etwas tun wollten, das schwieriger, lehrreicher und intellektuell anspruchsvoller war als der Lehrplan des fünften Schuljahres, war ihr als Lehrerin instinktiv klar, daß sie dies unterstützen sollte.

Die frühere Beziehung zwischen diesen Jungen sagt eine Menge über Schule als intellektuelles Umfeld aus. Die beiden Jungen waren zwar schon seit vier Jahren Klassenkameraden, hatten jedoch nur wenig miteinander gesprochen, bevor der Computer sie zusammenbrachte. Sie hatten in ihrem bisherigen Leben bereits starke eigene Interessen entwickelt, und die Schule brachte sie zwar in einem Raum zusammen, schuf jedoch wenig Gelegenheiten, daß diese Interessen zu einer wirklichen Beziehung verschmelzen konnten. Auf diese Weise vergeudet die Schule ihren wertvollsten Rohstoff – den Austausch zwischen den intellektuell interessantesten Schülern.

Henry war schon immer der Mathe-Künstler gewesen und hatte von Science Fiction geträumt; Brian hatte sich schon immer für Musik und Tanz interessiert. Wenn man ihn beobachtete, war sofort klar, daß die sinnlichen und körperlichen Seiten der Welt für ihn wichtig waren. Henry war eckig in seinen Bewegungen, man könnte fast sagen, er hatte kein Gefühl für seinen Körper. Er kümmerte sich wenig um Kleidung und Farben. Dadurch blieb ihm zwar ein wichtiger Erfahrungsbereich verschlossen, bis zum Erscheinen des Computers war ihm dies jedoch nicht als Mangel bewußt geworden – und bestimmt nicht als Mangel, der für sein Arbeiten in der Schule relevant sein könnte. Wissenschaft und Mathematik, die Gebiete, die ihm am meisten Freude und Erfolg brachten, schienen mit sinnlichem Genießen und körperlicher Bewegung nichts zu tun zu haben. Tatsächlich trug diese Auffassung sicherlich zu Henrys Bindung an diese Aktivitäten bei und verstärkte gleichzeitig seine gleichgültige Haltung ihnen gegenüber.

Als ihre Lehrerin Computer mitbrachte, hatten die beiden Schüler deshalb ganz unterschiedliche Erwartungen. Henry wußte sofort, daß dies sein Ding werden würde; er zweifelte nicht daran, daß er der »Beste am Computer« sein würde. Brian reagierte mit einer schüchternen Neugier, gemischt mit ein wenig Furcht.

Henry erkannte, daß der Weg zur optimalen Nutzung des Computers über eine Arbeitsbeziehung mit dem Mitschüler führte, mit dem er eine solche Beziehung am unwahrscheinlichsten gehalten hatte, mit Brian, dem Tänzer. Brian erkannte das erste Mal, daß ihn Mathematik persönlich als Mittel der Selbstdarstellung faszinieren und die Grundlage einer wirklich interessanten Freundschaft sein konnte.

Für diese Geschichte braucht man ein paar Hintergrundinformationen darüber, wie die Computer in der Klasse eingeführt wurden. Thelma hatte einen von der National Science Foundation geförderten Sommerkurs über die Verwendung des Computers in der Schule besucht. Sie hatte sich angemeldet, ohne genaue Vorstellungen davon zu haben, was dort auf sie zukäme, und hatte ein bißchen Angst, weil sie sich schon immer für »technisch unbegabt« gehalten hatte. Computer lagen jedoch in der Luft. Sie hatte Freunde, die über die Mikrocomputer-Revolution sprachen und darüber, wie diese neuen Maschinen dem normalen Bürger Zugang zu Informationen verschaffen würden, die bisher das Monopol von großen Unternehmen und Regierungsstellen gewesen waren. Sie hatte gelesen, daß Computer zu neuen Unterrichtsmethoden führen würden. Am wichtigsten war jedoch, daß sie begriffen hatte, daß Kinder Computer liebten, und die gleiche innere Einstellung, die sie dazu brachte, Hamster, Pflanzen, Poster und alle möglichen anderen, von ihr als »Kram« bezeichneten Dinge mit in die Klasse zu bringen, weckte nun auch ihr Interesse, als sie von dem Sommerkurs hörte.

Thelmas erster Kontakt mit Computerprogrammierung bestand darin, dem Computer mit Hilfe von Logo beizubringen, aus Linien bestehende Muster auf dem Bildschirm zu erzeugen. Sie war eigentlich über ihre eigene Überraschung überrascht, als sie feststellte, daß sie den Computer dazu bringen konnte, etwas, das sie bestimmt hatte, zu zeichnen; selbst wenn sie ihn nur ein einfaches Rechteck zeichnen ließ, freute sie sich darüber, daß sie anfing, eine Technologie zu »besitzen«, die ein so wichtiges Symbol für alles, was am modernsten und kraftvollsten war, darstellte. Nach ein paar Tagen weckte ihre Fähigkeit, auf dem Bildschirm kompliziertere Muster zu produzieren und Objekte in Bewegung zu setzen, bereits Assoziationen mit Computerkunst und Spezialeffekten in Filmen wie *Krieg der Sterne*.

Thelma brachte diese Programmiertechnik mit zurück in ihre Klasse und regte damit die Zusammenarbeit zwischen Brian und Henry an. In ihrer Klasse wurde die Erzeugung von Bildschirmanimation von den Kindern, die mit dem Computer machen konnten, was sie wollten, am häufigsten gewählt.

Einige Kinder schufen realistische Animationen, mit denen sie eine Geschichte erzählten. Es überraschte keineswegs, daß Henry zu den Kindern gehörte, die stilisiertere Formen bevorzugten, deren visuelle Attraktivität in der Komplexität der Formen und Bewegungsmuster lag und weniger im Inhalt einer Erzählung. Henry begriff die technische Seite der Programmierung schnell. Früher als jeder andere in der Klasse wußte er genau, wie man Figuren auf dem Bildschirm erzeugte und sie in Bewegung setzte. Er besaß genügend visuelle Phantasie, um Effekte auszuprobieren, deren Eigenschaften durch die Namen, die er ihnen gab, plastisch beschrieben sind: »Feuerwerk« oder »Krieg der Sterne« oder »Der Urknall«. Seine Mathematikbegabung ermöglichte ihm das schnelle Beherrschen von Techniken, mit deren Hilfe er ein Objekt auf dem Bildschirm so programmierte, daß dieses sich anfangs beinahe unmerklich und dann immer schneller bewegte. Noch mehr Kreativität kam in etwas zum Vorschein, was ein Mathematiker »Verallgemeinerung der Idee« bezeichnen würde, als er feststellte, daß das gleiche Verfahren angewandt werden konnte, um die Höhe eines Tones von einem tiefen Grollen bis zu einem hohen Schrei ansteigen und schließlich im Utraschallbereich verschwinden zu lassen. Aus Sicht der Schule brachte er wirklich sehr gute Leistungen, irgendetwas fehlte jedoch.

Henry freute sich zwar an der durchdachten mathematischen Grundlage seiner Grafikdarstellungen, war jedoch von der Gesamtwirkung enttäuscht. Sein Problem lag nicht einfach darin, daß seine Mitschüler mehr »Ahhs« und »Ohhs« erhielten, wenn sie ihre Arbeiten vorführten. Er konnte spüren, daß seinen Kreationen etwas fehlte, von dem er nicht wußte, wie er es erreichen oder sogar bezeichnen konnte, bestimmte Eigenschaften, die ein anderer Schüler des fünften Schuljahres als »Zauber« oder »Reiz« beschrieb. Vielleicht das erste Mal in seinem Leben wurde ihm mit einem Schlag eine geistige Begrenztheit bewußt. Sein Geist war bereit für einen Durchbruch.

Die Idee kam ihm, als er Brian auf dem Gang der Schule tanzen sah. Er erkannte, daß Brians Bewegungen genau das waren, was seinen Grafikdarstellungen auf dem Bildschirm fehlte, und kam schnell auf die zündende

Idee, daß sie zusammenarbeiten könnten, um die beste Bildschirmchoreographie aller Zeiten zu schaffen! Diese Idee führte zu einer langfristigen Arbeitsbeziehung. Zusammen schufen die beiden Jungen etwas, das keiner allein sich auch nur vorstellen konnte, und lernten dabei weitaus mehr, als in den Noten einer Mathematikarbeit gemessen werden kann.

Sicherlich lernten sie eine große Menge mathematischer Methoden. Das Bewegen dieser Objekte auf dem Bildschirm erforderte eine Beschreibung der Bewegungen in der Sprache der Mathematik, die sogar über Henrys früheres Wissen hinausging. Sie stellten die Geschwindigkeit eines Objekts als Variable dar und dann Formeln auf, um sie zu verändern. Sie lernten, Richtungen als in Grad gemessene Winkel aufzufassen. Sie kamen nebenbei auf die Idee, Geometrie in Koordinaten zu betreiben, in einer Weise, die dem aktiven und persönlichen Erforschen, durch das René Descartes auf sie stieß, viel näher steht als der sterbenslangweiligen formalen Darstellung in Mathematikbüchern. Derartiges Wissen war jedoch nur ein kleiner Teil dessen, was sie lernten.

Über die Entwicklung mathematischer Methoden hinaus erlebten sie Mathematik auf eine ganz andere Weise. Sie wurde zu etwas, das sinnvoll verwendet werden konnte; sie erlebten sie als Quelle der Kraft bei der Verfolgung wichtiger und zutiefst persönlicher Ziele. Ich bin nicht sicher, daß jemand, der Mathematik so nicht erfahren hat, voll und ganz nachvollziehen kann, wie berauschend, wie kraftvoll sie sein kann. Man könnte es mit der Erfahrung, Skifahren zu lernen, vergleichen. Am Anfang bekommt man eine Reihe von eckigen Bewegungen beigebracht: Das Gewicht verlagern, in die Knie gehen, und so weiter. Man befolgt die Anweisungen, fühlt sich dabei jedoch wie ein ungeschickter Schauspieler. Eines Tages kommt dann ein Schlüsselerlebnis. Man fliegt (so scheint es zumindest) die Piste hinunter. Die Knie beugen und strecken sich, das Gewicht verlagert sich. Man muß diese Dinge nicht »tun«; sie fließen von selbst, sind untrennbarer Teil einer flüssigen und mit Freude erfüllten Bewegung.

Ihre Zusammenarbeit enthielt ganz sicher für Brian, und vielleicht auch für Henry, Elemente eines solchen Schlüsselerlebnisses. Mathematik wurde eher wie den Hügel hinunterfliegen, als wie auf Anweisung eines Lehrers Knie beugen und Gewicht verlagern. Dies heißt keineswegs, daß Mathematik für sie leicht wurde: Ganz im Gegenteil, genau wie bei der Erfahrung beim Skifahren, gab es die Frustration und den ewigen Kampf um die Beherrschung neuer Techniken und die Meisterung neuer Herausforderungen. Sie wurde schwieriger, als sie sich mit komplizierteren Aufgaben auseinandersetzten; wenn man sich jedoch intensiv mit etwas beschäftigt, sucht man nicht das, was »leicht« ist. Wenn das der Fall wäre, würde man den Rest seines Lebens nur die leichtesten Skipisten hinunterfahren; die meisten, vor allem auch Jüngere, suchen die Herausforderung immer interessanterer Skigebiete.

Die Analogie zum Skifahren zeigt einen Aspekt der Erfahrung in Brians und Henrys Lernprozessen in der Mathematik, der über den Erwerb von Fachwissen hinausgeht. Die Analogie läßt auch vermuten, daß sie mehr lernten als Mathematik, selbst wenn man den Begriff Mathematik sehr weit faßt. Die Verwendung des Begriffs *flüssig* in bezug auf die Bewegungen beim Skifahren spiegelt eine Beziehung zu Aktivitäten wider, bei denen das Wort häufiger verwendet wird, zum Beispiel Sprache oder ein Instrument spielen. Ich möchte diesen Begriff auf andere Bereiche menschlichen Tuns ausweiten und behaupten, daß Henry und Brian, auf ganz unterschiedliche Weise, lernten, Mathematik flüssig anzuwenden. Sie lernten auch das Gefühl für Flüssigkeit. Ich möchte behaupten, daß Flüssigkeit an sich einen wichtigen und nur ungenügend erkannten Kompetenzbereich darstellt.

Brian brachte bestimmte Bereiche der Flüssigkeit in die Arbeitsgemeinschaft ein. Seine Flüssigkeit im Tanzen, in der Körperbewegung, war es, die Henrys Aufmerksamkeit auf sich zog und die Grundlage ihrer Zusammenarbeit schuf. Er war jedoch nicht nur einfach die Kompetenz im Tanzen, die sein Muster aus Bereichen, die er flüssig beherrschte, und solchen, die er nicht flüssig beherrschte, bildeten. Brian konnte flüssig reden; er konnte eine Geschichte so erzählen, daß man ihm gespannt zuhörte. Die Art, wie er redete, hatte genau jene Eigenschaften »Zauber« und »Reiz«, die Henry beim Programmieren fehlten. Wenn Brian jedoch einen Stift in die Hand nahm und anfing zu schreiben, passierte etwas Erstaunliches. Bei dem, was herauskam, fehlten diese Eigenschaften vollständig. Auf dem Papier reihte sich ein mühsam hölzerner Satz an den anderen. Dieser Gegensatz zwischen flüssigem Reden und stockendem Schreiben ist äußerst weitverbreitet und einer der Hauptgründe für die Unfähigkeit zu schreiben: Wer aufgrund seiner mündlichen Fähigkeiten weiß, wie es ist, Sprache flüssig zu verwenden, wird, wenn er gezwungen ist zu schreiben, von seiner eigenen Schwerfälligkeit zurückgestoßen und weigert sich am Ende häufig, überhaupt noch zu schreiben.

Für Menschen wie Brian ist die Gelegenheit, Animationen zu machen, ein Weg, ihren Bereich der Flüssigkeit auf ein Gebiet auszudehnen, das wesentliche Eigenschaften mit Sprechen, Körperbewegung und geschriebener Sprache teilt. Es kann einige Zeit dauern, bis man die Bildschirmkreation richtig hinbekommt. Wenn dies aber der Fall ist, kann man sich mit ihr bewegen; man kann ihren Reiz auf eine sehr direkte, körperliche Weise spüren. Auf der anderen Seite ist das Programm ein Text, der sich nicht bewegt, damit man ihn prüfen und bearbeiten kann. In dieser Hinsicht ist es mit dem Schreiben vergleichbar; es ist im Grunde genommen Schreiben.

Dies ist die erste von vielen Möglichkeiten, durch die der Computer die traditionellen Barrieren niederreißt, die das Mündliche vom Schriftlichen, das Konkrete vom Abstrakten, das Körperliche vom Geistigen trennen. Durch die Überbrückung dieser Gräben beseitigt er ein Hindernis, das viele davon abgehalten hat, von der konkreten, körperlich ausdrucksvollen Mündlichkeit der Kindheit zu Formen der Kompetenz überzuwechseln, die bisher nur in schriftlichen, abstrakten und körperlosen Formen zugänglich waren. Genau dies trifft auf Brian zu. Die ganz offensichtlichen Probleme Henrys, diesen Graben zu überqueren, kann man genau im entgegengesetzten Sinn sehen: Er bewegte sich zwar leicht, aber zu weit auf die andere Seite und kommt nur sehr schwer wieder zurück.

Die Überbewertung des Abstrakten in unserer Kultur erschwert die Erkenntnis, welchen Nutzen Henry möglicherweise aus seiner Beschäftigung mit der Choreographie von Bewegungen gezogen hat. Ein Gefühl für die Entwicklung von Zauber und Reiz zu haben, wäre ihm beim Schreiben eines wissenschaftlichen Berichts, beim Aufbau einer Erzählung oder einfach beim Erzählen eines Witzes sehr zugute gekommen. Nach einer gewissen Zeit hätte sich dies sogar auf seine Körperbewegungen auswirken können. Es hätte seine sozialen Beziehungen verändern können. Auf subtilere und tiefgreifendere Weise hätte es ihn für eine größere Vielfalt an Mitteln der Erkenntnis offen werden lassen.

Beide Jungen spürten, wie es war, über eine kulturelle Barriere hinweg miteinander zu kommunizieren. Sie hatten die Erfahrung, gemeinsam über viele Wochen hinweg ein komplexes Projekt durchzuführen, und natürlich – obwohl dies für sich genommen das Geringste war – lernten sie zu programmieren.

Mit der Geschichte von Brian und Henry will ich nicht behaupten, daß alle Schüler, die Logo kennenlernen, eine ähnliche Erfahrung machen werden. Neben Logo trugen viele andere Faktoren zu dem, was passierte, bei. Vielleicht könnte man sie in der Aussage zusammenfassen, daß die Lehrerin erfolgreich eine produktive und ermutigende Computerkultur in ihrer Klasse schuf. Und selbst hier waren die Bedingungen noch längst nicht ideal. Viele Kinder werden keine so intensive Erfahrung machen, wenn es auch selten vorkommt, daß überhaupt nichts dazugewonnen wird. Die Geschichte soll kein statistisch repräsentatives Beispiel eines durchschnittlichen Ereignisses sein, sondern ein von der Konzeption her repräsentatives Beispiel einer Lernmethode, die sich sehr stark von der Methode der Schule unterscheidet. Die folgende Geschichte ist ein in gleicher Weise repräsentatives Beispiel für die »Immunreaktion« der Schule.

Richard machte in seinem vierten und fünften Jahr an der Hennigan Elementary School in Boston eine intensive Erfahrung mit Logo. In dem experimentellen Projekt Headlight verwendete er Logo fast jeden Tag in dem Geist, der im Beispiel Brian und Henry aufgezeigt wurde, und hatte bereits eine beträchtliche Kompetenz darin erreicht, sowohl was die technischen Aspekte der Programmierung in Logo, als auch was die Verwendung des Programms als Mittel für andere Arbeit anging. Ein paar Monate nachdem Richard von dieser Schule abgegangen war, erhielt er an seiner neuen Schule Besuch von einigen Mitgliedern seiner Forschungsgruppe, die mit ihm gearbeitet hatten und nun wissen wollten, welche Fortschritte er machte. Sie wußten zwar, daß der Zugang zu Computern an der neuen Schule sehr viel eingeschränkter war als an der Hennigan Elementary School; sie wußten jedoch auch, daß ein großer Teil der zur Verfügung stehenden Zeit Logo gewidmet war und freuten sich schon darauf zu sehen, was Richard mit seinen ausgezeichneten Logokenntnissen dort machte. Zu ihrer Überraschung wurde ihnen mitgeteilt, daß ihm die Beschäftigung mit Logo dort untersagt worden war. »Wir dachten eigentlich, daß Sie Logo gut finden«, sagten sie zu der Lehrerin. »Ja, das stimmt«, antwortete diese, »und ich lasse meine Schüler eine Menge Zeit damit verbringen. Aber Richard kann Logo bereits. Also ließ ich ihn etwas anderes lernen.«

Diese Geschichte verdeutlicht einen der Hauptunterschiede zwischen dem Lernen in der Schule und allem anderen Lernen. Im Leben erwirbt man im allgemeinen Wissen, um es zu verwenden. Für das Lernen in der Schule gilt jedoch häufiger Freires treffender Vergleich: Wissen wird wie Geld behandelt, das für die Zukunft auf einem Bankkonto beiseite gelegt wird. In der Haltung der Computerlehrerin an Richards neuer Schule kommt etwas von dieser Mentalität zum Vorschein. Logo ist eher dazu da, es zu lernen, als es anzuwenden; die Schüler lernen es, damit sie es können; wenn sie es können, legen sie es auf ihren Gedächtniskonten beiseite (die, nebenbei bemerkt, keine Zinsen bezahlen) und gehen zum nächsten Thema des Lehrplans weiter. Im Falle des Computerwissens wird das Kontenmodell häufig mit dem Argument verteidigt, daß es den Schülern zugute käme, wenn sie sich nach der Schule für Stellen bewerben, bei denen Computerkenntnisse erforderlich sind. Nichts könnte absurder sein. Wenn »Computerkenntnisse« im engen Sinn als technisches Wissen über Computer interpretiert werden, gibt es nichts, das die Kinder jetzt lernen könnten, bei dem sich das Aufbewahren lohnen würde: Bis sie erwachsen sind, werden sich die am Arbeitsplatz erforderlichen Computerkenntnisse bereits zu etwas grundsätzlich anderem weiterentwickelt haben. Wirklich völlig absurd wird dieses Argument jedoch dadurch, daß genau die Vorstellung, Computerkenntnisse aufzubewahren, bis sie eines Tages am Arbeitsplatz gebraucht werden, die einzigen wirklich wichtigen »Computerkenntnisse« untergräbt: die Fähigkeit und Gewohnheit, den Computer bei allem, was man tut, zu verwenden. Aber genau diese Lernmöglichkeit ging verloren, als man den Computer ins Computerlabor stellte.

Eine weitere Möglichkeit, wie der Computer entweder in den Lernprozeß integriert oder davon isoliert werden kann, hat weniger mit dem Computer als Instrument als vielmehr mit Computerarbeit als geistiger Haltung zu tun. Dies wird deutlich, wenn das, was man heute »computer literacy«* nennt, mit der Bedeutung des Wortes literacy im Sinne von Belesenheit vergleicht. Computer literacy wird heute, besonders im Schulkontext, als ganz minimales praktisches Wissen über Computer definiert. Jemand mit so geringen Kenntnissen vom Lesen, Schreiben und der Literatur, würde als Analphabet bezeichnet werden; die gleichen Überlegungen sollten uns auch dazu bringen, jemanden mit vergleichbar minimalen Kenntnissen von Computern als Computer-Analphabeten zu bezeichnen. Außerdem ist der Unterschied nicht nur ein quantitativer, sondern auch ein qualitativer. Wenn wir sagen, »X ist sehr belesen«, meinen wir nicht, daß X besonders gut Buchstaben entziffern kann. Wir schließen zumindest auch mit ein, daß X sich in der Literatur auskennt, darüber hinaus meinen wir jedoch auch, daß X aufgrund seiner Kenntnis der literarischen Kultur über bestimmte Möglichkeiten verfügt, die Welt zu verstehen. In gleicher Weise sollte der Fachausdruck *computer literacy* sich auf die Formen des Wissens beziehen, die sich aus einer Computerkultur ergeben.

Dieser Standpunkt wird durch eine von Joanne Ronkin, einer Lehrerin an der Hennigan School, entwickelte Unterrichtseinheit veranschaulicht, in der die Untersuchung der Struktur von Blütenpflanzen mit der Untersuchung der Struktur von Computerprogrammen verbunden wird. Beides paßt sehr gut und auf einfache Weise zusammen. Der Schüler soll ein Programm für die Zeichnung einer Blütenpflanze entwickeln; die strukturierte Programmierung würde es nahelegen, das Programm in »Unterprogramme« für die verschiedenen Teile der Blütenpflanze aufzuteilen. Der Schüler steht dann vor der Wahl, dies in einer Weise zu realisieren, die der Struktur der Blütenpflanze entspricht, oder aber diese nicht zu berücksichtigen. Ich selbst neige zu einem relativ unstrukturierten Programmierstil, solange nicht ein wichtiger Grund dagegen spricht: Ein solcher Grund würde mich im Fall eines Blütenpflanzenprogramms dazu bringen, sehr strukturiert zu programmieren, weil ich denke, daß der »Entwurf« der Blütenpflanze zu den Regeln

* Anm.d.Übers.: Der englische Begriff literacy bezieht sich sowohl auf die Fähigkeit zu lesen und zu schreiben, als auch auf Belesenheit bzw. (literarische) Bildung.

der Strukturierung paßt. Ich denke sogar, daß hinter beiden Strukturen weitgehend die gleiche Logik steht. Ein überzeugendes Argument für modulare Programme ist, daß Fehler hier leichter korrigiert werden können, und es erscheint mir plausibel, daß die modulare Struktur biologischer Systeme ebenfalls die »Fehlerkorrektur« im Laufe der Evolution erleichtert. Dies ist ein kleines, aber bedeutungsvolles Beispiel dafür, wie durch Analogiebildung Computerbegriffe dazu dienen können, Einsichten in vertraute Phänomene der Welt zu gewinnen, die keine direkte Verbindung zum Computer haben.

Mit der Kritik, das Computerlabor neutralisiere den Computer, soll nicht abgestritten werden, daß Computer in einem separaten Raum in wundervoller Weise verwendet werden können – solange der separate Raum ein Sammelplatz für Ideen werden kann, die bisher getrennt gehalten wurden.

In einer Junior High-School in Missouri entwickelten drei Lehrer, die eigentlich aus ganz unterschiedlichen Bereichen kamen, der Physiklehrer, der Sportlehrer und der Werklehrer, ein gemeinsames Unterrichtsprojekt. Sie wollten einen Workshop für Schüler über Robotertechnik ausarbeiten, ein Fachgebiet, das für jeden von ihnen interessante Aspekte bot. Der Physiklehrer interessierte sich für einige grundlegende theoretische Fragen, der Sportlehrer für Körperbewegungen und der Werklehrer für Maschinenbau.

Die Bedeutung dieses Projekts geht über die Lerninhalte der Robotertechnik hinaus. Daß diese drei Lehrer etwas zusammen machten, vermittelte den Schülern eine Botschaft, die man, ganz unfein formuliert, als Erkenntnis bezeichnen könnte, daß »Trottel« und »Sportskanonen« vielleicht doch mehr gemeinsam haben, als sie denken.

Das Projekt über Robotertechnik ist ein einfaches Beispiel für das, was ich als Wirkungen zweiten Grades oder systemische Wirkungen des Computers bezeichne. Die Schule gab natürlich nicht Tausende von Dollars für Computer aus, nur damit Schüler die Erfahrung machen könnten, einen spontanen Zusammenschluß von drei Lehrern zu sehen, die aus drei ganz unterschiedlichen Bereichen kommen. Computer werden in der Regel eingeführt, um spezifische Unterrichtsziele zu erreichen, und ihre Wirkungen ersten Grades werden gemessen, indem man beobachtet, wie gut diese Ziele erreicht werden. In einem Maß, das von Schule zu Schule enorm variiert, kann der Computer jedoch zunehmend eine weniger spezifische, aber potentiell umso einflußreichere Rolle spielen: Er kann in die Kultur der Schule eindringen und hat dadurch viel mehr Möglichkeiten, sich in Lernprozesse einzuflechten, als es sich seine urprünglichen Befürworter hätten träumen lassen.

Das in Kapitel 1 erwähnte Projekt mit afrikanischen Stoffmustern verdeutlicht eine weitere wichtige Möglichkeit, wie ein Computerlabor zu besseren Ergebnissen führen kann als die Verwaltung geplant oder finanziell kalkuliert hat. Orlando Mihich ist einer der vielen Lehrer, die ich kenne, die ihre Freizeit geopfert haben, um Sitzungen im Computerlabor zu organisieren, und es damit wenigsten einigen Schülern ermöglicht haben, mit dem Computer so frei umzugehen, daß eine wirkliche Lernerfahrung möglich war. Einige der besten Beispiele für computergestützte Lernprojekte entstanden durch die Eigeninitiative kreativer Lehrer, die sich weigerten, sich auf die Rolle eines »Computerlehrers« zu beschränken.

Trotz vieler Beispiele für solche ausgezeichnete Arbeit, muß man die Isolierung des Computers als eine Art Immunreaktion der Schule auf einen Fremdkörper ansehen; ob die Beteiligten sich nun darüber bewußt waren, was sie taten, oder nicht, es ist klar ersichtlich, daß die Logik des Prozesses darin bestand, den Eindringling auf die Linie der Schulmethoden zurückzubringen. Der Computer im Klassenzimmer unterwanderte die Aufspaltung des Wissens in Fächer; aus ihm wurde ein eigenes Fach gemacht. Er unterwanderte das Konzept des Lehrplans; man stellte einen eigenen Lehrplan für ihn auf. Dieser Mechanismus ist jedoch nicht nur auf Computer beschränkt. Seit ihrem Bestehen hat die Schule auch andere subversive Einflüsse neutralisiert. So war zum Beispiel Piaget der Theoretiker vom Lernen ohne Lehrplan; die Schule brütete das Projekt aus, einen Piagetschen Lehrplan zu entwickeln.

Wenn wir solche Immunreaktionen erkennen, beginnen wir, Antworten auf die Frage »Warum gibt es keinen radikalen Wandel« dadurch zu suchen, daß wir die spezifischen Verteidigungsmechanismen der Schule gegen radikalen Wandel untersuchen. In dem Maß, in dem wir solche Mechanismen herausfinden, können wir anfangen, über die Schule in einer Weise nachzudenken, die uns in die Lage versetzt, Veränderung effektiver zu fördern. So können wir in der Geschichte von Brian und Henry ein weiteres Mal die Spannung erkennen, die im Umgang mit dem Computer zwischen den Methoden der Lehrer und der Schule besteht. Einsicht in diese Spannung zu gewinnen, ist eines der zentralen Themen dieses Buches. Welches sind die Methoden der Schule? Welches sind die Methoden der Lehrer?

Ich kehre zurück zu dem Vergleich zwischen dem Bereich Schule und Bereichen wie Medizin, in denen ein radikaler Wandel stattgefunden hat. Eine mögliche Antwort auf die Frage, warum es keinen radikalen Wandel im Bereich Schule gegeben hat, ist das Argument, daß der Begriff des radikalen Wandels selbst für den Bereich der schulischen Erziehung ungeeignet ist: Schule unterscheidet sich grundsätzlich von Bereichen, die sich radikal gewandelt haben, wie zum Beispiel Chirurgie. Chirurgie ist nach dieser Argumentation für einen durch technologischen Fortschritt hervorgerufenen radikalen Wandel empfänglich, weil sie im Grunde eine technische Tätigkeit ist. Lernen ist jedoch eine natürliche Tätigkeit, wie zum Beispiel Essen oder Miteinandersprechen. Es gab wohl Veränderungen bei den Eßgewohnheiten, aber keinen radikalen Wandel. Zeitreisende aus einer fernen Vergangenheit würden sicherlich problemlos erkennen, daß wir essen, auch wenn sie vielleicht die einzelnen Nahrungsmittel nicht kennen würden. Die Tätigkeit des Essens ist im Grunde immer gleich, ob die Nahrung nun im Mikrowellenherd, auf offenem Feuer oder überhaupt nicht gekocht wird. Wenn es radikale Unterschiede im Essen gibt, dann liegen sie in den sozialen und nicht in den technischen Dimensionen.

Ich würde einräumen, daß Lernen eine natürliche Tätigkeit ist, wenn wir von dem Lernen sprechen, das in einer gesunden Beziehung zwischen Mutter und Kind oder zwischen zwei Personen beim Kennenlernen stattfindet. Lernen in der Schule ist jedoch keine natürliche Tätigkeit. Ganz im Gegenteil: Die Institution Schule mit ihren täglichen Stundenabläufen, festen Lehrplänen, standardisierten Tests und anderen ähnlichen Dingen hat eine permanente Neigung, Lernen auf eine Reihe technischer Tätigkeiten und den Lehrer auf die Rolle eines Technikers zu beschränken. Natürlich hat sie darin nie hundertprozentigen Erfolg, denn Lehrer widersetzen sich der Rolle eines Technikers und bringen herzliche und natürliche menschliche Beziehungen in ihre Klassenzimmer. Wichtig für das Nachdenken über das Potential für radikalen Wandel ist jedoch, daß diese Situation den Lehrer in ein Spannungsfeld zwischen zwei Gegensätzen stellt: Die Schule versucht, aus ihm einen Techniker zu machen; in den meisten Fällen leistet ein Gefühl der Selbstachtung Widerstand, auch wenn in vielen Fällen der Lehrer die Vorstellungen der Schule vom Lehren verinnerlicht haben wird. Jeder Lehrer befindet sich deshalb irgendwo in dem fließenden Übergang zwischen Techniker und dem, was ich als wahren Lehrer zu bezeichnen wage.

Das zentrale Problem bei der Veränderung der Schule ist die Spannung zwischen Technisierung und ihrem Gegenteil, wobei der Lehrer genau am Angelpunkt sitzt.

Seit der Erfindung des Buchdrucks gab es keine solch rasante Zunahme der Möglichkeiten, dem technisierten Lernen Auftrieb zu verleihen. Es gibt jedoch auch eine Kehrseite: Paradoxerweise bietet dieselbe Technologie das Potential, eine enttechnisierte Form des Lernens hervorzubringen. Sollte es wirklich soweit kommen, würde ich dies als eine weitaus größere Veränderung werten, als wenn auf jedem Schreibtisch ein Computer auftaucht, dessen Programme durch die Abschnitte des gleichen alten Lehrplans führen sollen. Es ist jedoch müßig Haarspaltereien zu betreiben, welche Veränderung weitreichender wäre. Hingegen ist es notwendig zu erkennen, daß die große Frage in der Zukunft der Schule sein wird, ob Technologie die heutige Technisiertheit des theoretischen Schulmodells und zu einem großen Teil auch der Schulrealität verstärken oder unterwandern wird. Ich vertrete das paradoxe Argument, daß Technologie einen so tiefgreifenden radikalen Wandel der Schule herbeiführen kann, wie wir es in der Medizin erlebt haben, dies wird jedoch genau durch den entgegengesetzten Prozeß wie im Fall der modernen Medizin geschehen. Die Medizin hat sich gewandelt, indem sie ihrem Wesen nach immer stärker technisiert wurde; die Schule wird sich wandeln, indem technische Mittel verwendet werden, um das technische Wesen des schulischen Lernens abzuwerfen.

4 Lehrer

Früher einmal glaubte ich wie viele Menschen, Lehrer wären das größte Hindernis auf dem Weg zur Umgestaltung der Schule.* Diese stark vereinfachende Ansicht, deren beharrliche Aufrechterhaltung in Wirklichkeit ein weitaus größeres Hindernis für eine Veränderung der Schule darstellt als die Tatsache, daß einige Lehrer tatsächlich konservativ sind, läßt sich auf tief in unserer Kultur verwurzelte Bilder zurückführen. Was mich angeht, erinnere ich mich, daß ich in den unteren Klassen der High School von George Bernard Shaws zynischem Aphorismus beeindruckt war: »Wer kann, handelt; wer nicht kann, lehrt«. Jemand, der »nicht kann«, trägt vermutlich nicht konstruktiv dazu bei, größere Veränderungen herbeizuführen.

Diese in unserer Kultur vorherrschende negative Einstellung gegenüber Lehrern wird durch persönliche Erfahrungen genährt. Als rebellisches Kind betrachtete ich Lehrer als Feinde. Dann verschmolzen diese Gefühle allmählich mit einem theoretisch begründeten Standpunkt, der unsinnigerweise zu einer weiteren Verteufelung der Lehrer führte, indem diese mit der Rolle, die ihnen von der Schule aufgezwungen worden war, gleichgesetzt wurden. Ich hatte eine Abneigung gegen die Zwangsmethoden der Schule, und es waren die Lehrer, die den Zwang ausübten. Ich lehnte die Beurteilung durch Noten ab, und es waren die Lehrer, die die Noten vergaben. Trotzdem hatte ich in meinen frühen Erfahrungen sicherlich Anlaß zu einer positiveren Haltung.

Wie die meisten Menschen mit hauptsächlich negativen Erinnerungen an die Schule habe ich einige wundervolle Eindrücke von einzelnen Lehrern. So habe ich zum Beispiel Mr. Wallis noch immer vor mir. »Daisy« (wie wir ihn nannten, wenn auch nur heimlich) war eigentlich mein Latein- und Griechischlehrer, gab mir jedoch weitaus mehr Einblick in Lewis Caroll als in Cicero oder Herodot. Er hinterließ mir auch ein elftes Gebot: »Du sollst jeden Tag vor dem Frühstück drei Theorien aufstellen und sie vor dem Abendessen wieder verwerfen«. Ich liebte ihn und denke sogar jetzt noch, daß ich ihm zumindest einige Elemente des spielerischen erkenntnistheoretischen Ansatzes verdanke, der mein heutiges Denken beeinflußt. Aber

* Die Gedanken in diesem Kapitel haben in Gesprächen mit Carol Sperry Gestalt angenommen.

damals und bis vor kurzem stufte ich Daisy als eine Ausnahme ein, und mein Vorurteil gegen Lehrer blieb davon so unberührt wie der Rassismus jener, die sagen: »Ich? Nun, einige meiner besten Freunde sind ...« Das Ergebnis war letztendlich nicht, daß ich eine bessere Meinung von Lehrern hatte, sondern daß ich sagte »Daisy ist kein Lehrer, er ist ein wirklicher Mensch«. Ich mußte erst *Gedankenblitze* schreiben und Logo entwickeln um herauszufinden, wieviele andere Lehrer dies ebenfalls sind; es ist die Schule, die sie als etwas anderes erscheinen läßt.

Logo war für Tausende von Lehrern der Elementarstufe die erste Gelegenheit, vom Computer auf eine Weise Besitz zu ergreifen, die ihren persönlichen Unterrichtsstil erweiterte. Das war nicht einfach für sie. Sie waren frustriert durch schlechte Bedingungen: Sie mußten in der Regel mit sehr leistungsschwachen Computersystemen arbeiten und diese häufig in mehreren Klassen verwenden; die Möglichkeiten zum Erwerb eigener Computerkenntnisse waren nur begrenzt; und die Abwehrreaktion der Schule brachte sie häufig um die Erfolge, die sie dennoch erzielten. Sogar die ihnen damals zur Verfügung stehende Logo-Version erscheint mir heute hoffnungslos primitiv, wenn ich sie aus der Perspektive eines weiteren Jahrzehnts der Weiterentwicklung dieser Programmiersprache betrachte. Neuere Logo-Versionen sind sehr viel benutzerfreundlicher, intuitiver und flexibler. Zwar konnte nur ein kleiner Teil dieser Pionierarbeit leistenden Lehrer Logo erfolgreich für den Aufbau eines befriedigenden Unterrichtsumfeldes einsetzen, ihr Bemühen ist jedoch eine wertvolle Hilfe, um die in ihrem Beruf schlummernde Kraft zur Veränderung zu begreifen. Sie hat mein eigenes Denken vollständig umgedreht. Ein Buch wird als Mittel angesehen, durch das die Leser verstehen lernen, wie der Autor denkt. Mit *Gedankenblitze* habe ich auch genau die gegenteilige Erfahrung gemacht.

Ich hatte das Buch nicht im Hinblick auf Lehrer geschrieben; ich hatte höchstens erwartet, daß es von einer kleinen Anzahl von Vorkämpfern unter ihnen gelesen würde. Als dann die geschätzte Zahl der Lehrer unter den Lesern Millionenhöhe erreichte, war ich erfreut, aber auch verwirrt. Was gefiel ihnen an meinem Buch? Es war beunruhigend, daß es etwas in meinem eigenen Werk gab, das ich nicht begriff.

Glücklicherweise half mir das Buch auch Antworten zu finden auf die Fragen, die es aufwarf. Es war eine Eintrittskarte in die Welt der Lehrer. Ich erhielt Hunderte von Briefen, in denen sie mir von ihren Sehnsüchten und Hoffnungen, ihren Plänen und Abneigungen erzählten. Ich bekam eine Flut von Einladungen, um Vorträge und Seminare zu halten, Schulen zu besuchen und an Projekten teilzunehmen. Durch all dies bot sich mir eine besonders gute Gelegenheit zu begreifen, was Lehrer in ihren Experimenten mit Computern zum Ausdruck brachten. Dabei wich meine Gleichsetzung von »Lehrer« und »Schule« allmählich dem Bewußtsein, daß die Beziehung weitaus komplexer ist. Diese Wahrnehmungsänderung gab mir zum einen das befreiende Gefühl, daß das Kräfteverhältnis sehr viel günstiger für eine Veränderung war, als ich angenommen hatte; gleichzeitig sah ich eine neue Herausforderung darin, die in der Welt der Lehrer miteinander wetteifernden Tendenzen, Veränderungen zu befürworten und ihnen Widerstand zu leisten, zu verstehen. Einer der wichtigsten Beiträge, den man zur Veränderung der Schule leisten kann, könnte darin liegen, die Weiterentwicklung dieser Tendenzen zu fördern.

Als Hintergrund zum Verständnis dieser Tendenzen beleuchte ich zunächst eine Geschichte, die von Fred Hechinger, einem Autor, der sich mit pädagogischen Themen befaßt, in einem völlig das eigentliche Problem verfehlenden Artikel in der *New York Times* erzählt wurde. Ich kann mir keinen Lehrer vorstellen, für den diese Geschichte nicht ein persönliches Erlebnis widerspiegelt.

Der Leiter einer New Yorker Schule kam unangemeldet in eine Klasse, um einer Chemiestunde beizuwohnen. Der Unterricht war brilliant. Der Schulleiter folgte ihm wie gebannt. Nach der Stunde gratulierte er dem Lehrer zu seinem hervorragenden Unterricht und wollte seinen schriftlichen Unterrichtsplan sehen. Der Lehrer antwortete, er kenne sein Stoffgebiet so gut und es liege ihm so am Herzen, daß er seiner Meinung nach keinen schriftlichen Plan benötige. Der Schulleiter hatte ganz offensichtlich nichts am Unterricht selbst auszusetzen; der Lehrer hatte sich jedoch des Vergehens schuldig gemacht, die Vorschriften nicht befolgt zu haben, und kurze Zeit später lag ein schriftlicher Verweis in seinem Fach.

Es gibt mehrere Interpretationsmöglichkeiten dieser bissigen Beschreibung eines Systems, das seine eigenen Ziele beim Versuch, sie durchzusetzen, untergräbt. Man kann sie als eine satirisch-komische Geschichte vom Aufeinanderprallen eines übereifrigen Vorgesetzten und eines naiven Untergebenen verstehen, wobei ersterer mit lächerlich übertriebener Gewissenhaftigkeit auf das buchstabengetreue Einhalten der Vorschriften pocht und letzterer nicht verstehen will, wie wichtig es ist, den Schein zu wahren, wofür ein pro forma geschriebener Unterrichtsplan genügt hätte. Um das Thema Schule geht es bei dieser Interpretation nur am Rande; auch in anderen Lebensbereichen gibt es solche Anekdoten über Bürokratie.

Wenn man diese Geschichte jedoch anders interpretiert, trifft sie den Nerv dessen, um was es bei Schule wirklich geht. Sie schildert in plastischer Weise den Konflikt zwischen Schule als einem den Kindern Nahrung bietenden Ort der Geborgenheit und Schule als einer kalten Maschinerie mit starren Abläufen. Sie ruft Sehnsucht nach einer Unterrichtsform hervor, die hilft, uns in das Stoffgebiet zu verlieben, und gleichzeitig führt sie zu Frustration, weil wir ohne Rücksicht auf unsere Gefühle eine Ansammlung von Fakten vorgesetzt bekommen, die von Fachleuten als notwendiges Wissen eingestuft worden sind.

Die Wahl zwischen diesen beiden Interpretationsmöglichkeiten spiegelt die zentrale Frage zum Thema Schule wider: Sind die Probleme der Schule von oberflächlicher Natur, so daß sie mit einer Portion guten Willens und gesunden Menschenverstandes aus der Welt zu räumen sind, oder gibt es einen tiefgreifenden Fehler in den Grundvoraussetzungen, auf denen das gesamte System beruht? Ist die Krankheit der Schule Erkältung oder Krebs?

Die Bedeutung dieser beiden Sichtweisen wird deutlich, wenn man den von Hechinger geschilderten Vorfall und das im Mittelpunkt des vorigen Kapitels stehende Beispiel vergleicht. Die Schule hat ein hierarchisches Kontrollsystem entwickelt, in dem den Akteuren – sowohl den Verantwortlichen in der Schulverwaltung als auch den Lehrern selbst – innerhalb eng abgesteckter Grenzen ein gewisses Maß an Eigeninitiative erlaubt ist. Von keiner Seite werden diese Grenzen jemals voll und ganz akzeptiert. Hechingers Geschichte zeigt ein unbedeutenderes Grenzgefecht in einem permanenten Machtkampf, in dem die Beteiligten ständig ihre Kräfte messen, ohne das System selbst grundsätzlich herauszufordern. Der Keim einer deutlicheren Herausforderung lag jedoch in Thelmas Entscheidung, daß Brian und Henry sich mit Computerchoreographie beschäftigen durften. Der Chemielehrer hätte einen pro forma Unterrichtsplan schreiben können, wenn er gewollt hätte, so wie es viele seiner Kollegen routinemäßig tun. Thelma hatte diese Möglichkeit nicht. Sie hätte keinen Unterrichtsplan machen können, aus dem einfachen Grund, weil es keinen »Unterricht« gab.

Daher brachte ihre ursprüngliche Entscheidung, wie sie Computer im Unterricht verwenden wollte, die Lehrerin auf Kollisionskurs mit dem Kontrollsystem der Schule: Sobald sie beschloß, ihre Schüler nicht zu kontrollieren, nahm sie der Schule auch die Möglichkeit, sie selbst in der üblichen Weise zu kontrollieren. Es geht nicht mehr um die Frage, wie Macht innerhalb der Schulhierarchie verteilt wird, sondern darum, ob Hierarchie überhaupt als Organisationsform im Bereich Schule geeignet ist. Es gibt Bereiche, in denen hierarchische Strukturen obligatorisch sind: Ganz eindeutig ist dies beim Militär der Fall. Das andere Extrem stellen Bereiche dar, in denen jeder vernünftig denkende Mensch eine hierarchische Organisation als absurd ablehnen würde, z.B. in der Dichtung oder Malerei. Auf anderen Gebieten gibt es einen Entscheidungsspielraum für das Verhältnis zwischen Hierarchie und ihrem Gegenteil. Für dieses Verhältnis möchte ich in Anlehnung an Warren McCulloch die Bezeichnung *Heterarchie* verwenden, die auf ein System schließen läßt, in dem jedes Element gleichermaßen durch alle anderen bestimmt wird. Wo auf dieser Bandbreite zwischen Soldatentum und Dichtung sollte man nun die Organisation einer Schule ansiedeln?

Es besteht die Gefahr, dies als ein »Management-Problem« zu betrachten, das die Schule durch Hinzuziehen eines allgemeinen Organisationsexperten angehen könnte (was viele auch tun). Einen neuen Organisationsplan in eine ansonsten unveränderte Schule einzuführen ist jedoch dasselbe, wie Computer oder einen neuen Lehrplan einzuführen, während alles andere beim alten bleibt. Der Fremdkörper wird abgestoßen. Die hierarchische Struktur der Schule ist aufs engste mit ihren pädagogischen Auffassungen und besonders mit ihrem Festhalten an der Ansicht verbunden, Wissen selbst sei hierarchisch strukturiert. Wo man die Schule auf der Heterarchie-Hierarchie-Skala organisatorischer Strukturen einstuft, hängt davon ab, wo man die eigene Wissenstheorie auf der Heterarchie-Hierarchie-Skala der Wissenstheorien einordnet.

Die Karikatur einer hierarchisch begründeten Wissens- und Schultheorie könnte folgendermaßen aussehen: Wissen besteht aus Atomen entsprechenden Teilchen, die man Fakten, Konzepte und Fertigkeiten nennt. Ein Normalbürger benötigt 40.000 dieser Atome. Kinder können pro Tag 20 Atome erwerben. Eine einfache Rechnung zeigt, daß 12 Jahre mit je 180 Tagen ausreichen, um 43.200 Atome im Kopf zu haben – dieser Zeitraum muß allerdings gut organisiert sein, denn ein wenig Rückstand kann zwar aufgeholt werden, bei einem Rückstand von 10% jedoch würde das Ziel bereits nicht mehr zu erreichen sein. Daraus folgt, daß die verantwortlichen Spezialisten (im folgenden Lehrer genannt) einem sorgfältigen Plan folgen müssen (im folgenden Lehrplan genannt), der über die gesamten 12 Jahre koordiniert sein muß. Sie werden daher jeden Tag darüber Buch führen, welche Atome auf den Wissenskonten der Schüler gutgeschrieben wurden. Das Problem der Qualitätskontrolle wird durch die Erkenntnis gelöst, daß zwischen den Atomen hierarchische Beziehungen bestehen: Fakten sind zu Konzepten zusammengefaßt, Konzepte lassen sich als Fächer klassifizieren, und Fächer lassen sich in Klassenziele aufteilen. Entsprechend der Wissenshierarchie kann eine personelle Hierarchie errichtet werden. Lehrer können von den Verantwortlichen für die Koordination des Lehrplans und den Fachbereichsleitern kontrolliert werden, diese durch die Schulleiter und diese wiederum durch die Schulaufsichtsbehörden.

Eine solche Theorie könnte sich auf die Analogie mit dem Bau einer gotischen Kathedrale aus 40.000 Backsteinen berufen. Jedem leuchtet ein, daß für die Durchführung einer solchen Aufgabe strenge Organisation erforderlich ist. Es kann nicht sein, daß Arbeiter, einer Eingebung folgend, einen Backstein mal hierhin, mal dorthin setzen. Die schulische Ausbildung eines Kindes ist ein ähnlicher Prozeß. Jeder muß den Plan einhalten.

Natürlich würde niemand so formulierte Theorien unterschreiben. Und dennoch bin ich aufrichtig davon überzeugt, daß hier der Kern der in akademischen Kreisen hochgehaltenen Theorien getroffen ist, aus denen die hierarchische Struktur der Schule ihre Legitimität ableitet. Wäre das Modell der gotischen Kathedrale ein prinzipiell richtiges Lernmodell, hätte Thelma das reine Chaos provoziert, als sie die Kinder ihrer Klasse sozusagen entscheiden ließ, wohin sie die Backsteine setzen wollten, und die Schulverwaltung hätte sich schwerwiegender Nachlässigkeit schuldig gemacht, ihr nicht Einhalt geboten zu haben. Ihr Handeln war jedoch nicht nachlässig, faul oder gar unverantwortlich. Lehrer, die ihren Schülern so viel Selbstbestimmung zugestehen, geben dadurch ihrem Glauben an eine radikal andere Wissenstheorie Ausdruck, und zwar eine, die für sie selbst und ihre Schüler weit mehr Arbeit mit sich bringt.

Ich wähle ganz bewußt die Bezeichnung »Wissenstheorie« und »Lehrmethode«. Progressive Pädagogen möchten keine alternative Methode anbieten, nach der Schüler dieselbe Ansammlung von Fakten lernen sollen. Sie legen auf eine andere Form des Wissens Wert.

Ich benutze beispielsweise gelegentlich einen Fahrstuhl mit Sicherheitscode. Erst nach Eingabe einer vierstelligen Zahl setzt er sich in Gang. Da es häufig einen neuen Code gibt und ich den Aufzug nur selten benutze, merke ich mir den neuen Code in der Regel nur ungefähr. »Es kommt eine 17 und eine 34 vor«, sage ich mir, »vielleicht ist es eine 1734 oder eine 3417, oder vielleicht kommt eine 71 und eine 43 vor.« Ich probiere ein paar unterschiedliche Kombinationen aus, und der Aufzug setzt sich in Bewegung. Für mich ist das in Ordnung. Es funktioniert. In der Schule würde ich jedoch den Test über Fahrstuhlbenutzung nicht bestehen. Dies ist ein triviales Beispiel für ein wichtiges Phänomen, das ich Wissen-in-Gebrauch nennen möchte. Wenn Wissen zerstückelt wird, kann man damit nichts anfangen, außer es sich im Unterricht einzuprägen und in einem Test zu reproduzieren. Wenn es in einen Gebrauchskontext eingebettet ist, kann man es hin- und herschieben und kleinere Fehler korrigieren, wie zum Beispiel die Ziffern des Aufzugscode umstellen.

Ich will damit nicht behaupten, daß Wissen-in-Gebrauch der Kernpunkt progressiver Wissenstheorie ist oder daß jeder progressive Lehrer dieses Prinzip akzeptieren würde. Ich benutze es nur als Beispiel für eine »andere Form des Wissens«. Welche Auffassungen Lehrer, die den pädagogischen Ansatz der Schule ablehnen, in Wirklichkeit vertreten, ist höchst unterschiedlich. Tatsächlich sollte jeder Lehrer sogar dazu ermutigt werden, soweit wie möglich einen ganz individuellen Unterrichtsstil zu entwickeln. Ein weniger spezifisches Bild, das ich in *Gedankenblitze* verwendet habe, scheint jedoch den Kernpunkt eines Elements zu erfassen, das als Grundzug in vielen Auffassungen enthalten ist und sich recht gut als Rahmen eignet, um die Wünsche und Probleme progressiver Lehrer näher zu betrachten. Die Grundlage dieses Bildes war eine Beobachtung im Zusammenhang mit der Vorstellung, daß Kinder »Begabungen« für ganz bestimmte Schulfächer zeigen. In unserer Kultur ist die Vorstellung tief verwurzelt, daß manche von uns ein gutes Zahlengedächtnis haben, die meisten jedoch nicht, und dementsprechend halten sich die meisten für mathematisch unbegabt. Wie werden jedoch Kinder beurteilt, denen es schwerfällt, in einer amerikanischen Schule Französisch zu lernen?

Womit man ihre Schwierigkeiten auch immer erklären mag, sicherlich kann nicht eine fehlende Begabung für Französisch dafür verantwortlich gemacht werden – wir können davon ausgehen, daß die meisten dieser Kinder perfekt Französisch gelernt hätten, wenn sie in Frankreich geboren und aufgewachsen wären. Möglicherweise fehlt es ihnen an einer Fähigkeit, so Französisch zu lernen, wie es an amerikanischen Schulen gelehrt wird, doch das ist etwas vollkommen anderes. Analog dazu haben wir ebensowenig Grund anzunehmen, daß es den Kindern, die in Mathematik Schwierigkeiten haben, an mathematischer Intelligenz fehlt, wie wir annehmen, daß es den anderen an »französischer Intelligenz« fehlt. Es bleibt die Frage: Was würde geschehen, wenn Kinder, die Mathematik nicht beherrschen, in Matheland aufwachsen würden, einem Land, das sich zu Mathematik verhält wie Frankreich zu Französisch? Einige Lehrer nahmen die Herausforderung an, so etwas wie Matheland im Klassenzimmer zu errichten, und benutzten Logo und seine Schildkröte als Baumaterial. Thelmas Unterricht ist ein Beispiel für viele dieser Versuche. Bleibt man bei diesem Bild, kann man sich vorstellen, daß Brian und Henry sich in Matheland aufhielten; was sie mit dem Computer machten, kam eher dem Erwerb von Französisch in Frankreich gleich, während in der regulären Mathematikstunde eher Mathematik als Fremdsprache unterrichtet wird. In dieser Computerumgebung kann der Lernende wie beim Französischlernen in Frankreich sich allmählich vorantasten und dadurch Kenntnisse erwerben, die sich später festigen werden. Im Mathematikunterricht, wo Wissen nicht angewandt wird, sondern wo lediglich Backsteine zum Bau eines toten Gebäudes aufeinandergestapelt werden, ist kein Raum für wichtigeres Experimentieren.

Viele fortschrittliche Lehrer hegen vielleicht Zweifel, ob die Schaffung eines Mathelandes wirklich realisierbar ist, und, falls dies doch möglich ist, haben sie Bedenken, welche unerwünschten Folgen es mit sich bringen könnte. Wenn man von den praktischen Überlegungen einmal absieht, erscheint es ihnen einleuchtend, daß Französisch in Frankreich und Mathematik in Matheland zu lernen prinzipiell einen besseren Ansatz als die traditionellen Unterrichtsmethoden darstellt.

Die unmittelbare Folge für die Unterrichtspraxis habe ich bereits beschrieben. Der Lernen eines toten Schulfachs setzt eine technische Maßnahme zur Zerlegung des Wissens in vermittelbare Happen voraus, so daß es von einem Lehrer stückchenweise an die Schüler verfüttert werden kann, und dies führt geradewegs zum traditionellen Drum und Dran aus Lehrplan, Hierarchie und Kontrolle. Im Gegensatz dazu waren Brian und Henry mit gelegentlichem Rat von außen in der Lage, ihr Wissen auf ihre eigene Weise zu strukturieren. Lernen-in-Gebrauch gibt den Schülern die Freiheit, auf ganz individuelle Weise zu lernen, und dies wiederum gibt den Lehrern die Freiheit, ihren Schülern etwas Persönlicheres und für beide Seiten Lohnenderes anzubieten. Diese Zukunftsperspektive bringt jedoch auch Probleme mit sich, und einige Lehrer werden in ihr eher eine Bedrohung als eine Befreiung sehen.

Thelmas Befriedigung darüber, durch die Erstellung ihres eigenen Computerkonzeptes einen kreativen (und ungewollt subversiven) Akt vollzogen zu haben, war mit psychologischen und bürokratischen Risiken verbunden. Die von der Schule festgelegten Rollen und Vorgehensweisen schränken den Lehrer ein, bieten ihm jedoch auch Schutz, wie aus der folgenden Geschichte hervorgeht, deren Hauptaussagen ich von vielen Lehrern, die an demselben Kurs wie Thelma teilgenommen hatten, bestätigt bekam. Es folgt, was mir Joe, Lehrer einer 5. Klasse, erzählte:

> Von dem Zeitpunkt an, als die Computer eingeführt wurden, sah ich voller Angst dem Tag entgegen, an dem meine Schüler mehr über das Programmieren wissen würden, als ich je lernen werde. Natürlich hatte ich am Anfang einen großen Vorsprung. Ich kam frisch von einem Sommerkurs über Logo, und die Schüler fingen erst an, sich damit zu beschäftigen.
>
> Im Laufe des Jahres jedoch holten sie auf. Sie verbrachten mehr Zeit damit, als ich es konnte. Tatsächlich holten sie mich im ersten Jahr noch nicht ein. Ich wußte jedoch, daß sich die Kinder jedes Jahr besser auskennen würden, denn sie würden Erfahrungen aus den vorangegangenen Jahren mitbringen. Zudem sind Kinder auf Computer besser eingestellt als wir Erwachsene.
>
> Die ersten Male, als ich erkannte, daß die Schüler Probleme hatten, die ich nicht einmal mehr verstehen, geschweige denn lösen konnte, wehrte ich mich, der Tatsache ins Auge zu blicken, daß ich keinen Wissensvorsprung mehr hatte. Ich hatte Angst, meine Autorität als Lehrer sei gefährdet, wenn ich diesen Vorsprung verlieren würde. Doch es wurde noch schlimmer. Schließlich gab ich auf und sagte ihnen, daß ich das Problem nicht verstehen würde – sie sollten es mit anderen aus der Klas-

> se besprechen, vielleicht könnten die weiterhelfen. Was sie dann auch taten. Und es stellte sich heraus, daß die Kinder zusammen eine Lösung fanden. Das Erstaunliche daran war, daß das, wovor ich Angst hatte, auf mich wie eine Befreiung wirkte. Ich brauchte nicht länger Angst davor zu haben, bloßgestellt zu werden. Ich war bereits bloßgestellt. Ich brauchte nicht länger die Fassade aufrechtzuerhalten. Und das Wunderbare daran war, daß ich feststellte, daß ich nicht nur in bezug auf Computer gezwungen war, Farbe zu bekennen. Ich hatte das Gefühl, daß ich auch in den anderen Fächern nicht mehr so tun konnte, als wüßte ich alles. Was für ein Gefühl der Erleichterung! Es hat meine Beziehung zu den Kindern und zu mir selbst verändert. Meine Klasse hat sich zu einer Gemeinschaft entwickelt, in der wir alle zusammenarbeiten und gemeinsam lernen.

Bei Betrachtung dieser Geschichte wird deutlich, daß es nicht einfach ist, einige naheliegende quantitative Fragen, die einige Leser spätestens jetzt gestellt haben werden, zu beantworten: »Auf wieviele Lehrer trifft die optimistische Beschreibung Thelmas zu? In welchem Ausmaß würden sie diese Ideen durchführen? Wieviel Einsatz und wieviele Opfer würden sie in Kauf nehmen? In meiner Beschreibung besitzt Thelma die Reinheit einer engagierten Idealistin, die nur selten zu finden ist. Weit mehr haben solche Zweifel, Ängste und widersprüchliche Gefühle, wie sie Joe mit den meisten Lehrern teilt, die sich dafür interessieren, mit Computern als einem Instrument der Veränderung zu experimentieren. Joe hatte ein beklommenes Gefühl, als er mit dem Experiment begann. Er konnte nicht vollkommen abschätzen, welche Probleme möglicherweise auftreten würden, und als sie dann da waren, begann er zu zögern. In seinem Fall kam es zu einem günstigen Ausgang, doch die meisten in seiner Lage scheuten vor den Konsequenzen zurück und gaben auf. Viele ließen ihre Computer in die Computerlabors verlegen. Einige folgten ihnen dorthin, gaben den Unterricht in der Klasse auf und wurden Computerlehrer. Als die Verwendung von Computern zur Routine wurde, fühlten sich viele durch das Gerede über eine Computerrevolution an der Nase herumgeführt und im Stich gelassen. Wie viele am Ball blieben und wie viele aufgaben, läßt sich nicht feststellen und wäre auch nicht der Mühe wert, da wir aus Joes Erzählung ersehen können, daß der Einzelfall von einem zerbrechlichen Gleichgewicht abhängig ist, das in die eine oder andere Richtung umkippen kann. Wenig hilfreich für alle an einer Veränderung Interessierten ist es sicherlich, die ungünstigen Faktoren zu verharmlosen: Nur dadurch, daß wir sie erkennen, können wir vernünftige Strategien für die Zukunft entwickeln. Andererseits geben diese Faktoren auch denjenigen wenig Anlaß zur Freude, die immer noch behaupten, daß Computer in der Schule keine nennenswerte Zukunft haben.

Ungeachtet seiner Zweifel ging Joe weiter als die anderen, die ich bislang erwähnt habe. Hechingers Chemielehrer versuchte, seine eigene intellektuelle Begeisterung in seinem Unterricht zum Ausdruck zu bringen; Thelma versuchte, ein Umfeld zu schaffen, in dem Kinder selbst Begeisterung entwickeln konnten; Joe ging noch einen Schritt weiter, indem er explizit die Vorstellung (die vielleicht auch die anderen heimlich hegten) formulierte, durch gemeinsames Lernen mit seinen Schülern deren Freude zu teilen. Dieser Schritt ist psychologisch verständlich. Lernen ist ein grundlegendes menschliches Bedürfnis, und mit Kindern zusammen zu sein, die lernen, während es einem selbst vorenthalten wird, ist, als schaue man Leuten in einem guten Restaurant beim Essen zu, während man selbst auf Diät gesetzt ist. Warum tun es nicht alle Lehrer?

Viele Aspekte der Schule verhindern, daß Lehrer das befriedigende Gefühl erfahren, gemeinsam mit ihren Schülern zu lernen. Wenn man progressive Lehrer fragt, hört man meist das nüchterne Argument Stundenplan. Sie geben an, daß einfach nicht genügend Zeit zur Verfügung stehe. Meiner Meinung nach macht das Beispiel Joe jedoch den Trugschluß deutlich, auf dem diese Argumentation beruht. Tatsächlich hatte er nicht genügend Zeit, um alles wie bisher weiterzumachen und gleichzeitig sich selbst ein neues Wissensgebiet anzueignen. Er hatte jedoch den Mut, einen Versuch zu starten, dessen Erfolgschancen größer waren: Er änderte den täglichen Ablauf in seiner Klasse so, daß die Schüler sowohl geben als auch nehmen konnten, und sein Lernprozeß stand zu ihrem nicht in Konkurrenz, sondern trug dazu bei. Dazu mußte er jedoch erst einer Tatsache ins Auge sehen, die ihn Mut kostete: Der Großteil der Arbeit, die er seine Schüler ausführen ließ, war zu langweilig, als daß es ihn gereizt hätte, mitzulernen! Der Computer änderte diese Situation, da er selbst als Lernobjekt interessant ist und durch ihn auch andere Fachgebiete ganz neue Dimensionen hinzugewannen.

Was Joe meinen Beobachtungen zufolge mit seiner Klasse in Wirklichkeit tat, umfaßte viel mehr als nur die technischen Aspekte der Computerprogrammierung, vor denen er ja ursprünglich Angst gehabt hatte. Einige seiner Schüler waren mit Aufgaben wie denen von Brian und Henry beschäftigt, die meisten jedoch waren an ganz anderen Projekten beteiligt, bei denen Mathematik in Fakten-orientierte Fächer wie Geschichte oder Naturwissenschaften integriert war. Ein Aspekt dieser Projekte wird in etwas deutlich, das ich zum ersten Mal in der Arbeit einer Lehrerin einer 6. und 5. Klasse an der Hennigan School in Boston beobachtete.

Bevor der Computer in ihr Leben trat, hatte Joanne ein Projekt als Teil ihres Biologieunterrichts entwickelt. Im Mittelpunkt dieses Projekts stand das menschliche Skelett, und sie behandelte es, indem sie die Schüler aufforderte, einen Knochen auszuwählen und über ihn einen Bericht zu schreiben. Als die Computer eingeführt wurden, tat sie, was sie immer schon getan hatte, außer daß die Schüler Logo inzwischen gut genug beherrschten, um ihren Bericht auf den Bildschirm zu schreiben, anstatt Papier und Bleistift zu benutzen. In einer Hinsicht blieb alles beim alten, nur das Medium änderte sich. Diese Änderung hatte jedoch Folgen.

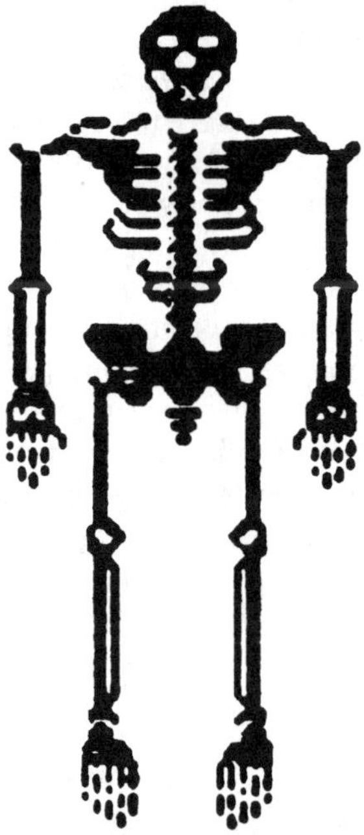

Das Programm zur Erzeugung dieses Bildes schrieben vier Schüler der 6. Klasse in LogoWriter.

Eine dieser Folgen hing mit den Befürchtungen, denen Joe Ausdruck gab, zusammen. Der Computer ist ein technisches Gerät mit unendlich vielen Möglichkeiten, das zumindest einigen Schülern den Anreiz bietet, ihr Wissen, soweit es geht, zu erweitern, um das Projekt durch eine unbegrenzte Vielzahl von »Wirkungen« auszubauen; dadurch wurde der Erwerb von Computerkenntnissen auf eine Weise Teil des Projekts, die mit Papier und Bleistift nicht möglich gewesen war. Es könnte den Anschein haben, daß dies vom »Hauptzweck«, nämlich der Beschäftigung mit der Biologie, ablenkt. Dies war jedoch nicht der Fall: Beim Nachdenken über die Darstellung auf dem Bildschirm wurde ein größeres Interesse am menschlichen Skelett hervorgerufen, als es in der Zeit vor der Verwendung der Computer üblich gewesen war. Das Beispiel des Skeletts, Ergebnis einer Zusammenarbeit von vier Schülern, zeigt einige Merkmale, die typisch dafür sind, was in einer Computerumgebung passiert.

Erstens, die Schüler wandelten ihre Aufgabe, einen Knochen zu beschreiben, in die Aufgabe um, das gesamte Skelett darzustellen. Diese Zielsetzung war erst dadurch möglich, daß der Computer wesentlich bessere Arbeitsbedingungen schuf: Die von den einzelnen Schülern geleistete Arbeit konnte leichter zu einem Ganzen zusammengesetzt werden. Bei genauerer Betrachtung wird deutlich, daß die Module in verschiedenen Bereichen anwendbar sind, und, was das Wichtigste ist, daß Änderungen leicht durchgeführt werden können, ohne unsauber aussehende Korrekturen oder aufwendiges Neuschreiben. Zweitens, aufgrund eben dieser Arbeitsbedingungen war eine doppelte Zielsetzung möglich, die in diesem Beispiel sehr gut erkennbar ist: Die Figur wurde sowohl mit Blick auf ihre ästhetische Wirkung als auch mit Blick auf naturwissenschaftliche Genauigkeit erstellt. Dies führt zu der heiklen Thematik, wie Wissen beschaffen und zu beurteilen sei. Ich würde es eine erkenntnistheoretische Verantwortung des Lehrers nennen, mit seinen Schülern eine Auseinandersetzung darüber zu eröffnen (wozu ich in der Tat das Privileg hatte), was vom einen zugunsten des anderen geopfert werden sollte. Es kann darauf keine endgültige Antwort geben, aber es kann offen und vernünftig darüber diskutiert werden.

Die Problematik Naturwissenschaft versus Ästhetik ist nur eine von vielen, die an einen Lehrer andere Anforderungen stellt – allerdings dafür auch mehr Möglichkeiten bietet – als dies in naturwissenschaftlichen Fächern normalerweise der Fall ist. Ob man dies nun als eine Anforderung oder eine Chance betrachtet, es erfordert zweifellos Wissen und differenzierte Vorgehensweisen, für die im Methodenkatalog der typischen Pädagogikrichtung kein Platz ist. Wohin können sich Lehrer wenden, wenn sie sich in diese Richtung weiterentwickeln wollen? Welche Form der Entwicklung würde ihnen helfen?

Um dieses Problem, das vielleicht eines der wichtigsten ist, die sich der Annahme des Computers durch die Schule entgegenstellen, genauer zu fassen, mag es sinnvoll erscheinen, sich ein paar der Hindernisse vor Augen zu führen, denen Lehrer auf der Suche nach einer Lösung begegnen. Das brutalste von ihnen verhindert einfach, daß eine interessante Situation entsteht. Die Schüler hatten für die Erstellung des Skeletts etwa eine Stunde pro Tag Zugang zum Computer, und die Klassenlehrerin besaß die Freiheit, diese Zeit zu nutzen, wie sie wollte. Daher konnten sich Schüler und Lehrerin so in das Projekt vertiefen, daß überhaupt interessante Fragen auftauchen und auf interessante Weise behandelt werden konnten.

Die Wahrscheinlichkeit, daß etwas ähnliches passiert, ist äußerst gering – auch wenn es dank der erstaunlichen Energie von Schülern und Lehrern tatsächlich manchmal dazu kommt – wenn Schüler 40 Minuten pro Woche Unterricht im Computerlabor haben und in dieser Zeit etwas über Textverarbeitung, Datenbanksysteme und die Funktionsweise von Computern sowie »ein bißchen Programmieren in Logo« lernen sollen. Ein zweites Hindernis ist der in Amerika für die Lehrerausbildung übliche Begriff »teacher training«. Auch wenn die Bezeichnung nicht das wichtigste ist, so ist es doch seltsam, daß das Wort »teacher training« vielen leicht über die Lippen geht, die bei der Vorstellung, daß man das, was in der Schule mit Kindern passiert als »children training« bezeichnen könnte, eine Gänsehaut bekämen. Im Amerikanischen wird dieses Wort eben auch für Dinge wie Sauberkeitserziehung (toilet training), Grundausbildung (basic training) und Tigerdressur (tiger training) verwendet. Mir ist bewußt, daß das Wort *training* häufig auch für durchaus anerkannte Lernformen verwendet wird. So sagte ich zum Beispiel im zweiten Kapitel, daß ich ein »training« als Mathematiker erhalten hätte. Damit jedoch den Begriff »teacher training« zu rechtfertigen, ist für mich dasselbe – und für eine recht große Anzahl von Lehrern, die ich kenne, ebenfalls – wie die Verwendung des maskulinen Personalpronomens (engl. »he«) damit zu rechtfertigen, daß Frauen damit ja schließlich auch gemeint seien. Auf einer rein theoretisch-sprachwissenschaftlichen Ebene sind beide Verwendungen zwar »korrekt«, es geht jedoch in beiden Fällen nicht nur um grammatische sondern auch um ideologische Fragen. Warum also diese Asymmetrie? Warum sprechen wir über das Lernen von Lehrern und das Lernen von Kindern so unterschiedlich? Die Antwort bringt mich zu meinem Hauptthema zurück: Die Institution Schule geht nicht davon aus, daß Lehrer eine kreative Rolle im Lernprozeß spielen; Lehrer werden als Techniker angesehen, die eine technische Aufgabe zu erfüllen haben, und dafür ist das Wort *training* völlig angemessen.

Ob man dieser Analyse im allgemeinen nun zustimmt oder nicht, so läßt sich doch kaum leugnen, daß sie in bezug auf die Form der Vorbereitung, die die Schule für Computerlehrer als angemessen betrachtet, zutrifft. An vielen Schulen ist es in der Tat durchaus angemessen, das, was den Lehrer, die mit den Computern arbeiten werden, als Vorbereitung angeboten wird, als *training* zu bezeichnen, denn es beschränkt sich auf ein paar Doppelstunden, in irreführender Weise »Workshop« oder »Seminar« genannt, in denen technische Fertigkeiten vermittelt werden sollen. Um diese Beschränkung zu verdeutlichen, möchte ich zwei Beispiele dafür anführen, wie verbesserte Bedingungen für den Lern- und Entwicklungsprozeß der Lehrer geschaffen werden können.

Vor etwa acht Jahren führte ich für eine kleine Gruppe von Lehrern einen Sommerkurs über Logo durch. Ich war etwas nervös, denn ich hatte den Eindruck, daß eine der Teilnehmerinnen nicht aus eigenem Interesse an Logo gekommen war, sondern weil ihr Schulleiter es angeordnet hatte, der ein Computerprojekt an seiner Schule beginnen wollte, zu einer Zeit, als das noch etwas Außergewöhnliches war. Mir war klar, daß der aufgestaute Groll eines einzigen Teilnehmers über vergeudete Sommerferien die Stimmung in der gesamten Gruppe vergiften konnte, selbst wenn die anderen aus eigenem Bedürfnis zu lernen hergekommen waren.

Eine meiner bevorzugten Arbeitsmethoden mit einer solchen Gruppe ist es, eine Projektform vorzuschlagen, die offen genug ist, um verschiedene Ansätze zuzulassen, und begrenzt genug, um die einzelnen Ansätze miteinander vergleichen zu können. In diesem Kurs schlug ich vor, jeder solle ein Programm schreiben, das irgendeinen Aspekt des Begriffs »Dorf« darstellt. Ein Computerprogramm zu schreiben, das ein Dorf auf dem Bildschirm darstellt, ist ein gutes Thema für Anfänger, um Methoden der Programmierung zu üben. Man kann mit einer Prozedur beginnen, durch die ein einziges Haus gemalt wird; wird diese fehlerfrei ausgeführt, kann sie als Unterroutine für eine Hauptroutine eingesetzt werden, um eine Gruppe identischer Häuser zu erhalten; hat man erst einmal eine Grundlage, kann man als nächstes Varianten einführen und das Programm um alle möglichen Ausschmückungen und Details wie etwa Animation, Text und Hypertext erweitern. Vom Standpunkt des Unterrichtens hat dies den Vorteil, daß die Schüler auf unterschiedlichen Ebenen stehenbleiben können, ihre technischen Fähigkeiten und ihre persönlichen Vorlieben aufeinander abstimmen können und dennoch stets etwas vorzuzeigen haben.

Mehrere Tage verstrichen, meine Befürchtungen schienen sich jedoch nicht zu bestätigen. Jeder Teilnehmer war von dem, was er gerade machte, gefesselt. Ich war besonders darüber erleichtert, daß die Teilnehmerin, von der ich gedacht hatte, sie würde die meisten Schwierigkeiten bereiten, ihre Begeisterung offensichtlich kaum zurückhalten konnte. In jeder Diskussionsrunde sprudelte sie vor Ideen über, wie sie das, was sie gerade gelernt hatte, anwenden würde; selbst wenn sie an ihrem Computer arbeitete, rief sie von Zeit zu Zeit laut aus, daß sie es kaum erwarten könne, dies in ihrem Unterricht auszuprobieren. »Meine Schüler werden begeistert sein!« Allen üblichen Bewertungskriterien zufolge verlief der Kurs erfolgreich. Als Lernziel für meine Schüler (die Lehrer) hatte ich das Erlernen von Logo und den Grundlagen der Programmierung festgesetzt, und die Klasse machte recht schnelle Fortschritte in diese Richtung – und zeigte dabei auch noch Begeisterung.

Doch trotz alledem hatte ich das unbestimmte Gefühl, daß etwas nicht in Ordnung war. Ich konnte nicht konkret sagen, was es war, bis es zu einer kleinen Unstimmigkeit unter den Kursteilnehmern kam. Eine der Teilnehmerinnen hatte offensichtlich dasselbe ungute Gefühl wie ich, konnte das Problem jedoch schneller diagnostizieren. Von den Begeisterungsausbrüchen genervt murmelte sie: »Vergiß doch mal die Sch...kinder!« Die Reaktion der anderen erzeugte im Raum eine große Spannung: Einige waren schockiert und protestierten; ein Teilnehmer gab sofort seiner Zustimmung Ausdruck. Ich war zunächst perplex und stellte dann fest, daß dieser Ausspruch den Kern meines unguten Gefühls traf. Das störende Element war ein noch unbestimmtes Gefühl gewesen, daß die Teilnehmer sich eher als Lehrer-im-*training* betrachteten und weniger als Lernende. Ihr Bewußtsein, Lehrer zu sein, hinderte sie daran, sich selbst ganz und gar dem Gefühl hinzugeben, daß das, was sie taten, für sich genommen, durch das, was es dem Einzelnen brachte, intellektuell reizvoll war und Spaß machte. Das größte Hindernis auf dem Weg vom Lehrer zum Lernenden, ist die Hemmung dem Lernen gegenüber.

Nach dem Vorfall überkam mich so etwas wie das von Joe beschriebene Gefühl der Befreiung. Ich war von der dumpfen Befürchtung befreit, daß etwas falsch lief, und hatte es nicht mehr nötig, in den Begeisterungsäußerungen der Lehrer meine Bestätigung zu suchen. Dadurch beflügelt konnte ich das Programmierverhalten der einzelnen Teilnehmer besser in Augenschein nehmen und bemerkte bald auffallende Unterschiede. Einige Teilnehmer konstruierten Häuser durch das Aneinanderfügen klarer geometrischer Formen, im einfachsten Fall wie in dem Beispiel, das ich in *Gedankenblitze* verwendet hatte: Ein »Haus« entsteht durch das Aufsetzen eines Dreiecks auf ein Quadrat. Einer der Teilnehmerinnen behagten diese Formen nicht. Vielleicht riefen sie bei ihr unangenehme Assoziationen mit Schulmathematik hervor, oder etwas in ihrer Persönlichkeit zog sie zu verschwommeneren Gebilden hin. Was es auch immer gewesen sein mag, ihre Unzufriedenheit führte dazu, daß sie einen mißlungenen Versuch eines anderen Teilnehmers aufgriff, der für seine Darstellung eines Blumengartens ein gleichmäßiges geometrisches Muster hatte erzeugen wollen. Es war dabei eine Schlangenlinie entstanden, die zwar für einen Blumengarten nicht taugte, sich jedoch als genau das Richtige für den vom Schornstein des Hauses aufsteigenden Rauch erwies. Nach einer Weile stiegen von allen Häusern verschieden geformte Rauchsäulen auf.

Eines führte zum anderen. Der Raucheffekt konnte für die Darstellung von Wolken, die über das Dorf zogen, abgeändert werden, und nach weiteren Schritten entstanden Bäume und andere weniger eckige Gegenstände als Häuser. Manchmal kann eine ganz geringfügige Handlung eines Lehrers einen Entwicklungsprozeß in einer Klasse in Gang setzen. Im Kurs kam ein solcher Prozeß dadurch in Gang, daß dem sich herauskristallisierenden neuen Programmierstil ein Name gegeben wurde. Ich taufte ihn »rauchige Programmierung« und stellte ihn der »eckigen« Programmierung gegenüber.

Die unmittelbare Wirkung war, daß die ursprüngliche Rauchdarstellerin motiviert wurde. Zu diesem Zeitpunkt war es noch eine einzelne Handlung, die Lehrer (mich) und Schüler betraf. Allmählich wurde es etwas, das die ganze Gruppe miteinbezog. Die Erfindung von Namen für einen bestimmten Stil wurde zu einer Gewohnheit und stärkte das Selbstgefühl des einzelnen; Namen wurden Diskussionsgegenstände und persönlicher Besitz. Es entwickelte sich ein eigener Wortschatz, wenn man über sie sprach, das Gefühl von etwas Wertvollem, aus dem heraus man andere Stile respektierte, selbst wenn man auf seine eigenen besonders stolz war.

Kurz, ein Prozeß war in Gang gekommen, den ich den Beginn einer Mikrokultur nennen würde. Der gegenseitige Austausch über verschiedene Stile ist ein hervorragendes Saatkorn für die Entwicklung einer Lernkultur; er trägt zum Wert des unmittelbaren Lernprozesses bei, führt jedoch auch zu einer Bereicherung in anderen Gebieten, da man bei einer Vielzahl verschiedener Inhalte und Aktivitäten unterschiedliche Stile erkennen kann. Jeder Lernprozeß profitiert von Gesprächen über ihn selbst – solange es konstruktive Gespräche sind – und der Vergleich einzelner Stile ist einer der besten Gesprächsaufhänger, vorausgesetzt die Unterschiede sind deutlich und die Teilnehmer respektieren aufrichtig die Stile der anderen, während sie ihre eigenen verteidigen. Damit das Gespräch jedoch wirklich konstruktiv ist, muß es zum einen tief in den wirklichen Anliegen der Teilnehmer verwurzelt und zum anderen durch Wissen und Erfahrung gestützt sein.

Die Frage des Gegensatzes zwischen rauchigem und eckigem Programmierstil war tatsächlich tief verwurzelt. Es war nicht nur einfach eine Frage des unterschiedlichen Stils, obwohl es mir natürlich auch wichtig war, eine Kultur zu fördern, in der Unterschiede wirklich respektiert würden; dieser Gegensatz ist jedoch auch ein zentrales Thema in den Diskussionen über alternative erkenntnistheoretische Ansätze. Der eckige Stil entspricht eher dem analytischen, verallgemeinerbaren Denken, auf das die traditionelle »anerkannte« Erkenntnistheorie Wert legt, und das von Feministinnen als androzentriert, von Afrozentrikern als eurozentriert und ganz allgemein von vielen Vertretern der politischen Linken als das Denken der herrschenden Gruppen unter Beschuß geraten ist. In der Tat haben Untersuchungen von Sherry Turkle, einer Soziologin am MIT, und mir selbst belegt, daß dies der bevorzugte Stil männlicher Weißer ist. Das genügt bereits, um diese Thematik für Lehrer besonders relevant zu machen; es gibt jedoch einen weiteren Aspekt, der Lehrer noch direkter betrifft. Wenn man vom eckigen zum rauchigen Stil übergeht, macht man einen Schritt, der von einem abstrakten und formalen Ansatz wegführt und in eine Richtung geht, auf die genau das paßt, was Piaget (hier als Vertreter für einen viel breiteren Bereich psychologischen Denkens) dem Denken des kleineren Kindes zuordnen würde: konkret, figürlich, animistisch und sogar egozentrisch.

Somit ist die Thematik tief im Interessenbereich des Lehrers verwurzelt, der sich überlegen muß, welche Art des Denkens für Kinder wohl geeignet ist – dies jedoch auf so komplexe Weise, daß dem zweiten Kriterium für ein konstruktives Gespräch über Lernen, nämlich dem notwendigen Wissen und der Erfahrung, große Bedeutung zukommt. Lehrer benötigen viel mehr als nur »training«, um die Fähigkeit zu entwickeln, aus dem Computer Nutzen zu ziehen und diesen Nutzen an ihre Schüler weiterzugeben.

Es ist aufschlußreich, wie sich ein kleines Land in Mittelamerika als fähig erwies, dieses Problem in einer Weise anzugehen, die die meisten amerikanischen Schulsysteme beschämen sollte. Ich nehme an, dies ist vor allem deshalb der Fall, weil das Land sich selbst als ein »Entwicklungsland« einstufte und dies zu seinem Vorteil nutzte; andere Länder hingegen schätzen sich selbst als »entwickelt« ein – und haben daher vermeintlich nichts mehr, was sie erreichen könnten. Eine Moral der Geschichte ist, daß wir alle es vielleicht leichter hätten, wenn wir den Mut hätten, uns als »in Entwicklung« einzustufen.

1986 war Oscar Arias Präsidentschaftskandidat in Costa Rica. Dieselbe Mentalität, die es ihm später ermöglichen würde, die Wahl zu gewinnen, den Friedensprozeß in Mittelamerika einzuleiten und den Friedensnobelpreis zu bekommen, spiegelte sich in einem seiner Wahlversprechen wider: Er würde Maßnahmen ergreifen um sicherzustellen, daß die Kinder Costa Ricas sich selbst als Teil der modernen Welt und nicht als Außenseiter der Dritten Welt betrachten könnten, die nur sehnsüchtig zuschauen. Einer seiner ersten Schritte werde es sein, alle Grundschulen mit Computern auszustatten. Später werde ich noch mehrfach Gelegenheit haben, auf Einzelheiten dieses Projekts Bezug zu nehmen, das sich in vielerlei Hinsicht als vorbildlich herausstellen sollte. An dieser Stelle geht es mir nur darum, wie die Lehrer im Rahmen dieses Projekts mehr als nur »training« erhielten.

Ob dies nun gut oder schlecht war, jedenfalls wurde die Entscheidung getroffen, ausgewählte Unternehmen umfassende Pläne vorlegen zu lassen, die nicht nur die Lieferung der Computer und den dazugehörigen Service sondern auch die Festlegung der Lerninhalte, die Vorbereitung der Lehrer und den Auswertungsprozeß betrafen. Es würde ein Bombengeschäft sein, bei dem mehrere Tausend Computer angeschafft werden sollten, und so war es nicht überraschend, daß vierzehn Unternehmen Angebote einreichten. IBM schaltete mich als Berater ein und folgte meinem Ratschlag, einen

Plan vorzulegen, in dem der Vorbereitung der Lehrer vor Projektbeginn und ihrer Unterstützung im Laufe des Projekts außergewöhnlich viel Platz eingeräumt wurde. Dies mag hinsichtlich der Bemühungen, im Rahmen einer Ausschreibung die Kosten möglichst niedrig zu halten, wenig einleuchtend gewirkt haben; doch die Leiterin der lateinamerikanischen Bildungsgruppe bei IBM war eine tatkräftige, intelligente und überhaupt nicht bürokratische Frau. Alejandrina Fernández überzeugte ihre Vorgesetzten innerhalb des Unternehmens, daß IBM es sich leisten könne, im ersten Projektjahr Verluste zu machen. Wie sich herausstellte, brachte ihr die besondere Aufmerksamkeit, die sie der Rolle der Lehrer entgegenbrachte, den Zuschlag ein, und das Projekt wurde zu einem erfolgreichen Modell, das inzwischen in sechs lateinamerikanischen Ländern angewendet wird.

Die Regierung Costa Ricas gründete eine Stiftung, um das Projekt zu überwachen – ein ungewöhnlicher Fall, in dem eine Regierung schlau genug ist, ein Projekt vor ihrer eigenen Bürokratie zu schützen! Innerhalb der Stiftung konzentrierte sich die Diskussion auf die Rolle der Lehrer. Eine Seite argumentierte, daß die Anwendungsmodalitäten für die Lehrer so leicht wie möglich sein sollten. Viele Lehrer in ländlichen Gebieten hatten kaum Erfahrung mit Technologien und keine ausdrückliche Ausbildung auf irgendeinem technischen Gebiet. Diese Lehrer, so das Argument, würden durch jene Bedienungsmodalitäten des Computers, die technische Fertigkeiten voraussetzten, ausgeschlossen werden. Aus diesem Grund argumentierte diese Gruppe für CAI-Software, und hätte sie sich durchgesetzt, wäre der Vertrag wahrscheinlich mit einem Unternehmen gemacht worden, das diese Art von (»lehrersicheren«) schlüsselfertigen Systemen anbietet, bei denen der Computer eingeschaltet wird und der Lehrer nicht einmal mehr eine Diskette zu laden braucht – alles wird automatisch von einem zentralen Steuerungssystem ausgeführt. Das Argument der anderen Seite bestand darin, auch wenn dabei nicht genau diese Worte gebraucht wurden, es den Lehrern so schwer wie möglich zu machen. Schließlich stellte Costa Rica unter der Leitung von Clotilda Fonseca ein beispielhaftes Programm auf, in dessen Verlauf Hunderte von Lehrern, von denen die meisten tatsächlich kein technisches Hintergrundwissen hatten, lernten, in Logo zu programmieren und daraus ein ganz neues Vertrauen zu sich selbst und ihrem Land bekamen, weil sie sich etwas aneigneten, das von ihnen als eine Herausforderung, als modern, schwierig und »nicht für Leute wie sie gedacht« empfunden wurde. Dies steht in bemerkenswertem Kontrast zu der Ansicht, die in vielen amerikanischen Schulbezirken vorherrscht, nämlich daß Logo zwar »pädagogisch wertvoll«, jedoch »für Lehrer zu schwierig« sei!

Die Diskussion wurde durch ein Experiment beendet, bei dem eine Gruppe von Lehrern an einem dreiwöchigen Intensivkurs über Logo teilnahm. Auch wenn keine objektiven quantitativen Messungen in diesem Bereich möglich sind, so war es meiner Meinung nach doch nicht zu übersehen, daß in diesen Wochen außergewöhnlich viel gelernt wurde. In meinen Augen war der Grund, warum dies so war, ebenso offensichtlich: Die teilnehmenden Lehrer fühlten, daß es um viel mehr ging als darum, sich durch den Erwerb von grundlegenden Computerkenntnissen technisch fortzubilden. Sie bekräftigten damit ihren ganz persönlichen Willen, sich dieses moderne Ding zu eigen zu machen; es war ein Zeichen eines Berufsstandes gegen die Vorstellung vom Unterrichten als einer niedrigen Tätigkeit; und es war ein Zeichen eines Landes gegen die Vorstellung, es sei unterentwickelt. Viele von ihnen setzten auch in bezug auf ihr Geschlecht ein Zeichen, denn ein großer Prozentsatz von Grundschullehrern sind Frauen, und die Organisatoren des Projekts besaßen genug gesunden Menschenverstand, dies beim Auswahlverfahren zu berücksichtigen.

Das Projekt in Costa Rica zeigt in besonders deutlicher Weise, welche Rolle der Computer für die Entwicklung eines Identitätsgefühls bei den Lehrern spielt und bringt uns in einem großen Bogen zurück zu der Problematik der negativen Darstellung der Lehrer. Im Verlaufe eines Gesprächs fragte mich Oscar Arias, was ich für den interessantesten Aspekt des Projektes halte. Ich ging besonders auf das ein, was ich hier über Lehrer geschrieben habe. Sein Gesicht verriet Erstaunen und große Freude, als er mich erzählen hörte, mit wieviel Engagement die Lehrer dieses Projekt unterstützt hatten. Er erklärte mir, was er über Lehrer in der Vergangenheit gehört habe, sei darauf hinausgelaufen, daß sie mehr Geld für weniger Arbeit forderten, und er sagte mir, wie froh er sei, daß sein Computerprojekt auch ihm selbst neue Erkenntnisse gebracht hätte. Ich verließ den Präsidenten mit dem Gefühl des Stolzes, daran mitgewirkt zu haben, daß Lehrer die Gelegenheit erhielten, sich als das zu zeigen, was sie wirklich sind, und noch ein wenig darüber hinauszuwachsen.

Die Lehrer erhielten nicht nur die Möglichkeit, das Projekt zu einem Teil ihres sich entwickelnden Identitätsgefühls werden zu lassen, das Projekt *Programa Informatica Educativa* hat darüber hinaus noch eine andere Eigenschaft, die für die Entwicklung der Lehrer förderlich ist. Dies ist ein Kompromiß zwischen dem Konzept eines Computerlabors (das aus Kostengründen nicht zu umgehen war) und dem Computer im Klassenzimmer. Die Schüler gehen zwar in einen separaten Raum, wo die Computer installiert sind, doch ihr Klassenlehrer geht mit ihnen. Dazu kommt, daß auch der Lehrer mit ihnen lernt, denn im Computerraum befindet sich außerdem ein Computerlehrer, der Möglichkeiten hatte (in einem Ausmaß, das selbst in den meisten »entwickelten« Ländern selten zu finden ist), sich nicht nur als

Fachmann in technischen Angelegenheiten sondern auch als Vermittler einer Lernkultur weiterzuentwickeln.

Eine andere Form des Kompromisses wurde in einem Modellversuch angestrebt, bei dem meine Forschungsgruppe vom MIT Pionierarbeit leistete, zuerst an der Lamplighter School in Dallas und dann im Rahmen des Projekts Headlight an der Hennigan School in Boston. Dem Modellversuch, der mehr Mittel verschlang als bei dem Projekt in Costa Rica zur Verfügung gestanden hatten – im Verhältnis zum Volksvermögen der beiden Länder jedoch weit weniger – lagen ursprünglich drei Prinzipien zugrunde. Erstens sollten so viele Computer zur Verfügung stehen, daß jede Klasse mindestens eine Stunde pro Tag mit ihrem Klassenlehrer so verbringen konnte, daß jeder Schüler freien Zugang zu einem Computer hatte. Zweitens sollte man bei den vorwiegenden Anwendungen des Computers davon ausgehen, daß jeder, Schüler und Lehrer, bereits von Anfang an in Logo programmieren konnte, wenn auch gelegentlich eine andere pädagogische Software verwendet würde. Drittens sollten alle Lehrer nicht nur genügend Fachkenntnisse, sondern auch genügend Entscheidungsmöglichkeiten haben, den Computer so zu nutzen, daß ihr persönlicher Arbeitsstil zum Ausdruck kam. Später entwickelte sich aus diesen drei Prinzipien ein viertes, als nämlich die Gardner Academy, eine weitgehend von Lateinamerikanern besuchte innerstädtische Grundschule in San Jose, einen eigenen Versuch zur Umsetzung der drei Prinzipien unter dem Namen Projekt Mindstorm startete. Dieses vierte Prinzip macht den Vorteil der expliziten Entwicklung einer einzigartigen einheimischen Lernkultur und pädagogischen Auffassung aus der Schule selbst heraus geltend. Der Name des Projekts deutete die Absicht an, meine Ideen als Grundlage zu nehmen; daß es von dem abwich, was ich selbst beschrieben hatte, war meiner Ansicht nach nur eine Bestätigung dafür, daß es erfolgreich gewesen war. In der Pädagogik liegt der größtmögliche Erfolg nicht darin, Nachahmer zu finden, sondern darin, andere dazu zu inspirieren, etwas anderes zu tun.

Das Projekt wurde vom Technology Center of Silicon Valley durchgeführt; nachdem eine Schule und eine Schulleiterin ausgewählt worden waren, ließ man das Projekt sich selbst weiterentwickeln, ohne einzugreifen. Die Schulleiterin hieß Carol Sperry und war nach vielen Jahren als Lehrerin zum Computer gekommen. Ich glaube, daß ihre eigenen Erfahrungen dazu beitrugen, daß die Lehrer im Projekt die Kraft entwickelten, eine Kultur in der Schule zu schaffen und sie als die *ihre* zu betrachten. Sie war nicht jemand, der von einer Universität oder aus der Schulbürokratie kam, um Lehrern zu sagen, was sie mit den Computern machen sollten. Da sie selbst Lehrerin war und sich niemandem außerhalb der Schule verpflichtet fühlte, konnte sie die anderen Lehrer bitten, es ihr gleichzutun und »sich selbst zusammen mit der Logo-Diskette in das Laufwerk hineinzuschieben«. Die Intensität des persönlichen Engagements schuf eine ungewöhnlich starke Lehrerkultur, und diese wiederum gab einer Reihe von Lehrern die innere Sicherheit, die notwendig ist, um einer ungewöhnlichen Schülerkultur Nahrung zu geben. Ein Beispiel soll dies veranschaulichen.

Als ich über Brian und Henry sprach, zitierte ich einen Schüler, der davon sprach, »Anmut« in seine Computergraphiken zu bringen. Dieser Schüler, der am Projekt Mindstorm teilnahm, erklärte es als sein Ziel, Kunst und Mathematik zusammenzuführen. Ungewöhnlich ist daran nicht, daß ein Schüler so etwas sagt, sondern eher, daß die Lehrer mit dieser Auffassung von Mathematik zurecht kamen. Die besondere Anforderung an den Lehrer stellt sich in einem anderen Licht dar: Solange es einen festen Lehrplan gibt, muß ein Lehrer sich nicht mit der Frage beschäftigen, was Mathematik ist und was nicht. In unserem Fall jedoch war der Lehrer bereit, sich mit etwas auseinanderzusetzen, was man als philosophische Frage betrachten könnte, und eine ernsthafte Diskussion mit Schülern und Kollegen darüber zu beginnen, ob das, mit was sich dieser Schüler beschäftigte – und was sich sehr von *jeder* Mathematik des Lehrplans unterschied, wie die Abbildung auf Seite 94 zeigt – dennoch Mathematik war.

In diesem Kapitel habe ich bisher in Konzepten gedacht: Ich habe ein Konzept der Schule, ein Konzept des Lehrers, ein Konzept des Bürokraten und ein Konzept des Kampfes vorgestellt. Ich schließe es mit einigen pragmatischeren Überlegungen zur Strategie der Veränderung.

Was kann getan werden, um die in der Position des Lehrers enthaltene potentielle Kraft zur Veränderung zu mobilisieren? Zunächst muß ich ein paar Einschränkungen vornehmen. Der Konflikt, den ich beschrieben habe, ist einer zwischen idealisierten Prinzipien. Um die eigenen Gedanken verständlich zu machen, präsentiert man allzu leicht ein Bild von reinen Engeln, die in einen Heiligen Krieg mit bösen Dämonen verwickelt sind. In Wirklichkeit haben Lehrer keine so eindeutigen Positionen. Jeder, der in unserer Gesellschaft aufgewachsen ist, hat etwas von der Schule verinnerlicht, und Lehrer sind dabei keine Ausnahme. Gleichzeitig sind die meisten, die in der Schulaufsicht tätig sind, früher selbst einmal Lehrer gewesen und haben auch weiterhin einige ihrer Visionen. Die Geschichte von Hechinger handelt nicht von einem bösartigen Schulleiter; sie handelt von der *Rolle* des Schulleiters: vom Amt, nicht von der Person. Carol Sperry hat sogar über »Widersprüche« bei Lehrern geschrieben, die sich selbst als radikale Verfechter einer Veränderung verstehen.

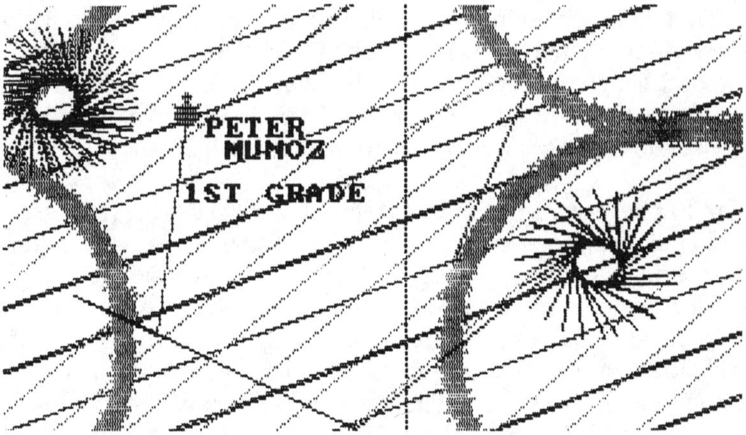

Ist die Erzeugung dieses Bildes Mathematik?

Vom feministischen Standpunkt aus sieht sie Frauen als die wichtigsten Träger schulischen Wandels; doch dieselben Frauen haben selbst ein Frauenbild verinnerlicht, das zu wenig aggressiv ist, Autoritäten akzeptiert, und bei Lehrerinnen kommt dies doppelt so stark zum Tragen. Das Ergebnis ist häufig, daß beim Versuch, Veränderung durchzusetzen, ihre linke Hand unbemerkt das zerstört, was die rechte gerade geschaffen hat, indem sie häufig ihre eigene Sicht der Dinge durch Sätze wie »Ich bin zwar nur eine Lehrerin, aber... » untergraben.

Kurz, wir haben es mit einer ungleichmäßig verlaufenden Entwicklung zu tun. Die Aufgabe der Gesellschaft besteht darin, Lehrern dieselbe plura listische Unterstützung zu geben, die die besten von ihnen ihren Schülern geben. Die einzelnen Lehrer mit ihrem unterschiedlichen Entwicklungsstand brauchen Unterstützung, um von dort, wo sie gerade sind, weiterzukommen. Man kann sie nicht durch gute Worte oder Befehle auf einen Stand bringen, der von ihrem eigenen zu weit entfernt ist. In meinen Darlegungen beschreibe ich ein Ideal; doch selbst die völlige Übernahme des Ideals ist ohne Bedeutung, wenn man nicht den nächsten kleinen Schritt vor sich sehen kann. Die Konsequenz für die Praxis ist, daß eine Veränderung nur auf pluralistische Weise zu erreichen ist.

Das zentrale praktische Problem liegt darin, Möglichkeiten zu finden, wie Lehrer, die aufgrund ihres unterschiedlichen Entwicklungsstands auch in einem unterschiedlichen Maß bereit sind, am Wandel mitzuarbeiten, dies auch tun können. Es kann hier keinen einheitlichen, sich linear entwickelnden Wandel geben – jeder Versuch in diese Richtung wird die Entwicklungsgeschwindigkeit des Wandels auf den kleinsten gemeinsamen Nenner herabdrosseln. Die Gesellschaft kann es sich nicht leisten, ihre potentiell besten Lehrer nur deshalb zurückzuhalten, weil einige, oder sogar die meisten, noch nicht bereit sind.

5 Ein Wort für Lernen

Warum gibt es im Englischen kein Wort für die Kunst des Lernens? Im Wörterbuch wird der Begriff Pädagogik als Wissenschaft vom Lehren definiert. Was fehlt, ist parallel dazu ein Wort für Lernen. In pädagogischen Ausbildungsstätten werden Kurse über die Kunst des Lehrens häufig einfach als »Methoden des ...« bezeichnet. Jeder glaubt, daß die in der Pädagogik wichtigen Methoden jene des Lehrens seien – diese Kurse vermitteln alles, was man angeblich braucht, um ein fähiger Lehrer zu werden. Wie steht es jedoch mit den Methoden des Lernens? Welche Kurse werden für jene angeboten, die ihre Fähigkeit zu lernen verbessern wollen? Dasselbe Ungleichgewicht läßt sich auch in den Bezeichnungen für die zugrundeliegenden Theorien feststellen. »Unterrichtstheorie« und »Unterrichtsgestaltung« sind zwei von vielen Beispielen, wie Bereiche akademischer Betätigung und Forschung festgelegt werden können, die der Kunst des Lehrens eine wissenschaftliche Grundlage verschaffen. Es gibt jedoch keine entsprechend festgelegten akademischen Bereiche, die der Kunst des Lernens eine wissenschaftliche Grundlage geben würden. Dies hat einen bestimmten Grund: Man hielt solche Begriffe nicht für notwendig, weil es so wenig gibt, auf das man sie anwenden könnte. Pädagogik, die Kunst des Lehrens, unter ihren verschiedenen Bezeichnungen, wurde von der akademischen Welt als angesehen und wichtig angenommen. Die Kunst des Lernens ist dagegen ein akademisches Stiefkind.

Man sollte sich nicht dadurch irreführen lassen, daß in den Bibliotheken psychologischer Universitätsinstitute häufig eine Abteilung mit der Bezeichnung »Lerntheorie« zu finden ist. Ältere Bücher in diesen Abteilungen befassen sich mit einer Tätigkeit, die manchmal durch das Bild eines Wissenschaftlers im weißen Kittel karikiert wird, der eine Ratte in einem Labyrinth beobachtet; neuere Bände legen ihren Theorien eher die Leistungsfähigkeit von Computerprogrammen als das Verhalten von Tieren zugrunde. Ich möchte solche Bücher nicht verunglimpfen – ich habe selbst an einem mitgeschrieben und bin stolz darauf – sondern lediglich feststellen, daß es in ihnen nicht um die Kunst des Lernens geht. So geben sie zum Beispiel den Ratten (oder Computern) keinen Rat, wie sie besser lernen könnten, haben dem Psychologen jedoch eine Menge darüber zu sagen, wie er Ratten dressieren kann. Manche werden als Grundlage für die Dressur von Kindern herangezogen, ich konnte jedoch in keinem einzigen dieser Bücher einen Rat finden, der mir geholfen hätte, mein eigenes Lernen zu verbessern.

Die ungleiche Behandlung der Kunst des Lehrens und des Lernens in unserer Sprache zeigt sich nicht nur im Vokabular sondern auch in der Grammatik. Nehmen wir zum Beispiel die grammatische Analyse des Satzes »Der Lehrer lehrt ein Kind ...«. *Lehrer* ist das Subjekt des Satzes; *Kind* ist das passive Objekt. Der Lehrer macht etwas mit dem Lernenden. Diese grammatische Form trägt den Stempel der hierarchischen Ideologie der Schule, weil sie Lehren als den aktiven Prozeß darstellt. Der Lehrer hat die Kontrolle und ist deswegen auch derjenige, der bestimmte Fähigkeiten braucht; der Lernende braucht nur den Anweisungen zu folgen. Diese Asymmetrie ist so tief verwurzelt, daß sogar die Befürworter einer »aktiven« oder »konstruktivistischen« Pädagogik Schwierigkeiten haben, ihr zu entgehen. Es gibt viele Bücher und Kurse über die Kunst des konstruktivistischen Unterrichtens, in denen es darum geht, Situationen herzustellen, in denen der Lernende »Wissen konstruieren« kann; ich kenne jedoch kein einziges Buch über die viel schwierigere Kunst, dieses Wissen tatsächlich zu konstruieren. Die Anleitungsbücher der konstruktivistischen Subkultur sind beinahe genauso stark nach der Lehrerseite hin ausgerichtet wie jene der instruktionistischen Subkultur.

Ein erster Schritt zur Ergänzung dieser Lücken ist es, dem fehlenden Gebiet wissenschaftlicher Beschäftigung einen Namen zu geben, um darüber sprechen zu können. Außerdem zeugt dies nur von Respekt: Jede Kultur, die der Kunst des Lernens den nötigen Respekt entgegenbringt, hätte für sie auch einen Namen. In *Gedankenblitze* habe ich ein Wort vorgeschlagen, das sich nicht durchsetzen konnte. Da ich aber glaube, daß heute in unserer Kultur eine größere Bereitschaft vorhanden ist, ein solches Wort anzunehmen, werde ich es noch einmal versuchen – wobei es mir in erster Linie nicht darum geht, dieses bestimmte Wort zu verteidigen, sondern vielmehr darum, ausdrücklich darauf hinzuweisen, daß überhaupt ein Bedarf nach einem solchen Wort besteht. Wenn unsere Kultur wirklich reif dafür ist, werden viele ihre eigenen Wörter einbringen (vielleicht einfach, indem sie diese im Stillen benutzen), und schließlich wird sich eines davon in der Sprache verwurzeln. Linné, der Vater der botanischen Terminologie, konnte zwar für eine weitverbreitete weiße Blume den Namen *Bellis perennis* festlegen, der Volksmund bezeichnet sie jedoch als Maßliebchen und ignoriert den lateinischen Namen genauso wie er ignoriert, daß der blühende Teil dieser Pflanze in der Botanik überhaupt nicht als Blüte sondern als »Infloreszenz« betrachtet wird. Ein einzelner kann einen Vorschlag machen; die »Kultur« oder die »Sprache« entscheidet jedoch, ob er angenommen wird oder nicht.

Wie dem auch sei, zur Veranschaulichung dieser Lücke in unserer Sprache und meines Vorschlags zu ihrer Ergänzung, sollte man einmal folgenden Satz betrachten: Als ich Französisch lernte, erwarb ich — Wissen über die Sprache, — Wissen über die Menschen und — Wissen über Lernen. Die ersten beiden Lücken könnten mühelos durch *sprachlich* und *kulturell* geschlossen werden; der Leser gerät jedoch in große Bedrängnis, wenn er ein Wort finden soll, das die dritte Lücke schließen könnte. Mein Kandidat ist *mathetisch*, und ich mache damit einen von meinen beruflichen Vorfahren begangenen semantischen Diebstahl wieder gut, die das Wort *Mathematik* von einer griechischen Wortfamilie mit Bezug zum Lernen gestohlen haben. *Mathēmatikos* bedeutete »bereit zu lernen«, *mathēma* war »eine Lektion« und *manthanein* war das Verb »lernen«. Mathematiker waren so überzeugt davon, daß ihres das einzig wahre Lernen sei, daß sie es als gerechtfertigt ansahen, sich das Wort anzueignen, und sie hatten so viel Erfolg damit, daß heute die vorherrschende Bedeutung des Wortstamms *math-* eben diese in der Schule gelehrte Geschichte mit den Zahlen ist. Eine der wenigen Spuren, die von der ursprünglichen Bedeutung dieses Wortstamms im Englischen noch vorhanden sind, ist »polymath«. Dies ist nicht etwa jemand, der sich in vielen Gebieten der Mathematik auskennt, sondern jemand, der universell gelehrt ist. Im Anschluß an meinen Vorschlag möchte ich das Substantiv *Mathetik* für eine Unterweisung in der Kunst des Lernens verwenden, so wie in folgendem Satz: »Mathetik (unter welchem Namen sie auch immer bekannt werden wird) ist ein noch wichtigeres Beschäftigungsfeld für Kinder als Mathematik.«

Ein Vergleich mit einer anderen Entlehnung aus dem Griechischen, die beim Reden über mentale Prozesse verwendet wird, soll die beabsichtigte Bedeutung von »Mathetik« veranschaulichen und vielleicht auch den »Klang« und die »Stimmung« dieses Wortes unterstützen. *Heuristik* – vom gleichen Wortstamm wie der Ausruf des Archimedes »heureka!« – bedeutet die Lehre von der intellektuellen Entdeckung. Seit einiger Zeit wird dieses Wort speziell für die Entdeckung von Problemlösungen verwendet. Mathetik ist also für das Lernen, was Heuristik für das Problemlösen ist.

Der Begriff Heuristik ist zwar schon alt – er läßt sich mindestens auf Descartes und, wenn man noch weiter zurückgeht, auf die Griechen zurückführen – sein Einfluß auf das gegenwärtige Denken in der Pädagogik stammt jedoch hauptsächlich von dem Mathematiker George Polya, der durch sein Buch *Schule des Denkens* sehr bekannt wurde. Sein Thema geht in die gleiche Richtung wie meine Kritik, die Schule lege mehr Wert auf Zahlen- und Grammatikwissen als auf Wissen über Lernen, nur verwendet er statt des Wortes *Lernen* den Begriff »Prinzipien der Problemlösung«. Ich kann diese Ansicht aus vollem Herzen teilen:

In der Schule wird den Kindern mehr über Zahlen und Grammatik als über das Denken beigebracht. In einer frühen Abhandlung (1972), die Polyas Ansätze aufgriff und erweiterte, formulierte ich dies sogar als provozierendes Paradox:

> Es wird in der Regel als hilfreich angesehen, jemanden in seinen Arbeitsgebieten zu unterweisen. Die Arbeitsgebiete der Kinder sind nun Lernen, Spielen und ähnliches. Dennoch erklären wir ihnen nichts über diese Dinge. Statt dessen sagen wir ihnen etwas über Zahlen, Grammatik und die Französische Revolution; dabei hoffen wir, daß sich aus diesem Durcheinander die wirklich wichtigen Dinge von selbst entwickeln. Manchmal ist dies auch so. Der Entfremdung-Aussteigen-Drogen-Komplex ist jedoch sicherlich genauso häufig. ... Das Paradox bleibt bestehen: Warum lehren wir sie nicht zu denken, zu lernen, zu spielen?

Die traditionelle Pädagogik betrachtet Intelligenz als angeboren und sieht deshalb keine Notwendigkeit, sie zu lernen. Dies würde bedeuten, es ist für die Schule angemessen, Fakten, Begriffe und Werte zu lehren und davon auszugehen, daß der Mensch (jeden Alters) von Natur aus mit der Fähigkeit ausgestattet ist, sie auch zu verwenden. Polya stellte die einfache Beobachtung an den Anfang seiner Einwände, daß die Fähigkeit der Schüler, Probleme zu lösen, zunahm, wenn er sie anleitete, einfache Regeln zu befolgen, wie: Bevor du irgendetwas anderes machst, versuche eine Zeit lang darüber nachzudenken, ob es andere Probleme gibt, die ähnlich wie jene sind, vor denen du gerade stehst. Er entwickelte dann eine Sammlung weiterer »heuristischer« Regeln des gleichen Typs, von denen einige sich wie die obige auf alle Arten von Problemen und einige nur auf spezielle Wissensgebiete anwenden lassen, wobei Polya selbst der Mathematik am meisten Beachtung schenkte.

Ein anderes typisches Beispiel seiner Regeln bearbeitet das Prinzip »Aufteilen und Bewältigen«. Schüler können ein Problem häufig deshalb nicht lösen, weil sie das ganze Problem auf einmal lösen wollen; in vielen Fällen hätten sie es leichter, wenn sie erkennen würden, daß Teile des Problems einzeln gelöst und später zu einer Gesamtlösung zusammengesetzt werden können. So hatten die Gebrüder Wright zwar von Anfang an die Absicht, ein motorbetriebenes Flugzeug zu bauen, das von einem Feld abheben könnte. Hätten sie jedoch versucht, bereits für ihr erstes Experiment ein solches Ding zu bauen, wäre dieses Experiment wahrscheinlich genauso blutig ausgegangen wie viele seiner Vorgänger. Statt dessen lösten sie das Problem der Flügelkonstruktion, indem sie einen Windkanal erfanden und bauten, worin sie Teile der Flügel testen konnten. Dann bauten sie einen Segler, der von einer in Windrichtung stehenden Bahn, die sich an einem Ort mit idealen Windverhältnissen befand, abheben konnte. Unabhängig davon arbeiteten sie auch an einem Motor. So bewältigten sie das Problem Schritt für Schritt.

Polya wollte, daß die Prinzipien der »Problemlösung« in der Schule expliziter behandelt werden. Ebenso möchte ich, daß die Prinzipien des Lernens expliziter behandelt werden. Über Heuristik nachzudenken, hilft jedoch noch in anderer Hinsicht, den Begriff Mathetik zu verdeutlichen. Durch meine eigene unkonventionelle Erklärung, warum heuristische Prinzipien Schülern helfen, will ich versuchen, einen Unterschied zwischen *Heuristik* und *Mathetik* herauszuarbeiten.

Ich bin der Ansicht, daß beim Problemlösen viel subtilere Prozesse ablaufen als jene, die in Polyas Regeln zum Ausdruck kommen. Damit will ich nicht sagen, daß diese Regeln nicht beim Problemlösen hilfreich wären; ich denke jedoch, daß ihre bedeutendste Rolle weniger direkt und viel einfacher als ihr Wortlaut ist. Der Versuch, heuristische Regeln anzuwenden, unterbricht Schüler in ihrem Drang, ein Problem schnell abzuhaken, um das nächste in Angriff nehmen zu können. Er führt dazu, daß sie den Problemen mehr Zeit widmen, und mein mathetischer Ansatz beruht auf der einfachen Erkenntnis, daß man durch eine längere und entspannte Beschäftigung mit einem Problem, dieses besser kennenlernen und dadurch seine Fähigkeit, ähnliche Probleme zu lösen, verbessern kann.
Es ist nicht die Anwendung der Regel, die das Problem löst; es ist das Nachdenken über Probleme, das den Lernprozeß fördert. Die gleiche Wirkung wird erzielt, wenn man über Probleme spricht oder sie anderen zeigt. Mathetisch hieran ist, daß sich das Hauptaugenmerk von der Überlegung, ob die Regeln selbst in der unmittelbaren Anwendung effektiv sind, darauf richtet, nach mehreren Erklärungen zu suchen, wie das Arbeiten mit diesen Regeln längerfristig den Lernprozeß begünstigen kann. Mein Argument ist, möglicherweise überspitzt formuliert, daß jede Form des »Herumspielens mit Problemen« die Fähigkeiten, die zu ihrer Lösung notwendig sind, verbessert.

Mit dieser Interpretation der Frage, warum heuristische Methoden funktionieren, rücken mehrere mathetisch bedeutsame Themenbereiche in den Mittelpunkt, wobei jede auch aufzeigt, in welcher Hinsicht die Schule Lernprozesse behindert, und welche Möglichkeiten es gibt, dies zu beheben.

Zunächst einmal wird der Themenbereich »sich Zeit nehmen«, der im Zusammenhang mit Polya gerade angeschnitten wurde, durch den Abschnitt eines Buches gut verdeutlicht, dessen Titel schon mehr als einmal zu Stirnrunzeln geführt hat, wenn ich ihn in akademischen Kreisen erwähnt habe: Der von dem Psychotherapeuten M. Scott Peck geschriebene Bestseller

Der wunderbare Weg. Ich habe das Buch zunächst aus dem gleichen Grund gelesen, aus dem ich mich auch mit Lego und Nintendo zusammengetan habe, was ebenfalls dazu führte, daß sich einige akademisch makellose und politisch korrekte Stirnen bei der Vorstellung gerunzelt haben, ich könnte irgendeine Verbindung zu Leuten haben, die Geschäfte machen. Jeder, der so viele Menschen für Situationen begeistern kann, die mit Lernen verbunden sind, wie Peck, Lego oder Nintendo, hat etwas erkannt, das für Pädagogen, die Schwierigkeiten haben, die Aufmerksamkeit von dreißig Kindern auch nur für vierzig Minuten zu fesseln, eigentlich von Interesse sein sollte. Hier also der Abschnitt bei Peck zum Thema »Sich Zeit nehmen«:

> Im Alter von siebenunddreißig Jahren lernte ich, Dinge zu reparieren. Vorher hatten fast alle meine Versuche, kleinere Installationsarbeiten durchzuführen, Spielsachen zu flicken oder Selbstbaumöbel nach den Anleitungen auf dem beigefügten hieroglyphischen Bauschema zusammenzusetzen, in Verwirrung, Mißerfolg und Frustration geendet. Ich hatte es zwar geschafft, ein Medizinstudium zu absolvieren und als mehr oder weniger erfolgreicher Arzt und Psychiater eine Familie zu erhalten, doch ich betrachtete mich als mechanischen Idioten. Ich war überzeugt, mir fehle irgendein Gen, oder die Natur habe mir irgendeine geheimnisvolle Fähigkeit vorenthalten, die für mechanische Geschicklichkeit erforderlich ist. Eines Tages gegen Ende meines siebenunddreißigsten Lebensjahres traf ich bei einem Sonntagsspaziergang zufällig einen Nachbarn dabei an, wie er einen Rasenmäher reparierte. Nachdem ich ihn begrüßt hatte, bemerkte ich: »Ich bewundere Sie wirklich. Zu solchen Sachen war ich nie imstande.« Mein Nachbar gab, ohne einen Augenblick zu zögern, zurück: »Weil Sie sich nicht die Zeit dazu nehmen.« Ich ging weiter, irgendwie beunruhigt durch die guru-ähnliche Einfachheit, Spontaneität und Entschiedenheit seiner Antwort. »Könnte er vielleicht recht haben?« fragte ich mich. Irgendwie registrierte ich den Vorfall, und als sich das nächste Mal die Gelegenheit zu einer kleineren Reparatur ergab, konnte ich mich an den Vorsatz erinnern, mir Zeit zu nehmen. Die Handbremse am Auto einer Patientin klemmte, und sie wußte, daß man unter dem Armaturenbrett irgendetwas machen könnte, um sie wieder freizukriegen, aber sie wußte nicht, was. Ich legte mich in ihrem Wagen vor den Vordersitzen auf den Boden. Dann nahm ich mir die Zeit, mich bequem hinzulegen. Als ich bequem lag, nahm ich mir die Zeit, die Situation anzuschauen. Ich schaute einige Minuten lang. Zuerst erkannte ich nur ein verwirrendes Durcheinander von Drähten und Röhren und Stangen, deren Bedeutung ich nicht kannte. Allmählich aber, ganz langsam, konn-

te ich den Bremsapparat ausmachen und seinen Verlauf verfolgen. Dann wurde mir klar, daß es da einen kleinen Schnapper gab, der verhinderte, daß sich die Bremse löste. Ich besah mir den Schnapper in aller Ruhe, bis ich erkannte, daß er sich leicht bewegen und die Bremse lösen würde, wenn ich ihn mit der Fingerspitze nach oben drückte. Also tat ich das. Eine einzige Bewegung, ein ganz leichter Druck mit der Fingerspitze, und das Problem war gelöst. Ich war ein Meister der Mechanik! Tatsächlich verfüge ich nicht über das Wissen, das man braucht, um die meisten mechanischen Dinge zu reparieren, und ich habe auch nicht die Zeit, dieses Wissen zu erwerben, da ich mich dafür entschieden habe, meine Zeit Dingen zu widmen, die nichts mit Mechanik zu tun haben. Also gehe ich gewöhnlich noch immer in die nächste Reparaturwerkstatt. Aber ich weiß jetzt, daß das eine Wahl ist, die ich treffe, und daß ich weder verflucht noch genetisch defekt noch anderweitig minderbemittelt bin. Und ich weiß, daß ich und jeder andere Mensch, der nicht geistig behindert ist, jedes Problem lösen kann, wenn wir nur bereit sind, uns die Zeit dazu zu nehmen.

Nimm dir Zeit ist ein lächerlich naheliegendes Prinzip, das sowohl in den Bereich der Heuristik als auch in den der Mathetik fällt. Dennoch verletzt es die Schule in eklatanter Weise dadurch, wie sie die Zeit zerstückelt: Nehmt Eure Bücher aus dem Ranzen ... macht zehn Aufgaben am Ende von Kapitel 18 ... DING DONG .. es klingelt, klappt Eure Bücher zu.« Man stelle sich einen Manager, einen Gehirnchirurgen oder einen Wissenschaftler vor, der mit so einem zerstückelten Tagesablauf arbeiten müßte.

Dadurch wird ein zweiter Themenbereich – Sprechen – genauso treffend wie das Zeitproblem beschrieben. Peck sagt dies zwar nicht ausdrücklich; man kann jedoch annehmen, daß er die Eingebung, sich Zeit zu nehmen, nicht erst mit siebenunddreißig Jahren gehabt hätte, wenn er häufiger mit vielen Menschen über seine und ihre Erfahrungen mit mechanischen Problemen geredet hätte. Ein zentraler Lehrsatz der Mathetik lautet, daß gute Diskussionen das Lernen fördern, und eines ihrer wichtigsten Forschungsziele ist es, herauszufinden, welche Diskussionsformen am förderlichsten sind und durch welche Bedingungen solche Diskussionen begünstigt werden. Dennoch ist in den meisten Kreisen das Sprechen darüber, was in unseren Köpfen wirklich abläuft, genauso durch Tabus blockiert, wie es im viktorianischen Zeitalter die sexuellen Phantasien waren. Diese Tabus werden durch die Schule zwar begünstigt, gehen jedoch weit über den Bereich Schule hinaus und zeigen, daß unsere Kultur ganz allgemein tief »antimathetisch« ist.

Ein extremes Beispiel soll den antimathetischen Prozeß, der in viel subtileren, aber dennoch destruktiven Formen in der Schule herrscht, anschaulich beschreiben. Der Vorfall ereignete sich in einem »Erholungsraum«, wo Kinder, bei denen eine Lernschwäche diagnostiziert worden war, einen Teil ihres Schultages verbrachten. Frank, ein Schüler im dritten Schuljahr, war einer von ihnen.

Eine Betreuerin gab Frank die Aufgabe, einige Additionen auf einem Blatt Papier auszuführen. Ich wußte, daß der Junge schriftliches Addieren haßte, obwohl er unter anderen Bedingungen sehr erfolgreich mit Zahlen umgehen konnte. So hatte ich ihn zum Beispiel bei recht eindrucksvollen Berechnungen beobachtet, wie viele und welche Formen von Legosteinen er für eine Arbeit benötigte, die er selbst ausführen wollte. Um den Anforderungen der Schule, mit Zahlen ohne wirkliche Notwendigkeit zu rechnen, gerecht zu werden, hatte er eine Reihe von Methoden auf Lager. Eine bestand darin, die Finger zu benutzen. Sein Lehrer hatte dies jedoch beobachtet und es ihm verboten. Als er nun im Erholungsraum saß, sah ich, daß es ihn juckte, die Finger zu benutzen. Er konnte sich jedoch beherrschen. Dann sah ich, wie er umherblickte, ob er mit etwas anderem Rechnen könnte. Es war jedoch nichts Geeignetes in der Nähe. Ich sah, wie seine Frustration wuchs. Was konnte ich tun? Ich könnte mit Hinweis auf meine Stellung versuchen, die Betreuerin zu überreden, ihm etwas anderes zu geben oder aber Fingerrechnen zu erlauben. Damit wäre jedoch kein einziges Problem wirklich gelöst: Morgen wäre er wieder in der gleichen Situation. Der Betreuerin einen Vortrag halten? Dafür war weder die richtige Zeit noch der richtige Ort. Da kam mir die Erleuchtung! Ich ging unauffällig zu dem Jungen hin und sagte laut: »Hast Du schon an Deine Zähne gedacht?« Ich erkannte sofort an seinem Gesichtsausdruck, daß er mich verstanden hatte, und am Gesichtsausdruck der Betreuerin, daß sie nichts ahnte. »Und das soll Lernschwäche sein!«, dachte ich. Er erledigte seine Additionsaufgaben mit einem verschmitzten Lächeln, ganz offensichtlich vergnügt über den subversiven Einfall.

In einem klassischen Witz bleibt ein Kind nach der Stunde noch stehen, um etwas Persönliches zu fragen. »Herr Lehrer, was habe ich heute gelernt?«. Der überraschte Lehrer gibt zurück, »Warum fragst Du das?«, worauf das Kind erwidert, »Papi fragt mich das immer, und ich weiß nie, was ich antworten soll.«

Was hat Frank an jenem Tag in der Schule gelernt? Die Betreuerin hätte auf diese Frage vielleicht geantwortet, daß er zehn Additionsaufgaben ausgeführt und damit etwas über Addieren gelernt hat. Was würde Frank sagen? Eines ist jedenfalls sicher: Es ist sehr unwahrscheinlich, daß er seinem Lehrer von seinem neuentdeckten Trick erzählen würde, Zunge und

Zähne als Rechenmaschine zu benutzen. Trotz seiner Lernschwäche hatte er schon lange vorher gelernt, nicht zu viel darüber zu erzählen, was in seinem Kopf wirklich vorging. Er war schon zu vielen Lehrern begegnet, die nicht nur verlangten, daß er die richtige Antwort wußte, sondern auch, daß er sie mit Hilfe der vorgeschriebenen Methode herausbekam. Der Lernprozeß, der notwendig war, um sie in dem Glauben zu lassen, daß er nach ihrer Methode vorging, war ein Teil seiner Zugehörigkeit zur Schulkultur.

Das Beispiel Frank mag vielleicht extrem sein, die meisten von uns haben jedoch eine ähnliche Angst davor, verletzbar zu werden, wenn sie zeigen, wie mittelmäßig und chaotisch es in ihrem Kopf zugeht. Aus dieser Angst entwickelt sich eine fast wie ein Tabu wirkende Gewohnheit, nicht frei darüber zu sprechen, wie wir denken und besonders nicht, wie wir lernen. Wenn das so ist, paßt mein Witz mit Frank genau zu Freuds Theorie, daß nämlich Witze genau deshalb zum Lachen sind, weil sie es eigentlich nicht sind – in ihnen kommen unterdrückte Gefühle nach oben, die überhaupt nicht zum Lachen sind, in diesem Fall nämlich das Gefühl, daß etwas in der Schule in bezug auf das Sprechen (und besonders das Nichtsprechen) über Lernen nicht stimmt. Freud dachte an Witze, in denen sich Spannungen entladen, die dadurch entstehen, daß Aggression unterdrückt und der Sexualtrieb mit Tabus belegt wird. Ich glaube, daß in bezug auf das Lernen eine ähnliche Situation herrscht.

Dieses mathetische Tabu hat viel mit den Tabus gemeinsam, mit denen bis vor kurzem das Sprechen über sexuelle Angelegenheiten belegt war. Im viktorianischen Zeitalter, oder sogar noch in meiner Kindheit, wurden sexuelle Phantasien als »schmutzige Gedanken« betrachtet, und es war zwar akzeptabel, daß man sie bei anderen feststellte; wer jedoch anständig war, verschwieg seine eigenen. Man muß darüber nachdenken, was hinter diesem Verschweigen lag. Stellen Sie sich einmal vor, Sie lebten in den Tagen Königin Viktorias. Sie wären zwar ziemlich sicher, daß auch andere schmutzige Gedanken haben, wüßten jedoch nicht genau, wie verbreitet sie sind, oder ob die anderen vermuten, daß sie solche Gedanken haben. Sie würden also lieber den Mund halten.

Ob damit nun die viktorianischen Sex-Tabus genau beschrieben sind oder nicht, jedenfalls bin ich sicher, daß heute etwas ganz ähnliches stattfindet. Heute haben nur noch wenige Menschen Hemmungen, mit anderen darüber zu sprechen, daß ihr Kopf voller sexueller Gedanken ist; viele empfinden es sogar als Tabu, nicht über dieses Thema zu sprechen. Die heutigen Tabus betreffen andere Aspekte des Denkens. Von den vielen Zwängen, die uns daran hindern, uns anderen zu öffnen, ist an dieser Stelle die weitverbreitete Hemmung am relevantesten, andere sehen zu lassen, wie viel Verwirrung das eigene Denken durchzieht. Wir wollen nicht als »unwissend« oder »dumm« gelten oder einfach nur zeigen, daß wir vielleicht unrecht haben. Natürlich wissen wir alle, daß in unserem Denken vieles verworren und chaotisch ist, und daß es vielen anderen genauso geht; wir glauben jedoch, daß einige einen Verstand haben, der sauber, ordentlich und scharf arbeitet und sehen keine Veranlassung, jemand wissen zu lassen, daß wir nicht zu diesem Typ gehören, besonders wenn es sich um unseren Chef oder Lehrer handelt, der Macht über uns hat. Eine innere Stimme mahnt uns also vorsichtig damit zu sein, was wir sagen: Wenn wir zuviel sagen, könnten wir verraten, wie es in unserem Kopf zugeht, und dadurch verletzbar werden. Diese Vorsicht wird schließlich zur Gewohnheit.

Es könnte so scheinen, als sei durch den Vergleich mit sexuellen Tabus die Hemmung, offen über eigene Lernprozesse zu sprechen, übertrieben dargestellt. Ich bezweifle dies. Durch meinen eigenen Kampf, das Maß an Freiheit, das ich in dieser Hinsicht habe, zu erreichen, habe ich die Stärke dieses Tabus gespürt. Sogar heute noch ertappe ich mich, daß ich bei all meiner relativ gutfundierten inneren Sicherheit versuche, die Verwirrung in meinem Denken zu verbergen. Auch ich bin wohl nicht frei davon, anderen den Eindruck einer größeren Klarheit vermitteln zu wollen, als ich wirklich habe, und als nach meiner Ansicht überhaupt jemand haben kann. Ich habe – und kann nicht glauben, daß ich der einzige darin bin – eine ganze Reihe von Abwehrmechanismen entwickelt, wie man gleich sehen wird.

Übertrieben oder nicht, mein Vorschlag, hier von einem Tabu zu sprechen, soll nachdrücklich betonen, daß es nicht ausreicht, das Thema auf den Tisch zu bringen und eine Sprache dafür bereitzustellen, damit über Lernen gesprochen wird. Das Fehlen einer Sprache ist ein wichtiger Faktor. Irgendetwas leistet jedoch auch aktiven Widerstand. Um das Ziel einer Mathetik zu erreichen, ist also mehr erforderlich als methodische Diskussionshilfen. Es erfordert auch die Entwicklung einer systematischen psychologischen Unterstützung.

Die einfachste Form der Unterstützung, die ich mir vorstellen kann, ist es, sich zur Gewohnheit zu machen, offen über die eigenen Lernerfahrungen zu sprechen. Der Rest dieses Kapitels soll hierfür ein Beispiel sein, indem ich beschreibe, wie ich etwas überwinden konnte, das meiner Ansicht nach durchaus als Lernschwäche bezeichnet werden kann, und unter dem ich beinahe doppelt so lange litt, wie Peck unter dem Gefühl, ein mechanischer Idiot zu sein.

Ein Kind, das in der Schule nicht im entsprechenden Alter lesen oder rechnen kann, wird wahrscheinlich die Diagnose Lernschwäche erhalten und in eine Sonderschule gesteckt werden. Ich konnte zwar im üblichen Alter lesen und rechnen; es gab jedoch andere Gebiete, in denen ich hinter anderen Kindern meines Alters weit zurückblieb. Peck berichtet, daß er Siebenunddreißig war, als er entdeckte, daß er doch mit mechanischen Problemen umgehen konnte. Es dauerte bei mir viel länger, bis ich eine Lernschwäche überwand, unter der ich, seit ich denken kann, gelitten hatte: Ich konnte mir die Namen von Blumen nicht merken. Zugegebenermaßen war meine Unkenntnis in diesem Bereich nicht vollständig. Soweit ich mich erinnern kann, konnte ich die Bezeichnungen *Rose, Tulpe* und *Osterglocke* korrekt auf die verbreiteten Varietäten dieser Pflanzen anwenden. Ich kann jedoch nicht behaupten, daß ich wirklich wußte, was eine Rose ist. Ich geriet immer wieder in peinliche Situationen; wenn ich die Rosen in einem Garten bewunderte, stellten sie sich als Kamelien oder gar Tulpen heraus. Ganz sicher konnte ich keine wilden Arten als Rosen erkennen. Die Namen *Chrysantheme, Dahlie, Ringelblume* und *Nelke* formten eine verschwommene Wolke in meinem Kopf. Das Ausmaß meiner Unkenntnis wird durch einen Vorfall deutlich, der sich bereits mitten in der Übergangsphase zu meiner schließlich doch erworbenen »Blumenbildung« ereignete, deren Entwicklung ich auf den folgenden Seiten aufzeichnen will.

Ein Blumentopf mit ziemlich auffallenden Blüten tauchte eines Tages in einem von allen benutzten Teil des Gebäudes auf, in dem ich mein Büro habe. Zu dieser Zeit begann ich gerade, Blumen Beachtung zu schenken, und war erfreut über diese meiner Ansicht nach sehr exotische Art. Als ich mich zu erinnern versuchte, ob ich eine solche Pflanze schon einmal gesehen hatte, fiel mir nur ein, daß es keine Purpurwinde sein konnte (diese Art hatte ich nämlich in den vorherigen Wochen »entdeckt«). Wie so oft bei Menschen mit einer Lernschwäche, hinderte mich ein starkes Gefühl der Verlegenheit daran, einfach jemanden nach dem Namen der Pflanze zu fragen. Statt dessen versuchte ich, andere in Gespräche über die Schönheit der Pflanze zu verwickeln, in der Hoffnung, daß jemand zufällig den Namen fallen lassen würde.

Ich trieb dieses Spiel, den Namen ohne direktes Fragen herauszubekommen, bis es das vierte oder fünfte Mal fehlgeschlagen war. Dann hörte ich damit auf um nachzudenken, und beschloß, es mit einer direkteren Masche zu versuchen. Ich sprach jemanden an, von dem ich den Eindruck hatte, daß er über Blumen Bescheid wissen könnte, und sagte: »Ist dies nicht eine ungewöhnliche Varietät?« und Erfolg stellte sich ein: »Ach, ich kann eigentlich eine Petunienart nicht von der anderen unterscheiden.« Petunie! In den nächsten Wochen begegneten mir Petunien zwanzig Mal, bevor ich aufhörte, sie zu zählen. Ich nehme nicht an, daß irgendjemand oder das Schicksal sie mir absichtlich in den Weg gepflanzt hatte. In Neuengland findet man im

Sommer überall Petunien. Das wirkliche Rätsel bestand darin, wie ich in all diesen Jahren so blind hatte sein können. Wie war es möglich gewesen, daß so viele um mich herum schon immer gewußt hatten, wie Petunien aussehen, nur ich nicht? Was stimmte nicht mit mir?

Ich glaube zwar nicht, daß etwas »mit mir nicht stimmt«, aber trotz all der inneren Sicherheit, die ich durch akademischen Erfolg entwickeln konnte, bin ich doch noch empfänglich für Selbstzweifel. Der Schmerz, den diese Zweifel in mir hervorriefen, führt mich zu der Frage, wie sich wohl Kinder fühlen mögen, denen es viel schwerer als ihren Schulkameraden fällt, lesen oder rechnen zu lernen. Die Folgen meiner Lernschwäche sind zwar um vieles geringer als die Folgen bei diesen Kindern, so daß jeder Vergleich herablassend wirken könnte, aber dennoch glaube ich, daß genügend gemeinsame Elemente vorhanden sind, um einen solchen Vergleich aufschlußreich zu machen. Zumindest gibt die Tatsache, daß die Methoden der Schule mir nicht geholfen haben, Anlaß, sorgfältiger über die Standardansätze der »Sonderpädagogik« nachzudenken.

In pädagogischen Abhandlungen spielt der Begriff der Motivation eine Hauptrolle. »Wenn Kinder nicht lernen wollen, sind sie unmotiviert, also müssen wir sie motivieren.« Dieser Rat läßt sich in meinem Fall sicherlich nicht direkt anwenden, denn ich war in jeder Hinsicht in der einfachen Bedeutung des Wortes bereits hochmotiviert. Ich unternahm immer wieder neue Anläufe, um meine Blumenschwäche in den Griff zu bekommen, und das führte regelmäßig zu einem Ausbruch intensiver Blumennamen-Lernaktivität. Aus demselben Grund ist auch Faulheit keine Erklärung. Wir müssen viel tiefer gehen und nach viel differenzierteren und vernetzteren Konzepten suchen, um über diese Schwächen und die Strategien zu ihrer Überwindung nachdenken zu können. Zum Beispiel werde ich an Stelle des eindimensionalen Begriffs »motiviert sein«, ein Konzept der Beziehungen zwischen den Wissensbereichen entwickeln, das die gleiche Komplexität und Nuancenvielfalt wie zwischenmenschliche Beziehungen aufweist.

Ich finde es bedeutsam, daß ich trotz all meiner einfallsreichen Ideen über das Lernen beim Blumennamenlernen auf die Lernmethoden der Schule zurückgriff. Auf der Suche nach einem Lehrer ging ich in ein Blumengeschäft und fragte: Was sind das? Und das? Und das? Auf der Suche nach einem Lehrbuch kaufte ich ein Buch und versuchte, die Fotografien von Blumen mit ihren Namen zu assoziieren. Ich machte sogar Exkursionen in den botanischen Garten, wo ich mir die Namensschildchen aller Blumen genau anschaute. Alles vergebens. Der frontale Angriff durch Routinelernen funktionierte bei mir genausowenig wie eben diese Schulmethode bei Kindern funktioniert, die Schwierigkeiten haben, Schulfächer zu lernen. Es war wie das Lernen vor einem Test. Ich konnte die Namen einiger Blumen immer eine Zeit lang behalten, aber bald darauf versanken sie wieder im vertrauten Durcheinander. Nach einer Weile verging der Anfall des Blumenlernens wieder, und ich begnügte mich ein weiteres Jahr oder zwei damit, eben jemand zu sein, der »nicht gut in« Blumennamen ist.

Eines Tages kam der Durchbruch durch einen glücklichen Zufall. Ich war im späten Frühjahr mit einigen Bekannten auf dem Land, die sich darüber unterhielten, wie schön die Lupinen blühten. Da ich mich ausgeschlossen fühlte und speziell in dieser Gruppe nicht zugeben wollte, daß ich keine Ahnung hatte, was Lupinen sind, wandte ich den Trick an, der mir später auch bei den Petunien gute Dienste leisten sollte. Ich sagte: »Ist Lu Pin nicht ein seltsamer Name? Ich frage mich, wo er wohl ursprünglich herkommt.« (Ein Gespräch in Gang zu bringen, ist eine gute Masche, die von Kindern mit einer »Lernschwäche« ganz geschickt eingesetzt wird). Jemand stellte ganz intelligente Vermutungen an: »Klingt wie Wolf – lupus der Wolf. Ich sehe jedoch keinen Zusammenhang.« Nach einigen Kommentaren in verschiedene Richtungen (die eingeschlafen wären, wenn ich das Gespräch nicht immer wieder angefacht hätte) sagte jemand: »Sie sieht aus wie ein Wolfsschwanz.« Jemand brummte, daß dies nicht stimmen würde. Diese Beurteilung ist relativ, denn für mich zählte nur, daß von allen Blumen in Sichtweite nur eine in Frage kam, bei der man eine – wenn auch nur ganz entfernte –Ähnlichkeit zu einem Wolfsschwanz feststellen konnte. So schloß ich richtig, daß jene farbigen Massen, die ich seither als »große Blütenähren« zu bezeichnen gelernt habe, Lupinen waren.

Der Aspekt des glücklichen Zufalls, der in meiner Entwicklung eine Schlüsselrolle spielte, betraf nicht die Entdeckung, wie diese Blumen genannt wurden; er bestand nicht darin, daß ich eine Verbindung zwischen einer Blume und einem Namen herstellen konnte. Vielmehr stellte ich eine Verbindung zwischen zwei Wissensbereichen her: Blumennamen und einer besonderen Form des Interesses, das ich zufällig an Etymologie habe. Aufgrund meiner früheren Erfahrungen bin ich der Ansicht, daß ich den Namen *Lupine* schnell wieder vergessen hätte. Dieses Mal war ich jedoch so über meine Klugheit erfreut und von dem etymologischen Rätsel fasziniert, daß der Vorfall immer noch in meinem Kopf herumschwirrte, als ich nach Hause kam und weitere Nachforschungen über das Wort anstellen konnte. Ich las, daß Lupine sich tatsächlich von dem lateinischen Wort für »Wolf« ableitet, jedoch nicht aufgrund des Schwanz-ähnlichen Aussehens ihrer Blütenähre. Das Wort läßt sich auf den Glauben zurückführen, daß Lupinen schlecht für den Boden sind, weil sie »gierig wie ein Wolf« alle Nährstoffe verschlingen. Die Freude an der Zweideutigkeit der Wolfstheorie, die gleichzeitig richtig und falsch war, ließ mich weiterforschen und auf einen weiteren überraschenden

Aspekt der Geschichte stoßen, der sie für mich noch beziehungsreicher machte.

Solange ich zurückdenken kann, habe ich mich für paradoxe Bedeutungsaspekte bei Wörtern begeistert, und meine Begeisterung nahm noch zu, als ich auf einen weiteren paradoxen Gesichtspunkt in der Etymologie von *Lupine* stieß. Heute betrachtet man die Lupine nicht mehr als eine Pflanze, die Nährstoffe »gierig wie ein Wolf verschlingt«; ganz im Gegenteil, die Lupine, die zur Familie der Schmetterlingsblütler gehört, kann Stickstoff aus der Luft aufnehmen und den Boden verbessern. Wenn man sie auf kargen Böden antrifft, hat man eher Grund zur Freude als zum Ärger. Der Name überlebte jedoch die Theorie, die seine Grundlage bildete, und ist damit eines der vielen Beispiele, die zeigen, daß alte Vorstellungen in unserer Sprache konserviert und Verbindungen aufrechterhalten werden, deren wir uns kaum noch bewußt sind. Mein Verhältnis zu Blumennamen bekam eine ganz neue Dimension, als ich Verbindungen zu Gebieten herstellte, die mich persönlich interessierten.

Dieser überraschende Aspekt rührte auch an eine weitere für mich beziehungsreiche Thematik. Ich interessiere mich auch deshalb für Etymologie, weil sie gute Beispiele für einen Feldzug gegen die Vorstellung liefert, mentale Phänomene ließen sich durch eine einzige Erklärung bestimmen. *Alle* sind jedoch mehrfach bestimmt – und dies ist das Wesentliche an der Funktionsweise des Denkens. Die Etymologie der Blumennamen zeigte sich nun als vielversprechendes Gebiet, das diesen Denkansatz deutlich und dennoch einfach bestätigen könnte. Auf den ersten Blick scheint Etymologie meiner Vorliebe für mehrfache Erklärungen entgegenzulaufen, da sie so häufig die Bedeutung eines Wortes an einer einzelnen historischen Quelle festmacht. Das Auffinden einer Quelle liefert jedoch weder eine psychologische noch eine kulturelle Erklärung dafür, wie das Wort tatsächlich verwendet wird. Die Theorie »Verschlingt-wie-ein-Wolf-Nährstoffe« mag als Erklärung für den Ursprung alter volkstümlicher Formen dienen, die anscheinend auch Linné dazu inspirierten, diese Pflanzengattung *Lupinus* zu nennen. Sie kann jedoch kaum erklären, warum der Name in unserer Kultur hängenblieb. Die Erklärung, warum Botaniker Pflanzen einen bestimmten Namen geben, erklärt nicht, warum der Volksmund sie so nennt – meistens ignoriert er die botanischen Namen und entwickelt seine eigenen. Wir sagen *Flieder* und nicht *Syringa* und tragen eine *Nelke* im Knopfloch und nicht ein *Dianthus*. Es scheint plausibel, daß Volksetymologie wie die Theorie »Sieht-wie-ein-Wolfsschwanz-aus« zusammen mit der Theorie »Verschlingt-wie-ein-Wolf-Nährstoffe« dazu beigetragen haben, daß der Name *Lupine* im Volksmund haften blieb. Wenn jemand diese Assoziation haben kann, ist es schließlich naheliegend, daß andere sie auch haben und sie im Bewußtsein von vielen weiteren ebenfalls mehr oder weniger vorhanden ist.

Meine mathetische Theorie hängt nicht von der Richtigkeit meines laienhaften Etymologisierens ab. Wichtig ist hier, daß es Verbindungen zu Wissensbereichen herstellte, die für mich äußerst beziehungsreich waren. Der eigentliche Kernpunkt dieser Geschichte liegt in der Erkenntnis, wie eine bestimmte, die Aufmerksamkeit fesselnde Eigenschaft sich von Wörtern auf Blumen und später von Blumen auf andere mentale Bereiche ausbreitete. Wenn ich es in einer einzigen Metapher ausdrücken müßte, würde ich sagen, daß es darum geht, wie »kalte« mentale Gebiete durch den Kontakt mit »heißen« Gebieten aufgewärmt wurden.

Ein einmaliger Kontakt reichte nicht aus, um das bis dahin eisige Gebiet der Blumennamen aufzuwärmen. Seit dem Vorfall mit den Lupinen vor zwei Jahren hat sich mein Gedächtnis für Blumennamen dramatisch verändert. Es ist, als fänden sie nun eine Stelle, an der sie haften bleiben. Diese Veränderung vollzog sich jedoch ganz allmählich und am Ende hatte sich in meinem Verhältnis zu Pflanzen weitaus mehr verändert als nur die Fähigkeit, mir ihre Namen zu merken.

Fast ein Jahr lang änderte sich nicht viel, obschon ich das Wort *Lupine* nicht vergaß und feststellte, daß ich Eigenartigkeiten bei Blumennamen besondere Aufmerksamkeit schenkte. So ertappte ich mich zum Beispiel dabei, daß meine Gedanken um die kleineren Widersprüche kreiste, die man heraushören kann, wenn man zum Beispiel den englischen Namen für weißen Flieder »white lilac« oder den deutschen Namen »gelbe Rose« etymologisch wörtlich betrachtet. *Lilac* leitet sich von einem persischen Wort für die Farbe Lila ab, und rosige Wangen haben nichts mit Gelbsucht oder Blässe zu tun. Wenn man sein Ohr schult, kann man dieselbe Verwunderung spüren, wenn man hört, daß Seerosen (im botanischen Sinn) keine Rosen oder Sommerastern keine Astern sind. Manchmal war ich mit mir selbst unzufrieden, daß ich solchen trivialen Gedanken überhaupt Beachtung schenkte. Sie sorgten jedoch immer wieder für kleine Bewegungen in meinem Denken, und im nachhinein bin ich froh darüber, denn diese Bewegungen machten mich für den großen Durchbruch bereit. Eines Nachts (als ich gegen zwei Uhr noch las) stolperte ich darüber, daß ein Maßliebchen für einen Botaniker gar keine Blüte ist.

Ich kann nicht sagen, ob ich mehr über die Tatsache selbst oder darüber schockiert war, daß ich so lange gelebt hatte, ohne dies zu wissen. Ein Maßliebchen keine Blüte? Das war doch nicht möglich! Es ist der Inbegriff einer Blüte – wenn man mich letztes Jahr aufgefordert hätte, eine Blüte zu zeichnen, hätte ich ganz bestimmt eher eine Art Maßliebchen als irgendetwas anderes gemalt. Dies erscheint nun vielleicht dumm, oder eher unwissend, aber ich war wirklich schockiert und erregt. Ich ging in den frühen Morgenstunden ein Buch nach dem anderen durch, um mehr darüber herauszufinden. Schlechte Neuigkeiten: Der Putsch gegen die Standardnomenklatur ging über Maßliebchen hinaus und betraf auch Sonnenblume, Schwarzäugige Susanne, Chrysantheme und Dahlie. Sie wurden mit Bezeichnungen wie »unechte Blüten« verunglimpft oder mit Phantasienamen wie »Infloreszenzen« emporgehoben, anscheinend war es jedoch in vielen Kreisen ein absoluter Fauxpas, sie als Blüten zu bezeichnen. Wie war dies möglich? Eine Sonnenblume sollte keine Blüte sein? Sogar die Sommeraster, die in meinem Geist bereits die Beleidigung erdulden mußte, nicht zur Familie der Astern zu gehören, wurde nun auch noch von den Blüten ausgeschlossen.

Der entscheidende Moment kam am Morgen, als ich schließlich doch noch einige Blüten ausfindig machen konnte. Ich fand mich in einer Situation wieder, die sich im folgenden Jahr noch einige Male wiederholen sollte: Ich betrachtete einen vertrauten Gegenstand mit dem Gefühl, ihn das erste Mal zu sehen. Wenn man eine Butterblume mit einem Maßliebchen vergleicht, beginnt man vielleicht zu verstehen, warum der Botaniker sie als zwei grundsätzlich unterschiedliche Dinge ansieht. Für ihn ist eine Blüte um ihre Fortpflanzungsorgane herum strukturiert: Staubfäden und Staubbeutel, Griffel, Narben und Fruchtknoten machen das Wesen der Blüte aus. Die Blüten- und Kelchblätter, die uns und Vögeln und Insekten durch ihre Farbenpracht ins Auge fallen, sind nur sekundäre Merkmale. Bei der Butterblume, der Tulpe und der Lilie kann man diese Blütenteile erkennen – beim Maßliebchen jedoch nicht. Oder besser gesagt, beim Maßliebchen kann man die Teile viele Male wiederholt sehen, denn diese weißen Teilchen, die man vielleicht schon der Reihe nach mit den Worten »liebt mich ... liebt mich nicht ...« herausgezogen hat, stellen keine um die Fortpflanzungsorgane herum angeordneten Blütenblätter dar, sondern vollständige Blüten. Wenn man eine von ihnen vorsichtig herauszieht, kann man erkennen, daß sie wie eine winzige, am einen Ende verdickte, langgezogene Petunienblüte aussieht. Und die gelbe Scheibe in der Mitte dieser kreisförmig angeordneten Blüten besteht ihrerseits aus noch winzigeren vollständigen Blüten. Somit ist das Maßliebchen botanisch gesehen keine Blüte, sondern eine Ansammlung zweier Typen dicht an dicht stehender Einzelblüten, den Strahlenblüten am äußeren Rand und den Scheibenblüten im Inneren. Der Botaniker spricht hier von einem Blütenköpfchen oder einer Infloreszenz, obschon ich annehme und hoffe, daß Kinder weiterhin von Blüten sprechen werden.

Die Mitglieder der Pflanzenfamilie, zu denen Maßliebchen, Astern, Sonnenblumen und Sonnenhut gehören, werden als Infloreszenzen bezeichnet, weil das, was wir normalerweise als Blüte sehen, vom Botaniker als eine Ansammlung winziger Einzelblüten betrachtet wird.

Bis zu diesem Zeitpunkt war mein neues persönliches Interesse an Blumen auf ihre Namen beschränkt und fügte sich direkt in den Bereich meiner bereits bestehenden Leidenschaft für Etymologie ein. Mit dem Maßliebchen wurde der Bereich der Namen durchbrochen, und die Dinge selbst rückten in den Mittelpunkt. Ich begann, Blüten näher zu betrachten und über ihre Struktur nachzudenken. Der Begriff Blüte veränderte sich, und neue begriffliche Einheiten begannen sich zu entwickeln: Der Gegenstand meiner Gedanken verlagerte sich von der Blüte auf die ganze Pflanze, und allmählich gewannen verschwommene Konzepte wie »Familie der Rosengewächse« (zu der außer den Rosen auch Kirsche, Apfel und Erdbeere zählen) schärfere Umrisse. Ich begann auch über Botaniker nachzudenken: Es war leicht nachzuvollziehen, daß nach ihrer Definition von *Blüte* das Maßliebchen nicht dazu zählte; das war einfach eine Sache der Logik. Die Gründe für die Aufstellung einer solchen Definition verstehen zu lernen, war jedoch grundlegend anders und ein viel komplexerer Prozeß, der sich eher mit Eintreten in eine Kultur als mit Verstehen eines Begriffs charakterisieren läßt.

Namen blieben ein wichtiger Themenbereich in einem zunehmend komplexen Beziehungsnetz in meinem Denken. Ein einfaches Beispiel nahm mit

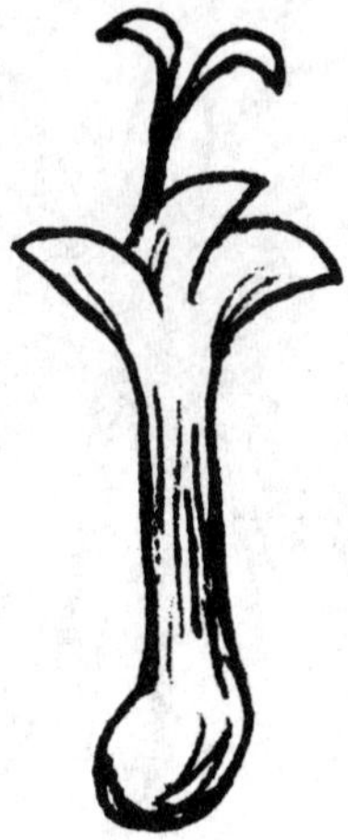

Die Scheibe oder Ansammlung in der Mitte vieler Infloreszenzen besteht aus vielen kleinen Blüten wie dieser hier. Was wie Blütenblätter aussieht, sind in Wirklichkeit ebenfalls vollständige Blüten.

dem amerikanischen Namen des Maßliebchens – Daisy – seinen Anfang. Da nun das bescheidene Blümchen so ins Zentrum meines Interesses gerückt war, suchte ich natürlich immer wieder nach Herkunft und Bedeutung seines Namens. Ich konnte mein Glück kaum fassen: *Daisy* kommt von »day's eye« (Tagesauge)! Dies war für mich eine erstaunliche Entdeckung; gleichzeitig war ich auch wieder überrascht, daß ich dies bisher noch nicht gewußt hatte, und fragte mich sogar beschämt, warum es für mich nicht offensichtlich gewesen war. Diese Entdeckung erhielt noch zusätzliche Würze dadurch, daß verschiedene Bücher verschiedene Erklärungen anboten. Eine Theorie besagte, daß diese Blume wie die Sonne aussah, die man als »das Auge des Tages« bezeichnen könnte; eine andere brachte den Namen mit der Eigenschaft der Blume in Verbindung, sich tags zu öffnen und nachts zu schließen. Eine weitere begann mit einer Spekulation. Ich war auf die Tatsache gestoßen, daß man dieser Blume Heilwirkung bei Augenerkrankungen zuschrieb. Als mir der Gedanke kam, daß dies vielleicht mit dem Namen im Zusammenhang stehen könnte, erschien es mir zunächst als für weitere Nachforschungen zu unwahrscheinlich. Als ich der Sache dann doch nachging, machte ich eine weitere kuriose Entdeckung: die Lehre von der symbolischen Bedeutung der Merkmale, die besagt, daß man die Heilwirkung von Pflanzen anhand äußerer Merkmale erkennen kann. Die gemeine Brunelle, eine Wildblume, zeigt ihre Heilwirkung bei Halsleiden dadurch, daß sie selbst einen Hals hat, und dies wiederum spiegelt sich in der Ableitung ihres botanischen Namens, *Prunella vulgaris*, von dem seit dem 16. Jahrhundert volkstümlich für »Angina« verwendeten deutschen Wort *Bräune* wider. Die Farbzeichnung der Blätter des Leberblümchens soll an das Aussehen der Leber erinnern, und damit wird sowohl der botanische Name *hepatica* – vom lateinischen Wort mit der Bedeutung »die Leber betreffend« – als auch der Glaube, daß diese Pflanze bei Lebererkrankungen hilft, erklärt. Bestimmte Merkmale von Pflanzen traten nun deutlicher hervor, wie zum Beispiel, daß einige einen Hals haben und andere nicht. Mein Interesse für Namen brachte mich allmählich in die wirkliche Welt der Blumen.

Weitere Verbindungen mit Namen und Namensgebung führten zu einem neuen Verhältnis zur Natur. Das Fenster des Zimmers, in dem ein Großteil dieses Buches geschrieben wurde, geht auf ein Feld hinaus, auf dem ich Wildblumen in verschiedenen Farben, vor allem in Gelb- und Purpurtönen, blühen sehe. Unter den gelben Blüten kann ich hohes, buschiges Johanniskraut, noch höhere Nachtkerzen, niedriges Fingerkraut und einige frühe Goldruten erkennen. Unter den Purpurtönen sehe ich Weidenröschen, Weiderich und Astern. Ich sehe auch einige, die Fragezeichen in meinem Kopf bilden: Ich habe bemerkt, daß sie da sind, weiß jedoch nicht, wie sie heißen. Vor zwei Jahren sah ich noch eine undifferenzierte Fläche prächtiger Blumen. Sie war schön. Ich schaute sie gerne an. Sie war jedoch etwas ganz anderes als das, was ich heute sehe. So sehr ich mich auch bemühe, ich kann sie nicht mehr mit den Augen von damals sehen. Ich kann mir nicht mehr vorstellen, wie es ist, jene gelben Blumen als eine Fläche gelber Blüten ohne eigene Identität zu sehen.

Ich möchte einem Detail in dieser Entwicklung, das als Modell für den Lernprozeß dienen kann, genauer nachgehen. Vor zwei Jahren kannte ich den Namen *Butterblume* und verwendete ihn korrekt für gewöhnliche Butterblumen. Ich weiß nicht mehr, inwieweit ich ihn auch auf andere Arten angewandt hätte; ich weiß jedoch genau, daß dies der einzige Name war, der mir für kleine gelbe Blumen zur Verfügung stand. Im ersten Frühsommer traten zwei andere Arten gelber Wildblumen in mein Bewußtsein: Fingerkraut und Johanniskraut. Wie schlecht mein Blumengedächtnis war, zeigte sich darin, daß ich diese Blumen immer wieder von neuem identifizieren mußte – wie jemand, der eine Melodie nicht behalten kann, war ich nicht in der Lage, die Unterscheidung von einem Tag zum nächsten zu behalten. Dennoch war eine Veränderung eingetreten: Es war, als hätte ich in meinem Kopf Haken für drei Dinge angebracht – Butterblumen, Fingerkraut und Johanniskraut – wüßte aber noch nicht, was an jeden Haken gehörte, oder als hätte ich drei Personen getroffen und ihre Namen gehört, wüßte aber sonst nichts von ihnen. Ich gerate häufig in diese Situation und bin überrascht, wie sehr ich neue Dinge durcheinanderbringe, bis mein Sinn für die Individualität dieser Dinge allmählich so ausgeprägt wird, daß ich sie auseinanderhalten kann. Der Sinn für die Individualität dieser drei Pflanzenarten entwickelte sich langsam und ungleichmäßig.

Ich will nicht behaupten, daß ich genau weiß, wie dieser Entwicklungsprozeß vonstatten ging. Ich weiß jedoch genau, wie er nicht ablief: Ich versuchte, mir die Eigenschaften jeder Art anhand eines Buches zu merken; dies funktionierte jedoch einfach nicht. Wenn ich nur an diesen drei Blumen interessiert gewesen wäre, hätte ich ihre formalen Merkmale vielleicht behalten können. Ich beschäftigte mich jedoch auch mit anderen Blumen, und wenn ich dann zu den drei gelben zurückkam, brachte ich sie wieder durcheinander. Allmählich entwickelte sich etwas, was sich vom mechanischen Auswendiglernen botanischer Definitionsmerkmale unterschied; ich begann, eine persönlichere Beziehung aufzubauen.

Ich bringe Butterblumen mit volkstümlichen Gebräuchen in Verbindung, in denen eine an das Kinn gehaltene Butterblume eine Rolle spielt. Wenn das Kinn durch den Widerschein auch gelb erscheint, wird dies in Amerika als Zeichen gewertet, daß diese Person Butter mag, und in Frankreich bedeutet es natürlich, daß sie verliebt ist. Durch diese Geschichten assoziiere ich die Butterblume mit glänzenden Blütenblättern, ein Merkmal, durch das sie sich tatsächlich von den anderen beiden unterscheidet. Andere Assoziationen sind weniger direkt. Eine der drei Blüten hat besonders buschige Staubfäden. Ich konnte mir nie merken, welche. Tatsächlich ist es das Johanniskraut, und als ich las, daß diese Pflanze im Amerikanischen auch als *Aaron's beard* (Aaronsbart) bezeichnet wird, assoziierte ich diesen Namen mit buschigen Staubfäden, weil diese wie ein Bart aussehen, und mit Johanniskraut, weil Aaron und Johannes beide eine Verbindung zur Bibel haben. Der Name *Aaron's beard* wirkte wie eine Art Klebstoff, der die Eigenschaft buschige Staubfäden an dem Namen *Johanniskraut* haften ließ. Im gleichen Zeitraum stellte ich fest, daß meine Aufmerksamkeit sich von der Betrachtung der Blüte auf die der ganzen Pflanze verlagerte, und dies brachte neue Assoziationsmöglichkeiten mit sich. Und so ging es weiter.

Je tiefer sich meine »Liebesbeziehung« zu Blumen entwickelte, desto mehr Verbindungen konnte ich herstellen; und mehr Verbindungen bedeuteten, daß ich umso stärker in das Gebiet eindrang, daß die neuen Verbindungen sich gegenseitig wirksamer unterstützten, und daß es immer wahrscheinlicher war, daß ich sie mir merken konnte. Außerdem breitete sich der Inhalt meines Lernprozesses in viele Richtungen aus: Ich lernte lateinische Wörter, ich bekam Einsichten in die Geschichte der Volksmedizin, und ich erwarb geographisches und historisches Wissen oder frischte es auf. Die Renaissance in ihren künstlerischen und wissenschaftlichen Aspekten rückte durch die Rolle der Blumen in dem neuen Verhältnis zur Natur, das sich damals entwickelte, ins Zentrum meiner Aufmerksamkeit.

Mein Lernprozeß hatte einen kritischen Stand erreicht im Sinne des Phänomens der kritischen Masse bei einer Kernreaktion oder bei der Bevölkerungsexplosion, wenn Bedingungen sowohl die Geburtenrate als auch die Überlebensrate begünstigen. Die einfache Bedeutung dieser Geschichte liegt in der Erkenntnis, daß Lernprozesse sich explosionsartig ausbreiten, wenn man nur lange genug durchhält: Ein volles Jahr hatte vergehen müssen, bis die Wirkung einen kritischen Stand für eine exponentiell explodierende Entwicklung erreicht hatte. Die komplexere Bedeutung ist, daß einige Wissensbereiche, wie zum Beispiel der Bereich Pflanzen, besonders reich an Verbindungen sind und eine Explosion des Lernprozesses besonders begünstigen.

Meine Lernerfahrung mit Blumen begann mit einem ganz bescheidenen »Lehrplan«: dem Lernen ihrer Namen. Am Ende hatte sie meinen Erfahrungshorizont erweitert und mich selbst in so vielen Lebensbereichen verändert, daß es durch die standardisierten behavioristischen Tests, mit deren Hilfe die Traditionalisten schulisches Lernen beurteilen, sicher nicht meßbar gewesen wäre. Die Lernerfahrung wirkte sich auf meinen Bewußtseinsstrom aus, darauf, mit welchen Augen ich durch die Welt ging: Ich sehe heute mehr, wenn ich durch die Straßen oder Felder gehe. Die Welt ist schöner. Mein Gefühl des Einsseins mit der Natur ist stärker. Mein Interesse an der Umweltproblematik ist tief und stärker persönlich geprägt. Und vor kurzem war ich über mich selbst erstaunt, als ich feststellte, daß mir systematische Botanikbücher Spaß machten und ich keine Schwierigkeiten hatte, das Gelesene zu behalten. Es sieht so aus, als hätte ich in diesem Bereich den Übergang von einem konkreten in ein formales Stadium geschafft.

Am Anfang dieses Kapitels erwähnte ich eine mathetische Schwäche in der Literatur über Konstruktivismus. Die Metapher vom Lernen als einem Prozeß, durch den man sein Wissen selbst aufbaut, besitzt eine stärkere Überzeugungskraft als die Vorstellung, daß Wissen wie durch ein Rohr vom Lehrer zum Schüler gepumpt wird. Es ist jedoch nur eine Metapher, und beim Nachdenken über meine Blumengeschichte verstärkt sich bei mir das Gefühl, daß andere Bilder genauso geeignet sind, den Lernprozeß verständlich zu machen, und als Quellen praktischer mathetischer Anleitung sogar hilfreicher sind. Eines dieser Bilder ist *Kultivierung:* Wissen über Pflanzen zu entwickeln war für mich eher wie die Arbeit eines Gartenbauexperten, der einen Garten entwirft, bepflanzt und pflegt, und weniger wie die Arbeit eines Bautrupps, der ein Haus errichtet. Ich zweifle nicht daran, daß mein Wissen sogar weiterwuchs, als ich ihm gar keine Beachtung schenkte! Ein anderes Bild ist die geographische Metapher von Gebieten und der Vorstellung, daß zwischen ihnen Verbindungen bestehen. Tatsächlich paßt die Beschreibung »Konnexionismus« besser zu meiner Geschichte als »Konstruktivismus«.

Auf einer pragmatischen Ebene ist der Satz »Suche nach Verbindungen« ein zutiefst mathetischer Rat, und auf einer theoretischen Ebene führt diese Metapher zu einer Reihe interessanter Fragen über die Verflechtung von Wissen. Sie gibt sogar zu verstehen, daß der bewußte Teil des Lernprozesses darin besteht, Verbindungen zwischen mentalen Einheiten herzustellen, die bereits da sind; neue geistige Einheiten scheinen auf subtilere Weise zu entstehen, die sich der Kontrolle des Bewußtseins entzieht. Wie dem auch sei, beim Nachdenken über die Verflechtung von Wissen kommt man zu einer Theorie, die erklärt, warum manches Wissen so leicht ohne bewußten Unterricht erworben wird. In dem Sinne, in dem gesagt wird, daß zwei Amerikaner niemals durch mehr getrennt sind als durch fünfmal Händeschütteln, ist dieses kulturelle Wissen so verflochten, daß Lernprozesse sich ungehindert in alle Gebiete ausbreiten können. Dies führt zu einer Strategie, das Lernen durch das Schaffen einer Lernumgebung zu erleichtern, die bessere Möglichkeiten bietet, Verbindungen herzustellen; eine solche Lernumgebung ist nur möglich, wenn nicht nur auf Einzelne, sondern auf die Kultur insgesamt eingewirkt wird.

6 Eine Anthologie von Lerngeschichten

Das Wort *Anthologie* soll dazu dienen, einen Kernpunkt der Mathetik aufzuzeigen: den Reichtum an Verflechtung zwischen den Dingen, die wir wissen. In meinem Fall führte die Etymologie des Wortes *Lupine* zu einem neuen Verhältnis zu Blumen, welches wiederum dazu führte, daß ich einige hundert vollkommen neue Wörter lernte und Tausende von alten Bekannten in meinem Bewußtsein »aufwärmte«. Ich muß das englische Wort *anther* (der Pollensack am Staubgefäß einer Blüte) und seinen griechischen Stamm *anthos* mit der Bedeutung Blume oder Blüte bereits aus meinen Schultagen gekannt haben. Dieses Wissen war jedoch »kalt«. Durch sein Aufwärmen wurden Verbindungen wachgerufen, und ich begann zu überlegen, ob *Anthologie* früher wohl »Studium der Blumen« bedeutet hatte. Dies stellte sich jedoch als eine irreführende Analogie mit Wörtern wie *Biologie* heraus. Tatsächlich hat die Nachsilbe *-logie* eine allgemeinere etymologische Bedeutung als »Studium der ...«. Sein griechischer (oder indoeuropäischer) Stamm bedeutete »sammeln«, bevor er die Bedeutung »studieren« annahm, das man als Wissen sammeln ansehen könnte. Etymologisch gesehen ist eine *Anthologie* eine Sammlung oder ein Strauß von Blumen. Man denke auch an das Wort *Trilogie*, das nicht Studium der Dreiheit bedeutet, sondern eine Sammlung dreier Dinge.

Dieses Kapitel ist eine Sammlung von Lerngeschichten, wobei jede mit einem Vorwort und einem Nachwort versehen ist, in dem einige der Lehren aufgegriffen werden, die man aus ihnen über das Lernen ziehen kann. Die Geschichten handeln abwechselnd von Kindern, die Technologie in der Schule verwenden, und von Personen aus der »wirklichen Welt«.

Debbie lernt Brüche

In der Darstellung meines Verhältnisses zu Pflanzen habe ich auf zwei Lernformen hingewiesen. Propositionen machen eindeutige Aussageen über klar abgegrenzte Fakten, wie zum Beispiel »Potentilla ist eine Art der Familie der Rosengewächse«. Explorationen errichten ein relativ ungeordnetes Netz von Verbindungen, durch das Potentilla vielleicht mit Butterblumen, Nachtkerzen, Etymologien, Kohl und Königen in Zusammenhang gebracht wird. Ich habe wahrscheinlich den Eindruck erweckt, daß ich das ungeordnete Netz der eindeutigen Proposition bei weitem vorziehe. Ich würde dies insofern vertreten, als das Netz die Proposition miteinschließen kann. Im Idealfall sollte man in der Lage sein, auf beide zuzugreifen und problemlos zwischen beiden hin und her zu springen. Ich hätte jedoch viel lieber ein ungeordnetes intuitives Verständnis von etwas, was ich nicht in einer knappen, eindeutigen Proposition formulieren könnte, als eine knappe, eindeutige Proposition ohne Intuition dahinter. Leider kehrt die Schule diese Reihenfolge um, indem sie der prüfbaren, abgrenzbaren und auflistbaren Proposition den Vorzug gibt. Das Ergebnis sind isolierte Stückchen »Wissen« ohne die Intuitionen und Verbindungen, die rechtfertigen würden, daß dieses Wort ohne Anführungszeichen geschrieben wird.

Drei Monate lang beschäftigten sich Debbie und ihre Mitschüler eines vierten Schuljahres jeden Tag eine Stunde mit einem Projekt, in dem in bezug auf die Verwendung des Computers im rechnergestützten Unterricht, allgemein als CAI (Computer Aided Instruction) bekannt, der Spieß umgedreht wurde. In diesem Projekt sollten die Schüler mit Hilfe von Logo ein Lernprogramm entwickeln, das dem Benutzer etwas über Brüche beibringt; sie wurden zu Produzenten statt Konsumenten des Lernprogramms. Für überzeugte CAI-Anhänger wird diese Umkehrung genauso widersinnig erscheinen, wie wenn jemandem, der von A nach B will, gesagt würde, er solle ein Auto bauen statt eines zu benutzen. Tatsache ist jedoch, daß die Entwicklung des Programms sehr wohl das Lernen von Bruchrechnen förderte – und natürlich auch das Lernen von Programmierung in Logo und andere speziell mit Softwareentwicklung verbundene Fertigkeiten. (Ich würde daraus nicht ableiten, daß diese Umkehrung auch auf die Autokonstruktion zutrifft, obwohl es durchaus sein könnte, daß jemand durch den Bau eines Autos zu einem besseren Fahrer wird!)

Das Paradox in dieser Umkehrung wird besonders im Fall Debbie deutlich. Die Schüler konnten frei entscheiden, was ihr Programm über Brüche erklären sollte. Einige wählten Erklärungen, wie man die für Klassenarbeiten typischen Berechnungen ausführt – zum Beispiel die Umwandlung von zwei Viertel in ein Halbes. Debbie gehörte zu jenen, deren Noten sich deutlich verbesserten, obwohl sie sich entschieden hatte, etwas zu erklären, das eher in die philosophische Richtung ging und weit von allem entfernt war, was in Klassenarbeiten auftauchen könnte. Sie formulierte ihr philosophisches Prinzip in verschiedenen Sätzen wie »Man kann Brüche das ganze Leben lang jeden Tag anwenden« und »Man kann Brüche mit allem verbinden«. Was sie mit diesen Aussagen meinte, wird im Kontext ihrer Arbeit deutlich werden.

In einem Interview zu Beginn des Forschungsprojekts (das Kernstück der Doktorarbeit meines Kollegen und früheren Schülers Idit Harel) wurde den

Kindern die einfache Frage »Was ist ein Bruch?« gestellt. Ihre Antworten auf diese Frage waren sogar noch besorgniserregender als ihre schlechten Noten. Einige schienen nicht in der Lage, eine Antwort zu geben, die über ein Beispiel hinausging, wobei das Beispiel in der Regel »ein Halbes« war. Einer sagte, »Das haben wir noch nicht gehabt«, und meinte damit offensichtlich nicht, daß sie in der Klasse noch keine Brüche »gehabt« hatten – gerade diese Kinder hatten bereits viele Aufgaben dazu gemacht – sondern daß man ihnen noch nicht gesagt hatte, wie man einen Bruch definiert. Viele gaben eine Antwort, die an sich für einen Schüler des vierten Schuljahres ganz vernünftig ist: »Ein Bruch ist ein Teil, es ist ein Teil von etwas.« Das Besorgniserregende an dieser Antwort trat zutage, als sie ein Beispiel geben sollten. Fast alle Beispiele waren gleich: ein materielles Stück von einem materiellen Gegenstand wie ein Stück eines Kuchens. Was an diesen Antworten falsch ist, wird deutlich, wenn man sie mit jenen vergleicht, die dieselben Kinder vier Monate später gaben. Nach ihrer Erfahrung als Softwareentwickler wurden ihre Beispiele außerordentlich vielfältig: eine halbe Stunde, fünfundzwanzig Cents, Verkauf zum halben Preis, Tageszeit. Debbie übertraf alle Beispiele an Vielfalt durch ihr Prinzip der Allgemeingültigkeit, das auf die Antwort hinauslief: »Warum soll ich spezielle Beispiele von Brüchen geben? ... Ist es denn nicht klar, daß einfach alles, was einem in den Sinn kommt, ein Beispiel für einen Bruch sein kann?«

Debbies Theorie der Brüche, die für sich genommen schon recht bemerkenswert ist, überrascht noch mehr, wenn man sie mit ihrer Ansicht im ersten Interview vergleicht. Als man sie bat, ein Beispiel für einen Bruch zu geben, malte sie einen Kreis, teilte ihn in zwei Hälften, schattierte die rechte Hälfte und sagte, »Da: das ist ein Bruch; das ist ein Halbes.« Als sie gefragt wurde, was mit der unschattierten Seite sei, erwiderte sie, »Nein, das ist kein Bruch; das ist gar nichts.« Für Debbie war ein »Bruch« nicht nur ein Teil eines materiellen Gegenstandes, es war ein schattierter Teil eines Kreises. Außerdem mußte es ein schattierter Teil auf der rechten Seite sein. Da festgestellt wurde, daß Debbie alle ihre Beispiele so vorlegte, daß der schattierte Teil rechts war, drehte man eine ihrer Zeichnungen um, so daß dieser Teil nun oben war. War das ein Bruch? Debbies Antwort zeigte, daß sie zumindest nachdachte, und nicht nur mechanische Antworten gab: »So ungefähr,« sagte sie »man kann es drehen«; und sie drehte die Zeichnung in die bevorzugte Stellung zurück, damit es wieder wie ein »Bruch« aussah.

Der Kernpunkt ist hier nicht, daß diese beschränkten Antworten Debbies komplettes Wissen über Brüche repräsentierten. Sie hätte sich wahrscheinlich in einem Geschwisterstreit um die Verteilung von Süßigkeiten recht gut behaupten können. Der Kernpunkt ist, daß formales Schulwissen über Brüche nicht mit ihrem intuitiven Alltagswissen in Verbindung stand. Was sie im Unterricht lernte, war kalt, formal und hatte mit dem Leben nichts zu tun. Versuche von Lehrern und Schulbuchautoren, Brüche in der Schule über die Darstellung von Kuchen mit dem wirklichen Leben zu verbinden, brachten wieder nur totes Wissen hervor. Durch Debbies Teilnahme in dem Projekt wurden dagegen lebendigere Verbindungen geschaffen. Die Veränderung in ihrem Denken betraf nicht nur das Lernen neuer Fakten und Fertigkeiten. Ihr Satz »Man kann Brüche mit allem verbinden« zeigte, daß sie sich erkenntnistheoretisch gesehen in einer Übergangsphase befand und einen neuen Ansatz gefunden hatte. Sie vollzog den Übergang von einer Form des Wissens (formal, Lehrerwissen) zu einer anderen (persönlich, konkret, ihr eigenes). Zu Beginn dieses Prozesses war ein »Bruch« ein festumrissener Gegenstand gewesen, den ihr ein Lehrer beigebracht hatte. Am Ende waren »Brüche« für sie eine Sichtweise der Welt. Etwas »mit einem Bruch zu verbinden« bedeutete die Verwendung von Brüchen, um auf eine bestimmte Weise darüber zu denken, eine bestimmte Sicht von dem zu haben, was man damit verbunden hatte.

Dieser Übergangsprozeß verlief folgendermaßen. Debbie hatte versucht, Brüche auf dem Bildschirm zu zeichnen. Zunächst war dies einfach: Ein Bruch war ein geteilter und teilweise schattierter Kreis, also mußte sie nur die Techniken lernen, die notwendig waren, um diese Figuren auf dem Bildschirm zu erzeugen, so wie in der Abbildung auf der nächsten Seite gezeigt.

Ein neuerwachtes Interesse erweckte in ihr den Wunsch, vielfältigere Beispiele zu erzeugen und führte schließlich dazu, daß sie ihre Entdeckung in dem Planungsheft mitteilte, das jeder Schüler projektbegleitend führen sollte. Die Illustration auf einer Seite ihres Planungsheftes (siehe Abbildung S. 24) zeigt, wie begeistert sie von dem war, was sie aufschrieb, und welche Bedeutung sie dieser Entdeckung beimaß.

Wie kam dieser Übergangsprozeß zustande? Was führte zu diesem neuen Interesse? Um die komplexe Situation vollständig darzustellen, müßte man viele Aspekte beleuchten. Einer der wichtigsten war meiner Ansicht nach, daß sie das Gefühl hatte, etwas »Ernsthaftes« zu tun – genau wie ich bei meiner Zeitung und der Schuljunge Piaget bei seinem Zeitungsartikel, oder jene Lehrer in Costa Rica, die in bezug auf ihre Nation, ihren Berufsstand und ihr Geschlecht Bestätigung erhielten, zählte Debbie das Projekt nun nicht mehr zu der Kategorie von Aufgaben, die man so schnell wie möglich erledigt. Statt dessen wurde es für sie ein persönlich bedeutungsvolles Vorhaben, das intellektuelle Energien mobilisieren konnte. Weitere Interpretationsmöglichkeiten werden in dem Buch *Children as Software Designers* von Harel diskutiert, das meines Wissens die gründlichste Beschreibung eines einzelnen Experiments über die Verwendung des Computers durch Kinder ist.

Debbie war in diesem Projekt über Softwareentwicklung nicht von Anfang an so persönlich engagiert. Während der ersten Wochen schenkte sie ihm nur äußerst flüchtige Beachtung, wobei sie einen Teil ihrer Zeit am Computer damit verbrachte, lustlos an einigen Zeichnungen von Bruchdarstellungen herumzubasteln, und die restliche Zeit mit wesentlich höherer Konzentration daran arbeitete, phantasievolle Dekorationen für Gedichte zu entwerfen, die sie über ihre eigenen Gefühle geschrieben hatte. Eines Tages kam ihr der Gedanke, die beiden Aktivitäten miteinander zu verbinden. Sie stellte fest, daß eine Programmiertechnik, die sie bei ihren Dekorationen einsetzte, dazu verwendet werden könnte, ihre Darstellungen der Brüche optisch interessanter zu machen. Eins kam zum anderen. Ein Mitschüler wurde auf ihren Bildschirm aufmerksam und fragte, wie sie diese Wirkung erzeugt hätte. Plötzlich war dieses Mädchen, das bis dahin ein unauffälliges Leben in der Klasse geführt hatte, eine gefragte »Expertin«, die Wissen besaß, das die anderen auch haben wollten. Ihre Einstellung zu dem Projekt änderte sich. Vorher hatte sie sich, so gut es ging, heraushalten wollen; jetzt sonnte sie sich in ihrem Erfolg und wollte, so weit es ging, einsteigen. So begann sie zu forschen und nach Brüchen zu suchen.

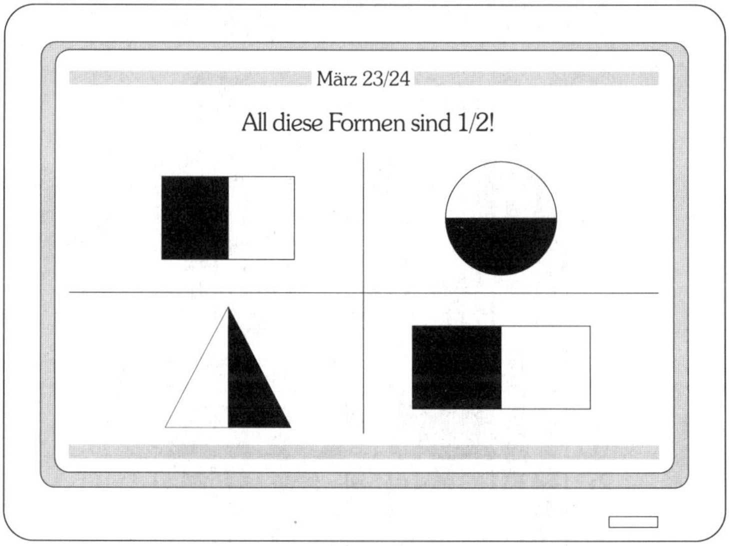

Debbie verwendet diese Bildschirmdarstellung, um ihre Entdeckung über Brüche mitzuteilen: Brüche sind überall.

Das Projekt begann nun, Debbie die Augen für die Brüche in der realen Welt um sie herum zu öffnen, und gab diesen eine Präsenz, die sie nie

MY PLANS FOR TODAY

MY PLANS FOR TODAY

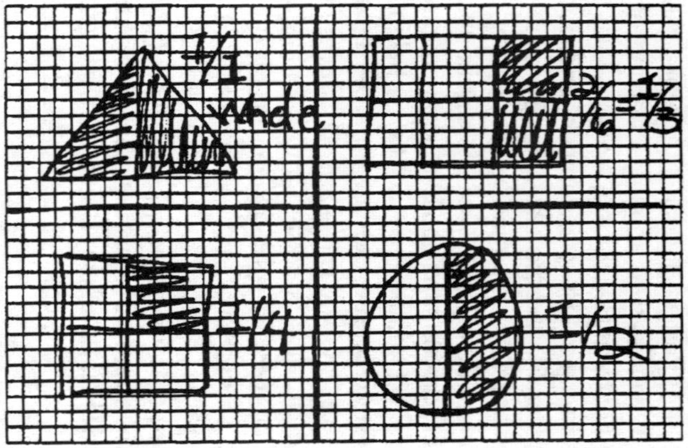

Debbie trug ihre Pläne und Fortschritte jeden Tag in ihr Planungsheft ein. Oben schreibt sie: Ein Bruch ist, wenn man etwas in gleiche Teile oder Hälften teilt.

zuvor besessen hatten. Vorher hatten Brüche für sie nur im Klassenzimmer existiert, und selbst in diesen engen Grenzen waren sie noch weiter auf die Tafel des Lehrers und Debbies Arbeitsblätter beschränkt. Es gab keinen Ansatzpunkt, von dem aus sie Brüche hätte erforschen oder mit ihnen in Beziehung treten können. Wenn sie aus dem Klassenzimmer ging, blieben sie zurück. Kein Wunder, daß sie Brüche nur in den Kuchendiagrammen sehen konnte, durch die sie in der Klasse eingeführt worden waren. Jetzt begann Debbie, die Dichterin, allmählich überall Brüche zu sehen. Sie war auf dem Weg, eine neue Beziehung zu Brüchen aufzubauen, indem sie diese in das Netz ihrer wirklichen Interessen miteinbezog und sich über die Fächergrenzen der Schule hinwegsetzte, die festlegt: Gedichte sind Gedichte und Mathematik ist Mathematik.

Küchenmathe

Eine kürzlich von Ethnographen gemachte »Entdeckung« zeigte, daß Frauen, die im Haushalt arbeiten, mehr über Mathematik wissen und dieses Wissen auch verwenden, als man aufgrund von Schultests vermuten würde, nur wissen sie es in einer anderen Form, als die Schule es lehrt. Der kognitive Anthropologe Jean Lave beobachtete, daß Hausfrauen beim Kochen Rezepte veränderten, um sie an die benötigte Gesamtmenge anzupassen. Aus schulischer Sicht scheint dies eine Aufgabe mit Brüchen (oder »Proportionen«) zu sein, die Frauen verwendeten jedoch nicht die in der Schule gelernten Rechenmethoden. Statt dessen verwendeten sie ad hoc »konkrete«, an die jeweilige Situation angepaßte Methoden. Die Ergebnisse dieser formalen Forschungsarbeit spiegeln meine persönlichen Erfahrungen (und zweifellos auch die vieler Leser) wider.

Zunächst standen mir die Haare zu Berge, als eine Freundin, mit der ich zusammen kochte, zwei Drittel von eineinhalb Tassen Mehl folgendermaßen ausrechnete: Man messe eineinhalb Tassen ab und gebe sie auf das Backbrett, breite sie zu einem Kreis aus, teile den Kreis in drei Teile, indem man symmetrisch wie beim Kuchenaufschneiden verfährt, und gebe einen Teil wieder zurück in die Mehldose. Ich selbst »sehe« eineinhalb so direkt als drei Teile (dreimal ein Halbes), daß ich einige Zeit brauchte, um mich in das Problem einzufühlen. Eine andere Freundin, die einen Entwurf dieses Textes las, half mir, dies in die richtige Perspektive zu rücken, indem sie darauf hinwies, daß sie die Identität von Pflanzen direkt »sehe«, während ich streng analytisch Blattformen und Blütenstrukturen untersuche. Und dennoch, obwohl sie meine Darstellung gelesen und einen intelligenten Kommentar abgegeben hatte, hatte sie nicht »gesehen« was ich »sah«, denn sie bot mir dann eine Lösung des Mehlproblems an, die meinen mathematischen Atem stocken ließ, sowohl aufgrund dessen, was sie »sah«, als auch aufgrund dessen, was sie nicht »sah«. Sie sagte zögernd und offensichtlich noch beim Sprechen nachdenkend, aber mit kräftiger Stimme, die auf Überzeugung schließen ließ: »Ich würde hier das Maß für ein Drittel einer Tasse nehmen ... das gibt es in jedem amerikanischen Haushalt ... man kann es zweimal nehmen und hat dann zwei Drittel einer Tasse ... und dann ... ja ... wenn man es einmal nimmt, hat man zwei Drittel einer halben Tasse ... dann hat man also zwei Drittel einer Tasse und zwei Drittel einer halben Tasse.« Ihr Denkprozeß wird auf Seite 127 bildlich dargestellt.

Ich formulierte dies für mich selbst noch einmal in der Mathematikersprache als Deduktion: zwei Drittel einer halben Tasse gleich der Hälfte von zwei Dritteln einer Tasse, gleich einem Drittel einer Tasse. Als ich jedoch meine Freundin fragte, warum ihr Plan funktioniere, hatte sie keine solche Erklärung parat. Ihre aus der Schulzeit stammenden Hemmungen in Sachen Mathematik setzten sich durch, und sie begann mit »Ach ... Eineinhalb ... das sind fünf Drittel ... nicht war?«, und ihre Stimme wurde immer leiser. Die veränderte Stimme sprach Bände. Die kräftige Stimme und die kompetente Küchenmathe sagten, daß sie in ihrem Element war; die immer leiser werdende Stimme und der inkompetente Streifzug in die Schulmathematik sagten, daß sie in einem Element war, das »den anderen« gehörte und zudem für sie besonders fremd war.

Zwei Aspekte sind hier wichtig, ein erkenntnistheoretischer und ein mathetischer, und natürlich die Beziehung zwischen den beiden. Küchenmathe zeigt die Nutzlosigkeit der Schulmathematik aus einem Blickwinkel, der über die Kritik an der schulischen Methode der Wissensvermittlung hinausgeht. Was hier in Frage gestellt wird, ist das Wissen selbst: Die Schule verwendet nicht nur die falschen Lehrmethoden, auch was sie lehrt, entspricht nicht dem, was verwendet wird, wenn man vor einem realen Problem steht. Keiner von uns, auch ich selbst nicht, verwendete das abstrakte, formale Vorgehen der Schulmathematik, das darin bestanden hätte, $1\,{}^1/_2$ in ${}^3/_2$ umzuwandeln, und dann etwa so zu rechnen:

$$\frac{2}{3} \cdot \frac{3}{2} = \frac{6}{6} = 1$$

Die wichtigste erkenntnistheoretische Lehre ist, daß wir alle uns konkreter Formen des Denkens bedienten. Die wichtigste mathetische Lehre ist, daß wir damit gezeigt haben, daß wir ohne Schule – und sogar obwohl wir dort eine andere Vorgehensweise beigebracht bekamen – gelernt hatten, ein mathematisches Problem zu lösen.

Die weitverbreitete Verwendung mathematischer Methoden, die nicht in der Schule gelehrt wurden, bedeutet nun nicht, daß die Schule nichts mehr lehren sollte. Es gibt dennoch Grenzen in dem, was wir ohne sie lernen

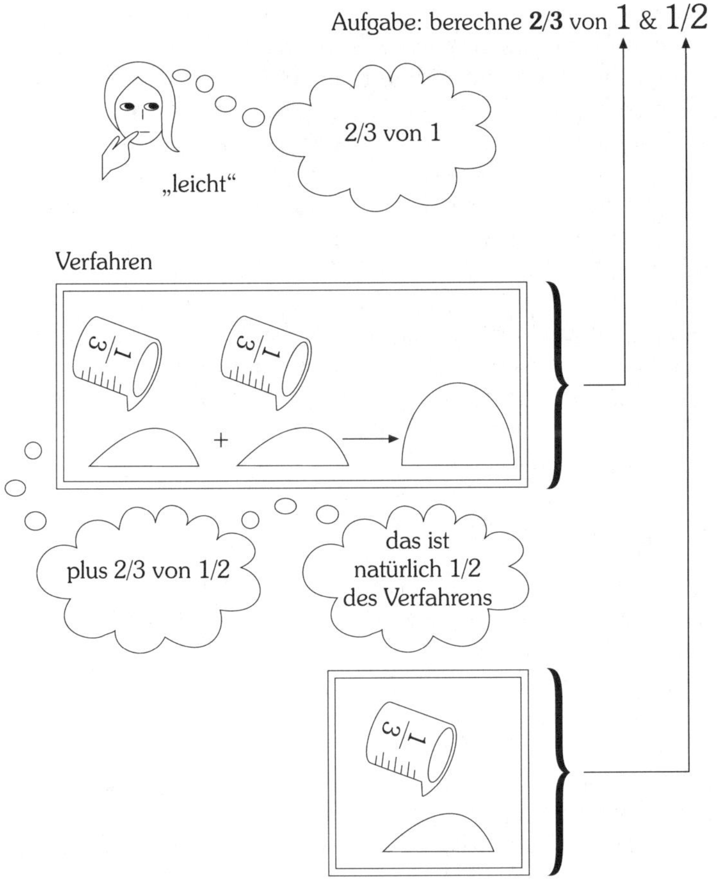

Darstellung, was im Kopf von jemandem abgelaufen sein könnte, der Küchenmathe betreibt.

können. Man sollte nicht den Schluß ziehen, daß wir alle ohnehin lernen und somit keine Hilfe brauchen, sondern vielmehr erkennen, daß die Lernprozesse, die außerhalb der Schule stattfinden, auf eine Form des Wissens und Lernens hinweisen, die uns leicht zu fallen scheint, den Prinzipien der Schule jedoch zuwiderläuft. Für Pädagogen stellt sich die Frage, ob wir uns auf sie einlassen können statt sie zu bekämpfen. Um dies zu tun, müssen wir mehr darüber erfahren, was dieses »sie« beinhaltet. Welche Form des Lernens steht hinter küchenmathematischem Wissen, und wie können wir sie fördern und erweitern? Könnte Küchenmathe in der Schule gelehrt werden?

Der Kernpunkt würde vollkommen verfehlt, wenn man dies dadurch erreichen wollte, daß man die alten Schulaufgaben in ein Küchengewand steckt. Die Küchenmathe funktionierte nicht deshalb, weil sie »relevant erschien«, indem es »um Mehl ging«. Sie funktionierte, weil die mathematische Tätigkeit nicht von der übrigen Arbeit des Backens getrennt war. Sie entwickelte sich als eine Erweiterung der vertrauten, reibungslos ablaufenden Tätigkeiten, die durch den Umgang mit den Geräten und Materialien der Küche bestimmt sind. Man könnte Küchenmathe tatsächlich nur dann in der Schule unterrichten, wenn die Schule zu einem Teil der Küche gemacht würde.

Eine andere Möglichkeit erschließt sich, wenn man erkennt, daß auch Debbie eine Art Küchenmathe betrieb. Der Computer wurde für sie zur Küche, in der sie ihre Gedichte schreiben und dekorieren konnte, und danach konnte sie nahtlos zur Arbeit mit Brüchen als einer Fortsetzung der Gedichte übergehen.

Maria baut ein Haus

Die Geschichte über Debbie und jene über das Mehl drehten sich um die vorhandene oder fehlende Beziehung zur Mathematik. In der heutigen Gesellschaft ist die fehlende Beziehung, die das Verhältnis der meisten Menschen zur Technologie bestimmt, letztendlich schädlicher. Im Kapitel über Lehrer wurden einige Beispiele gezeigt, wie dieses Verhältnis verbessert werden kann. Die Einführung des Computers als Erweiterung eines persönlichen Unterrichtsstils ermöglichte so etwas wie die nahtlose Fortsetzung der Küchenmathe. In meiner nächsten Geschichte wird einem Kind ermöglicht, ein vertrautes Spielzeug als seine Küche zu verwenden.

»Werden wir damit wirklich spielen? Hier in der Schule?« rief ein Schüler des vierten Schuljahres freudestrahlend aus, als er einen Raum betrat, in dem es mehr Legomaterial gab, als er jemals auf einem Haufen gesehen hatte. Fanciscos erste Überraschung darüber, daß er so etwas in der Schule vorfand, wurde bald darauf noch übertroffen, als er erkannte, wie sehr sich dieses Material von dem unterschied, was er zu Hause hatte. Außer den bekannten Plastikbausteinen gab es Getriebe und Motoren, deren Verwendungsmöglichkeiten er sofort erkannte, da gab es einige ganz geheimnisvolle Teile mit dem Namen »Sensoren« und, was am eindrucksvollsten war, die Möglichkeit, die Motoren und Sensoren an einen Computer anzuschließen. Man sagte ihm, daß er mit den Sensoren Legomodelle bauen würde, die sehen und fühlen könnten. Er konnte das nicht ganz glauben, war jedoch sicher, daß dies alles eine Menge Spaß machen würde.

Maria*, Franciscos Klassenkameradin, reagierte zwiespältiger. Ihre Vorfreude, daß, was immer auch kommen mochte, zumindest eine Abwechslung von dem für diese Stunde geplanten regulären Unterricht darstellte, wurde durch eine Befürchtung getrübt. Tatsächlich, ihr erstes Gefühl, daß all dieses Zeug nur für Jungen wäre, verstärkte sich bald darauf, als nämlich die Lehrerin, die sich selbst nicht ganz wohl damit zu fühlen schien, einen Lastwagen zeigte, den eine andere Klasse gebaut hatte. Man konnte den Lastwagen starten, anhalten oder wenden lassen, indem man etwas in einen Computer eintippte. Die Lehrerin erzählte mit dem größten Eifer, wie der Lastwagen ganz von allein wenden würde, wenn er auf ein Hindernis stieß. »Ihr werdet bald alle in der Lage sein, so etwas zu bauen, und dann werdet ihr verstehen, wie eine Menge Dinge funktionieren.« Maria spürte das vertraute Gefühl, wie sich ihr Magen verkrampfte. Sie hätte zwar gerne gewußt, wie eine Menge Dinge funktionieren, konnte sich jedoch nicht vorstellen, daß sie selbst begeistert irgendwelche Lastwagen baute.

Als sie hörte, daß die Klasse sich sechs Wochen lang zweimal die Woche für zwei Doppelstunden damit beschäftigen sollte, schlug ihre Anspannung in Panik um.

In der nächsten Woche nahmen die Marias und Franciscos der Klasse dieses Projekt in Angriff, das sie als Lego-Logo-Workshop zu bezeichnen lernten, und gaben dabei eine Viertkläßler-Version des durch C. P. Snow bekannt gewordenen Bildes der »zwei Kulturen« ab. Francisco hatte die Idee aufgegriffen, einen Lastwagen zu bauen und machte sich daran, ein Automatikgetriebe zu konstruieren, das den Wagen herunterschalten würde, wenn er eine steile Steigung bewältigen müßte. Andere aus seiner Gruppe waren von der Idee des Lastwagens abgerückt und bauten Roboter, der Phantasie entsprungene »Tiere« und andere Konstruktionen, die sich bewegten, schüttelten, im Kreis drehten und eine Menge Lärm machten.

Auf der anderen Seite der Kulturbarriere beschäftigten sich Maria und drei ihrer Freundinnen mit etwas ganz anderem. Sehr darüber erleichtert, daß sie nicht gezwungen wurden, Lastwagen zu konstruieren, bauten sie ein Haus. Sie versuchten nicht, eine Maschine zu erfinden, die »etwas machte«. Sie bauten etwas, das ihnen vertraut vorkam und »schön« sein sollte.

Damit knüpften sie an etwas an, was sie im Vorschulalter mit Lego zu Hause gemacht hatten, bevor der begrenzte Materialvorrat ihren wachsen-

---

* Maria ist eine fiktive Figur, die mehrere Schüler in sich vereint. Ich bin jedoch fest davon überzeugt, daß jeder von ihnen so wie sie in meiner Darstellung gehandelt und gedacht haben könnte.

den Ansprüchen nicht mehr genügte. Hier gab ihnen der größere Vorrat an Steinen die Gelegenheit, dasselbe, was sie bereits früher gerne gemacht hatten, nun größer, besser und schöner zu bauen. Außer der bloßen Menge an Material nutzten sie keine der Besonderheiten dieses Legoprojekts; sie verwendeten keine Motoren, Sensoren oder Verbindungen zum Computer. Die Kulturbarriere war dramatisch und recht vertraut. Technologie versus Kunst, Naturwissenschaften versus Geisteswissenschaften. Wem von uns es bewußt war, verfolgte das Geschehen mit Spannung. Wie würden diese Kinder mit dem Problem umgehen, das C. P. Snow als unüberwindbar betrachtet hatte? Würden sie die Barriere akzeptieren? Könnten sie einen Durchgang finden? Würden sie das überhaupt wollen?

Es dauerte zwar einige Zeit, am Ende fanden Maria und ihre Freundinnen jedoch ihren eigenen Weg, die Kulturbarriere zu durchbrechen. Ihr Weg liefert viele Einsichten darüber, wie tief die Barriere in unseren Kulturen und Schulen verwurzelt ist, wie stark sie mit anderen Unterschieden in bezug auf persönlichen Stil, Geschlecht und ethnische Zugehörigkeit verflochten ist, und wie sie durchbrochen werden kann.

Während der ersten Woche lernte Marias Gruppe, wie sie die Barriere zu ihrem Vorteil nutzen konnte. Jedes Kind brachte einen Vorrat Legosteine in den Vorrat der Gruppe ein. Da Handel mit anderen Gruppen erlaubt war, um eine größere Flexibilität der einzelnen Projekte zu ermöglichen, entwickelte sich ein Tauschhandel, in dem die am dringendsten gesuchten Teile eben die Motoren und Sensoren waren, für die Marias Gruppe keine Verwendung hatte, während die am wenigsten dringend nachgefragten Teile die schönen Steine waren, die sich am besten für den Bau eines Hauses eigneten. Maria genoß dies auf vielerlei Weise. Den Markt zu nutzen, um das Material für ein großes, phantastisches Haus zu bekommen, verschaffte ihr ein gewisses unternehmerisches Vergnügen; geometrische und technische Probleme des Baus zu lösen, war für sie ein Quelle intellektuellen Vergnügens, und die Form, die das Produkt all dieser Arbeit, das Haus, annahm, gaben ihr ein ästhetisches Vergnügen. Sie hatte eine Nische gefunden. Würde sie sich dort einrichten und bleiben?

Nein! In der zweiten Woche gab es Anzeichen eines Strebens in andere Richtungen. Der Wunsch, in die Welt der Technologie einzutreten, zeigte sich darin, wie die Mädchen Projekte ihrer Klassenkameraden betrachteten. In der dritten Woche konnten Beobachter diesen Wunsch konkreter werden sehen, als sie bemerkten, daß im innersten Winkel des Hauses ein winziges Licht blinkte. Es war, als ob diese Mädchen die Technologie zwar in den Griff bekommen wollten, hierbei jedoch mit äußerster Diskretion vorgehen müßten, um eine innere Zensur zu überlisten. Die Vorstellung, daß sie irgendetwas Technisches machten, stand im Widerspruch zu ihrem Identitätsgefühl als Mädchen aus sehr traditionellen Familien. Sie wollten die Technologie in den Griff bekommen, hatten vermutlich schon immer die technische Seite der Welt in den Griff bekommen wollen, so wie die Dinge lagen, mußten sie dies jedoch hinter ihrem eigenen Rücken tun, fast unsichtbar für sie selbst und für andere.

Die Jungen mit ihren lärmenden Lastwagen hätten ein Blinklicht vielleicht nicht unbedingt für ein tolles Projekt gehalten, die Hausbauerinnen waren jedoch stolz auf ihr Ergebnis, dessen Realisierung tatsächlich weniger bescheiden war, als es schien, denn es brachte sie in direkten Kontakt mit dem Computer. Es lohnt sich, die Geschichte der Etappensiege bei dieser Auseinandersetzung mit den Techniken des Computers genauer zu verfolgen.

Die Geschichte beginnt mit einem einfachen Schritt. Zuerst mußten sie das Licht mit dem Schnittstellenmodul verbinden, was im Grunde nicht viel anders war, als zu Hause eine Lampe einzustecken. Der nächste Schritt brachte einen sofortigen Erfolg: Das Licht an- und ausgehen zu lassen, indem sie die Worte AN und AUS am Computer eintippten, war ein ganz anderes Gefühl, als einen Schalter zu betätigen! Inzwischen war die Aufregung schon groß geworden, und das war gut so, den es gab der Gruppe ein Erfolgsgefühl, das ihnen über die Schwierigkeiten, denen sie begegnen würden, hinweghalf.

Diese begannen mit dem naheliegenden Vorschlag, das Licht automatisch an- und ausgehen zu lassen. Das dafür zur Verfügung stehende Werkzeug war die Programmiersprache Logo, deren Elemente die Mädchen aus der Arbeit mit Grafiken, die sie einige Wochen zuvor begonnen hatten, noch kaum kannten. Eine von ihnen hatte bereits genügend Kenntnisse, um eintippen zu können:

```
WIEDERHOLE [AN AUS]
```

Der Computer reagierte mit einer »Fehlermeldung« und der Aufforderung, die Häufigkeit anzugeben. Damit veränderte sich der Befehl zu:

```
WIEDERHOLE 10 [AN AUS]
```

Dieses Mal kam keine Reklamation; der Befehl entsprach der Logo-Grammatik, und der Computer führte ihn aus, allerdings in einer Form, die eine Lektion über die Interpretation des bekannten Ausspruchs sein könnte, der Computer mache genau das, was man ihm sagt, nicht mehr und nicht weniger. Dies ist in einer Hinsicht natürlich vollkommen richtig. Computer machen tatsächlich, was man ihnen sagt. Was man ihnen sagt, ist jedoch nicht immer das, was man denkt, ihnen zu sagen. Und auch das, was sie machen, ist nicht immer das, was es zu sein scheint.

In diesem Fall schien der Computer nicht das gemacht zu haben, was man ihm gesagt hatte. Das Licht ging an und aus und ließ die eifrigen Zuschauer gespannt auf das nächste Blinken warten, das nicht kam. Was war passiert? Die Mädchen reagierten in ihrer Verwunderung und Enttäuschung so, wie man in der Regel auf jemand aus dem Ausland, der eine Frage in der Landessprache nicht verstanden hat, mit lauterem Sprechen reagiert: Sie verliehen dem Befehl mehr Nachdruck, indem sie die Häufigkeit des Blinkens, die sie dem Computer zu sagen glaubten, erhöhten:

WIEDERHOLE 1000 [AN AUS]

Diese Veränderung löste das Problem zwar nicht, hatte jedoch eine Wirkung, die ihnen zu denken gab. Das Licht ging immer noch nur einmal an, blieb jedoch länger an, bevor es wieder ausging. »Er kennt den Unterschied nicht zwischen häufiger und länger«, sagte eines der Mädchen. »Genau!« »Er ist dumm.« Alle lachten, aber die Freude über ihre Theorie des Computerverhaltens wich schnell einer Enttäuschung; es tat gut, der Maschine die Schuld zu geben und das Gefühl zu haben, ihr widersinniges Verhalten zu verstehen, aber die Lichter blinkten immer noch nicht. Ihre Theorie führte dennoch zu konstruktiven Maßnahmen. Die erste Maßnahme war der Versuch, ihre Theorie durch Eintippen von WIEDERHOLE 10000 zu bestätigen. Ja tatsächlich, das Licht blieb länger an, soweit sie schätzen konnten, ungefähr zehn Mal länger, ging jedoch weiterhin nur einmal an und aus. Ein Experiment vorzuschlagen, ist ein wichtiger Schritt in der Entwicklung einer Theorie; und in diesem Fall funktionierte das Experiment und schien die Theorie zu bestätigen. Das Ziel, die Lichter blinken zu lassen, war jedoch nicht erreicht.

Interessanterweise kamen sie dem Ziel durch einen anderen, noch wichtigeren Schritt in der Entwicklung einer Theorie näher: das Verständnis durch fruchtbare Fragen zu vertiefen. Eine aus der Gruppe war ausreichend von der Theorie überzeugt, um zu fragen, »Aber wie kann das passieren? Wie kann der Computer häufiger mit länger verwechseln?« Die Freude über die Dummheit der Maschine genügte den Mädchen zwar als erste Antwort, die Attraktivität dieser Erklärung erschöpfte sich jedoch schnell. »Ich weiß es«, sagte eines der Mädchen, »er blinkt so schnell, daß man es nicht sehen kann. Er blinkt wirklich zehntausend Mal, aber alles läuft zusammen.« Aha! Diese Einsicht bewies ihre Richtigkeit und führte zu viel Spaß und zu Maßnahmen, die das Problem lösen sollten. Maria sagte: »Ja, er blinkt zu schnell; sag ihm, er soll langsamer werden.« Nach einigem Gekicher über die Vorstellung, daß es zehntausend Mal hintereinander so schnell blinken konnte, daß man es nicht sehen konnte, fragte jemand, »Wie?« und ein anderes Mädchen warf ein, »Wartet mal .. Ja, das ist es! Ich kann mich erinnern, daß man in Logo WARTE sagen kann.« Also tippten sie ein:

WIEDERHOLE 10000 [AN WARTE AUS WARTE]

Damit waren sie auf der richtigen Spur, die Lösung des großen Problems brachte jedoch ein neues kleineres hervor. Der Computer reklamierte noch einmal: So wie die Mädchen vorher nicht angegeben hatten, wie häufig er wiederholen sollte, unterließen sie es nun zu sagen, wie lange er warten sollte. Da sie ein wenig über die Arbeitsweise von Logo erfahren hatten, versuchten sie es also mit »WARTE eine Zahl geben«:

WIEDERHOLE 10000 [AN WARTE 5 AUS WARTE 5]

Sie hatten Glück. Die Zahl paßte und erzeugte ein Blinken, das ihnen ein weiteres, diesmal sogar noch größeres Erfolgsgefühl gab. Sie waren zwar immer noch nicht ganz zufrieden mit der Funktionsweise ihres Blinksystems, waren jedoch zu sehr in Hochstimmung, um an diesem Tag noch weiter daran herumzubasteln.

Am nächsten Tag probierten sie verschiedene Zahlen aus, um einen gefälligeren Blinkrhythmus zu erhalten. Sie einigten sich auf:

WIEDERHOLE 10000 [AN WARTE 4 AUS WARTE 10]

Ein einzelnes Licht im Innern eines Legohauses blinken zu lassen, ist ein kleiner Schritt in die Welt der Technologie, er hatte jedoch das Eis gebrochen. Nach einer weiteren Sitzung waren viele blinkende Lichter in dem Haus. Eine Woche später setzten die Mädchen ihren ganzen Charme ein, um wieder in den Besitz eines Motors zu kommen, den sie für schönere Legosteine eingetauscht hatten: Sie wollten nun einen sich drehenden Weihnachtsbaum im Wohnzimmer haben. Dies war keine geringe Aufgabe. Das Zahnradgetriebe richtig hinzubekommen brachte sie in andere Schwierigkeiten, diesmal eher im Bereich Maschinenbau als Programmierung, aber bevor ihr Legoprojekt zu Ende ging, hatten sie auch diese technische Barriere überwunden und sich außer einem Werk der Kunst und Technologie auch eine erste, wenn auch wacklige Brücke über die Kulturbarriere gebaut.

Es ist eine hilfreiche Metapher sich vorzustellen, wie Maria eine einzelne Barriere überwindet, eine Barriere, die sie von all jenen Aktivitäten trennt, die unter den Etiketten »Ich kann das nicht« und »Das ist nichts für mich« in ihr Identitätsgefühl programmiert worden sind. Jedesmal, wenn sie die Grenze überschreitet, begreift sie ein wenig besser, daß diese Etiketten nicht unveränderbar sind. Die Erkenntnis, daß man bei der Formung und Umformung seiner geistigen Identität eine Wahlmöglichkeit hat, ist vielleicht die beste Kraftquelle, über die man je verfügen kann. Für mich wurde die Geschichte von Maria noch über diesen Grundgedanken hinaus zu einem Symbol für etwas Umfassenderes. Sie vermittelt auch die Botschaft, wie man von dieser Wahlmöglichkeit Gebrauch macht. Maria hätte am Anfang wählen können, in den sauren Apfel zu beißen und wie die Jungen einen Lastwagen zu bauen. Es ist mehr als wahrscheinlich, daß dies zu einer negativen Erfahrung geführt und ihr inneres Gefühl, daß dies nichts für sie sei, verstärkt hätte. Statt dessen folgte sie ihrem sicheren Instinkt, ließ sich auf Aktivitäten ein, die ihr ein positives Gefühl vermittelten, und blieb gleichzeitig für die Entwicklung in eine neue Richtung offen. Für Pädagogen stellt sich die Frage, wie all dies, was diese Geschichte an Aspekten bietet, gefördert und erweitert werden kann. Die Entwicklung des Lego-Logo-Projekts war ein kleiner, aber aufschlußreicher Beitrag zu der Erkenntnis, wie man Material bereitstellt, das als technologische Infrastruktur einer geeigneten Lernumgebung dienen kann. Die wichtigere Seite des Problems ist jedoch die Förderung einer geeigneten Lernkultur.

Einige Pädagogen denken vielleicht, daß der Prozeß effektiver und bequemer gewesen wäre, wenn das Blinklichtprojekt von Anfang an von einem Lehrer vorgeschlagen worden wäre. Manche Forscher träumen sogar davon, einen Computer so zu programmieren, daß er Schwierigkeiten des Einzelnen in solchen Situationen »diagnostizieren« und Lernpfade vorschreiben kann. Ich fürchte, daß man mit dieser Auffassung Gefahr läuft, eine grundlegende Tatsache zu übersehen: Was Maria und ihren Freundinnen Energie gab, war nicht, daß sie Lichter blinken lassen konnten, sondern daß sie einen eigenen Weg fanden, ihre inneren Widerstände zu überwinden. Natürlich hätte ein Lehrer hier vielleicht Anleitung geben können. Eine solche Aufgabe ist für einen Lehrer jedoch äußerst heikel, und ich würde sie auch kaum der Entscheidungsfähigkeit irgendeines heutigen Computers anvertrauen. Als Lehrer würde ich meinen besten Beitrag darin sehen, den Schülern in einer Abschlußbesprechung des Projekts noch einmal bewußt zu machen, wie gut sie es gemacht haben.

So würde ich ihnen zum Beispiel die Erkenntnis vermitteln, daß der Hausbau eine ausgezeichnete Methode war, ihre eigenen Stärken und ihr Selbstvertrauen in einer schwierigen Situation zu mobilisieren. Die Themen einer solchen Nachbesprechung wären nicht Lego, Lichter und Motoren, sondern Möglichkeiten, mit intellektuell anspruchsvollen oder unangenehmen Situationen fertig zu werden. Dazu könnte auch gehören, über Problemlösungsstrategien und Projektmanagement zu sprechen. Und wenn ich gefühlsmäßig einen guten Draht zu der Klasse hätte, würde ich auch über die Problematik der Unterschiede zwischen Mädchen und

Jungen und zwischen ethnischen Gruppen sprechen. Inwieweit ich die politischen Aspekte in die Diskussion bringen würde, wäre vom Kontext abhängig. Wenn die Schüler das Thema jedoch ansprechen würden, wäre ich sicher auch bereit, über die politische Bedeutung ihrer Arbeit zu sprechen, nicht nur weil ich denke, daß man die politische Dimension nicht vernachlässigen sollte, sondern auch, weil ohne sie die Mädchen die intellektuelle Leistung ihrer Arbeit nicht vollständig verstehen könnten.
Der pädagogische Nutzen des Lego-Logo-Workshops lag in dem Spielraum, den es diesen Schülern bot, das bereitgestellte Material auf ihre eigene persönliche Weise zu verwenden. Ein Faktor, der dies ermöglichte, war eine pädagogische Haltung, die man als fordernde Freizügigkeit bezeichnen könnte: Von den Kindern wurde erwartet, daß sie engagiert an einem mit den Themen des Workshops in Zusammenhang stehenden Projekt arbeiteten, es wurde ihnen jedoch sehr viel Freiheit bei der Wahl des Projekts gewährt. Wenn Freizügigkeit der einzig wichtige Faktor gewesen wäre, könnten damit alle Probleme der Schule gelöst werden. Sie war es jedoch nicht. Ein weiterer Faktor ist das Lego-Logo-Material und die von ihm unterstützte Lernkultur. Viele Lehrer bemühen sich, etwas wie die pädagogische Haltung in diesem Projekt in ihre traditionellen Klassen zu bringen. Die Freizügigkeit ist jedoch trügerisch, selbst wenn die Absichten die allerbesten sind, wenn gleichzeitig der Anspruch besteht, die Kinder in die Zwangsjacke des traditionellen Lehrplans zu stecken, und dies gilt ganz besonders für Fächer wie Mathematik und Naturwissenschaften, in denen der Spielraum für persönliche Aneignung so gering ist.

Lustiges Lernen

Debbie baut eine Beziehung zu Brüchen und Maria zur Technik auf. Jede Geschichte hat eine Haupthandlung und ein deutlich erklärtes Happy-End. Ein feineres Geflecht von Nebenverbindungen ist genauso wichtig. Maria findet es lustig, daß tausend Ereignisse im Bruchteil einer Sekunde ablaufen können; Tausend mag zwar eine große Zahl, kann jedoch auch ein winziger Zeitraum sein. Dieses Konzept an sich ist bereits wichtig. Viel wichtiger ist jedoch, daß sie es sich durch einen Witz aneignete, der Mathematik mit Humor in Verbindung brachte, etwas, für das in der Schulmathematik wenig Raum ist.

Das Gespräch eines meiner Freunde mit seiner kleinen Tochter verdeutlicht, wie in bestimmten Familienkulturen das Ernste mit dem Humorvollen spontan vermischt wird. Dies begünstigt die Entwicklung mathematischer Fähigkeiten, indem sich langsam ein reichverzweigtes Netz von Verbindungen aufbaut.

KIND: Papi, weißt du, daß zwei die Hälfte von vier ist?
VATER: Das ist interessant. Ja, ich weiß das. Weißt du, was die Hälfte von sechs ist?
KIND (denkt eine Weile nach): Drei.
VATER: Und was ist die Hälfte von drei?
KIND (denkt noch länger nach): Welche Hälfte?
VATER (der diesmal nachdenken muß, um das zu kapieren): Die große Hälfte.
KIND: Zwei.
VATER: Und was ist mit der anderen Hälfte?
KIND (im Ton von Wofür-hältst-du-mich-eigentlich): Natürlich eins.

Man würde den Kernpunkt dieser Geschichte verfehlen, wenn man die Atmosphäre in dieser Familie nicht kennen würde, eine Atmosphäre, in der Dinge sowohl ernst genommen als auch mit Humor behandelt werden. »Welche Hälfte?« könnte ein Witz in der Familienkultur werden, und durch viele solcher kleinen Vorfälle würden Zahlen in die Familienkultur hineingewoben als etwas, mit dem man spielt, über das man Witze macht. Interessant ist hier nicht, daß ein Kind das wichtige Konzept lernte, daß gerade Zahlen eine genaue Hälfte haben, ungerade jedoch nicht. Interessant ist hier, daß eine Familie zahlreiche kleine Gelegenheiten schafft, sich Mathematik als einen warmen und behaglichen Lebensbereich anzueignen, der mit anderen Lebensbereichen, in denen sie sich wohl fühlt, verbunden ist.

Viele lustige Ereignisse in Klassen, die Logo verwendeten, haben etwas von diesem Familienerlebnis. Ein Beispiel soll vor Augen führen, wie reich an Ereignissen, die solche Verbindungen ermöglichen, eine Logo-Computerumgebung sein kann.

Das Kindergartenkind Dawn spielte mit einem Logoprogramm, mit dem man Gegenstände auf dem Bildschirm entwerfen und sich bewegen lassen konnte. Die sich überschneidenden Spuren erzeugten Bewegungsmuster wie jene (wenn natürlich auch viel einfacher), die Brian und Henry fasziniert hatten. Die Geschwindigkeit eines Gegenstands wurde durch Eintippen einer Zahl gesteuert. Das Kind konnte also sehen, daß Geschwindigkeit zehn viel schneller war als Geschwindigkeit zwei, und konnte sich sogar an die Vorstellung herantasten, daß Geschwindigkeit zwei doppelt so schnell wie Geschwindigkeit eins ist.

Nach einer Weile wurde Dawn ganz aufgeregt und rief die Erzieherin und einen Freund, um ihnen etwas auf dem Bildschirm zu zeigen. Sie tippte etwas mit einem Finger ein, den sie mit der anderen Hand bedeckt hielt, damit die anderen nicht sehen konnten, was es war. Alle schauten erwartungsvoll auf den Bildschirm. Dawn sagte: »Guckt mal!« Nichts passierte. Dawn sagte, »Guckt doch mal!« und die Erzieherin brauchte einige Zeit um zu begreifen, was sie meinte: Nichts passierte, weil sie die Geschwindigkeit auf 0 gesetzt hatte. Langsam wurde deutlich, daß Null eine Geschwindigkeit war, und also Stillstehen Bewegen ist – Bewegen mit der Geschwindigkeit Null.

Ich sehe in Dawns Erlebnis die Wiederholung eines wichtigen Ereignisses in der Geschichte der Mathematik. Ich erinnere mich daran, daß ich im vierten oder fünften Schuljahr hörte, daß indische Mathematiker die Null entdeckten, und mich fragte, was dies wohl bedeute. Was entdeckten sie? Die Verwendung des Kreissymbols? Tatsächlich entdeckten sie – wie Dawn –, daß Null als Zahl verwendet werden konnte. Ich habe seither herausgefunden, daß Dawn nicht das einzige Kind war, das diese Entdeckung gemacht hat, und daß dafür auch kein Computer nötig ist. Tatsächlich ergab eine Umfrage unter den Teilnehmern einer Lehrerkonferenz, daß vielleicht einer von zehn Teilnehmern mit eigenen Kindern zu einem Zeitpunkt beobachtet hatte, daß sein Kind sich über einen eigenen Witz amüsierte, der ungefähr folgende Form hatte: »Gibt es Schlangen in diesem Haus?«
»Ja, es gibt Schlangen, es gibt *null Schlangen*.«

Daß viele Kinder eine ähnliche Entdeckung auch ohne Computer machen, verstärkt eher meine Begeisterung über die Episode mit Dawn, als daß sie dämpfend wirkt. Dadurch wird nämlich deutlich, daß dies keine seltsame Eigenart des Computers ist; es ist Teil der Entwicklung mathematischen Denkens. Der Computer kann dazu beitragen, diese Erfahrung wahrscheinlicher und sicher auch intensiver zu machen.
Dawn konnte mehr damit anfangen, als nur über den Witz lachen und die Erzieherin und ihren Freund damit hereinlegen: Die Einsicht, daß Null eine Zahl und Stillstehen Bewegen mit der Geschwindigkeit Null ist, vergrößerte ihren Aktionsradius. Ein wenig später würde sie in der Lage sein, Programme zu schreiben, in denen eine Bewegung durch den Befehl SETZEGESCHWINDIGKEIT 0 zum Stillstand gebracht wird. Was noch interessanter ist, der Witz kann erweitert werden. Die Schildkröte wird auf den Befehl VORWÄRTS –50 damit reagieren, daß sie fünfzig Schritte rückwärts geht. Entsprechend wird der Befehl, einen negativen Betrag rückwärts zu gehen, die Schildkröte vorwärts gehen lassen. Negative Zahlen sind also ebenfalls Zahlen und werden beim Spielen mit der Schildkröte realer.

Wenn man Marias Erfahrung genauer untersucht, zeigen sich weitere unterschiedliche Formen der Gelegenheit, etwas nebenbei zu lernen. Eine betrifft das Vorgehen bei Experimenten. Die Mädchen spielen eine Situation nach, die in der Wissenschaft immer wieder auftaucht. Zuerst stehen sie vor einem Rätsel – und dies allein macht die Situation schon sehr viel realistischer als den normalen naturwissenschaftlichen Laborversuch in der Schule, bei dem es typischerweise um Fragen geht, für die sich seit hundert Jahren niemand mehr ernsthaft interessiert hat. Sie diskutieren Hypothesen und entscheiden sich schließlich für eine, die ihnen einleuchtend erscheint. Sie führen ein Experiment durch, um ihre Hypothese zu überprüfen. Die Hypothese wird grundsätzlich bestätigt, bedarf jedoch noch einiger Veränderungen. Die Eingrenzung der Hypothese führt zu neuen Entwicklungen, denen die Mädchen folgen. Diese Abläufe sind denen in der »Wissenschaft« ganz ähnlich. Jenen in der »Schulwissenschaft« sind sie überhaupt nicht ähnlich.

Meine Geschichten von Debbie und Maria haben einen Aspekt der »Heilung«: Es wird dargestellt, wie die Hauptpersonen eine ursprünglich schlechte Beziehung zu einem Wissensbereich verbessern. Der Aspekt der Heilung ist jedoch nicht das Wesentliche an den Geschichten, denn man könnte sie auch so interpretieren, daß sie zeigen, wie sich eine von Anfang an gesunde Beziehung entwickeln konnte. Sie zeigen trotz allem frühe Stadien einer gesunden Beziehung zu Mathematik oder Technologie. Die nächste Geschichte gibt ein Bild einer sehr viel weiter entwickelten Beziehung.

Rickys Erfindung

Ricky war ein Schüler im vierten Schuljahr, als er das erste Mal in das Lego-Labor am MIT kam. Ich weiß nicht, was er in seinen ersten Sitzungen machte. Mir fiel seine Arbeit auf, als er ein Projekt begonnen hatte, in dem er einen Roboter konstruieren wollte, der durch Vibration laufen sollte.

Die Grundidee hatte er aus einer Beobachtung, die von den meisten irgendwann einmal gemacht wird: Wenn Maschinen vibrieren, haben sie eine Tendenz, sich fortzubewegen. Eine Waschmaschine, die nicht mehr ganz rund läuft, tendiert dazu, neben der Erzeugung einer Menge Lärm und dem offensichtlichen Versuch, sich selbst zu zertrümmern, sich auch fortzubewegen, wenn sie nicht sicher verankert ist. Dieses Phänomen, manchmal auch als »wandern« bezeichnet, wird in der Regel als Ärgernis betrachtet, das man entweder durch eine Reduzierung der Vibration des Gerätes oder durch eine festere Verankerung beheben kann. Ricky schlug eine andere Richtung ein. Er schaute sich eine vibrierende Legokonstruktion an und beschloß, die Tendenz zu wandern als Mittel der Fortbewegung zu nutzen. Dies war ein klarer Fall eines glücklichen Zufalls – die Verwandlung einer zufälligen Beobachtung in einen Vorteil. Man kann häufig feststellen, daß wichtige Entdeckungen ihren Anfang in zufälligen Beobachtungen nehmen und dem »Glück« zugeschrieben werden. Selbst wenn Erfolg in der Wissenschaft zu 90 Prozent auf Glück beruht, so zahlt sich dieses Glück doch nicht aus, wenn nicht einige andere Elemente vorhanden sind: Neugier, etwas zu verstehen und weiterzuverfolgen, Energie, Durchhaltevermögen, Anwendung von Intelligenz und vor allem das Gefühl eines unterstützenden Umfelds. Ricky zeigt alle diese Elemente in einer erstaunlichen Form.

Nachdem er beobachtet hatte, daß ein Legomotor wandert, wenn er vibriert, war seine erste Frage, wie er die Vibration verstärken könnte. Wie kann man erreichen, daß er effektiver vibriert?

Ein gutes Prinzip, in dessen Anwendung sich Ricky in vielen Situationen, in denen ich ihn bei der Arbeit beobachten konnte, als Meister erwies, ist die Ausschau nach bekannten Situationen, in denen das Gesuchte gut verwirklicht ist. Ricky fand eine solche Situation, indem er seinen Arm heftig kreisen ließ. Die Bewegung des Armes führte dazu, daß sich sein Körper in scheinbar zufällige Richtungen bewegte. Wenn dies nun schneller ablaufen würde, wäre es »Vibration«. Also machte er sich daran, den Legomotor mit einem Arm auszustatten.

Dadurch war Ricky gezwungen, sich mit der Frage zu beschäftigen: Was ist ein Arm? Der menschliche Arm ist ein komplexes System. Ricky vereinfachte es. Für seinen Zweck war nur relevant, daß der Oberarm sich um eine Schulter drehen und den Unterarm unkontrolliert herumschlenkern konnte. Also suchte er sich Legoteile zusammen, mit deren Hilfe er diese Eigenschaften des Arms simulieren konnte. Es funktionierte. Der mit diesem Arm ausgestattete Legomotor vibrierte und bewegte sich stärker.

Der nächste Schritt bestand darin, ein Fahrwerk zu bauen, das diese Form der Fortbewegung nutzen konnte. Ricky hatte die Idee, Beine an einer Plattform zu befestigen und den Motor auf die Plattform zu montieren und vibrieren zu lassen. Es stellte sich heraus, daß diese Konstruktion einen fatalen Fehler enthielt. Als der Motor eingeschaltet wurde, vibrierte er so stark, daß der ganze Apparat auseinanderflog – Legoteile flogen in alle Richtungen.

Was konnte getan werden? Ricky zog zwei Möglichkeiten in Erwägung: die Vibration zu reduzieren oder die Festigkeit der Konstruktion zu erhöhen. Eindeutig schien die zweite Möglichkeit die attraktivere zu sein. Doch wie konnte man sie in die Tat umsetzen?

Seine erste Idee war, viele Verstrebungen einzubauen und das ganze Ding allgemein zu verstärken; bald wurde ihm jedoch klar, daß es dadurch so schwer würde, daß es sich wahrscheinlich nicht mehr bewegen würde. Dann hatte er eine zweite, diesmal brilliante Idee: es klein und kompakt zu bauen.

Der Motor vibrierte immer noch. Der Apparat flog nicht auseinander. Er bewegte sich sogar ein wenig, fiel dann jedoch kopfüber um, als würde er über seine eigenen Füße stolpern. Motor abschalten. Apparat aufstellen. Nochmal versuchen. Gleiches Ergebnis. Was nun?

Die Lösung kam von einem Klassenkameraden. Gib ihm Füße! Warum? Wie? Die Diskussion wich schnell der Tat. Der Apparat erhielt Füße, indem Legoräder als Schuhe verwendet wurden, so wie in der Zeichnung dargestellt. Kurzzeitig kamen Zweifel auf, ob es Betrug war, Räder zu verwenden, denn dies sollte ja ein Fahrzeug ohne Räder werden. Sie wurden jedoch schnell beiseite gewischt: Diese Räder wurden ja gar nicht als Räder verwendet. Wenn sie viereckig gewesen wären, hätten sie ihren Zweck genauso gut erfüllt, runde Räder waren jedoch zur Hand, also wurden sie auch benutzt. Als diese Vorstellung einmal akzeptiert war, genoß man sie mit Begeisterung, und daß dies Räder waren, die keine Räder waren, wurde ein herausragender Teil von Rickys Beschreibung seiner Arbeit, die er hocherfreut jedem gab, der danach fragte.

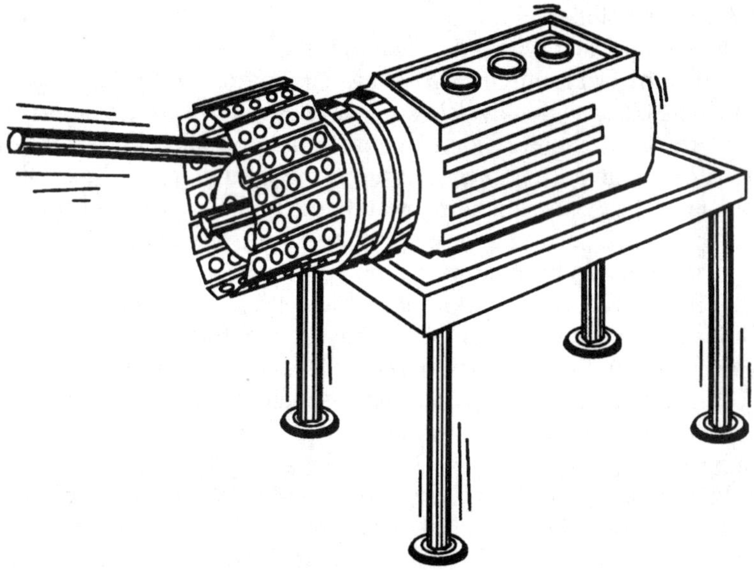

Der vibrierende Wanderer

Er funktionierte! Er funktionierte sogar besser, als man je erwartet haben könnte. Die kleine Maschine wanderte nicht nur munter umher, sie gab beim Wandern auch reizvolle, echt klingende Maschinengeräusche von sich.

Was war der nächste Schritt? Man kann ein gutes Projekt doch nicht einfach aufgeben, nur weil es erfolgreich war. Spielen mit dem Roboter führte zu neuen Problemen und gleichzeitig zu einem Lösungsansatz. Bei laufendem Motor bewegte sich das Ding zwar zufriedenstellend, es bewegte sich jedoch in zufällige Richtungen. Könnte man es steuern? Wieder ging der Moment der Entdeckung in der Aufregung unter, aber plötzlich wußten alle, die um die Maschine herumstanden, daß sie ihre Richtung ein klein wenig änderte, wenn sie eingeschaltet wurde. Physiker haben einen Namen für die Ursache dieses kleinen Sprungs: Sie nennen sie die Erhaltung des Drehimpulses. In der Praxis bedeutet dies, daß, wenn sich der Motor in eine Richtung zu drehen beginnt, sich etwas mit ihm Verbundenes in die andere Richtung drehen muß. Dies mag unglaublich erscheinen (außer für jene, die Physik oder Ballett studiert haben), weil diese Aussage so vielen allgemeinen Beobachtungen zuwiderläuft. Ricky und seine Freunde hielten jedoch nicht inne, um darüber nachzudenken, wie Physiker dies wohl ausdrücken würden. Sie hatten den Kern einer Idee. Vielleicht könnte man den Roboter dadurch steuern, daß man den Motor an- und abschaltete.

Dies in die Tat umzusetzen, erforderte einige Fähigkeiten, war jedoch eine echte Lösung. Die Maschine konnte gesteuert werden!

Nächstes Problem: Könnte sie sich selbst so steuern, daß sie mehr oder weniger geradeaus ging? Ja, das war möglich, und Ricky wußte auch ganz genau, wie man es bewerkstelligen könnte. Ich bin sicher: Wenn er damals schon zu der verbesserten Technologie, die wir heute haben, Zugang gehabt hätte, wäre das Selbststeuerungsprojekt durchgeführt worden. Wie es eben so geht, dies mit den zur Verfügung stehenden Mitteln auszuführen, wäre zu viel Aufwand gewesen und hätte zu viel Hilfe benötigt; also zog er es vor, sein Interesse etwas anderem zuzuwenden.

Ricky arbeitete zwar auf einer fortgeschritteneren Ebene, seine Methode hat jedoch viel mit dem gemeinsam, was wir in anderen Geschichten kennengelernt haben. Wie Debbie und Maria und wie die Küchenmathematiker tastete er sich bei seiner Arbeit langsam voran. Er folgte keinem exakten Plan, hatte aber dennoch ein Ziel und arbeitete sehr engagiert, um es zu erreichen; sein Ziel konnte sich während seiner Arbeit weiterentwickeln. Er baute keinen Roboter, indem er auf die für diesen Zweck üblichen Methoden und Materialien zurückgriff; er verwendete, was gerade da war, und fand sogar Gefallen daran, etwas zu verwenden, was normalerweise einem ganz anderen Zweck diente.

Rickys Arbeitsweise, mit ihren Elementen der Improvisation und der im Verlauf der Arbeit immer wieder neuen Anpassungen, ist ein erstklassiges Beispiel für etwas, das Sherry Turkle und ich als *bricolage* bezeichnet haben, einer Adaptation eines durch den Anthropologen Claude Lévi-Strauss verwendeten französischen Wortes, das am ehesten (jedoch nicht ganz treffend) mit »zurechtbasteln« übersetzt werden könnte.

Dirty Dancing

In diesem Buch habe ich viele verschiedenartige Geschichten dazu verwendet, Visionen vom Lernen zu erwecken. Einige sind komplett erfundene Gleichnisse, andere sind Beschreibungen tatsächlicher Ereignisse und wieder andere sind imaginäre Szenarien. Die nächste Geschichte stammt aus einem Film – einem frei erfundenen Spielfilm, der meines Wissens nicht von professionellen Lernspezialisten gemacht wurde. Pedantische Akademiker, die bereits mit meiner unkonventionellen Methodik unzufrieden sind, werden vielleicht denken, daß dies nun wirklich zu weit gehe. Wie kann ein Film eine gültige Quelle für Vorstellungen vom Lernen sein?

Ich möchte hier mehr als nur die Verwendung eines Films rechtfertigen; ich möchte jeden am Lernen Interessierten dazu ermutigen, unsere Kultur als Quelle der Erkenntnis und Diskussionsgrundlage zu betrachten, und zwar in dem Sinn, wie ich auch dazu ermutigen will, persönliche Erfahrungen so anzusehen. Diese Empfehlung entspringt einer Sicht des Lernens als eines Lebensbereichs wie Beziehungen, Spiritualität oder ästhetisches Empfinden. In all diesen Bereichen entwickelt sich unsere Differenziertheit und Empfindsamkeit auch aus Werken der Fiktion – aus Romanen, Theater, Malerei. Diese Werke sind in einer Hinsicht vielleicht »ausgedacht«, in einer anderen vermitteln sie jedoch Wahrheiten, die genauso tief und häufig genauer als von Wissenschaftlern zum besseren Verständnis solcher Gebiete durchgeführte Experimente sind. Ich glaube, daß wir auf gleiche Weise etwas über das Lernen lernen können, und daß wir noch mehr lernen könnten, wenn wir uns kritisch mit diesem Aspekt der Kunst auseinandersetzen würden.

Es gibt noch einen weiteren Grund, warum Lernspezialisten sich ernsthaft mit der Darstellung des Lernens in fiktionalen Werken beschäftigen sollten. Selbst wenn sie es vorziehen, über diesen Bereich als Quelle der Erkenntnis die Nase zu rümpfen, so können sie doch sicher sein, daß andere, möglicherweise unbewußt, durch die in der Kultur eines Volkes vorherrschenden Bilder vom Lernen beeinflußt werden. Und wenn diese anderen Schüler oder Personen wie Eltern, die Einfluß auf Schüler haben, sind, werden deren Bilder vom Lernen sich sicherlich auf die tatsächlichen Lernprozesse auswirken.

Der Film *Dirty Dancing* ist eine Lerngeschichte im gleichen Sinne wie *Romeo und Julia* eine Liebesgeschichte ist. In der ersten Szene sehen wir Jennifer Grey in der Rolle der Baby, einer idealistischen Schülerin, deren unbeholfener Gang und deren Haltung vermitteln, daß sie mit geistigen Angelegenheiten beschäftigt war, während die anderen ihrer Gruppe durch körperliche Aktivitäten ihr Körper- und Bewegungsgefühl entwickelten. Baby ist keine Tänzerin und weiß so wenig vom Tanzen, daß sie keine Vorstellung davon zu haben scheint, wieviel Lernen erforderlich sein wird, als sie sich als Ersatz für die weibliche Rolle in einer aufsehenerregenden Tanzvorstellung meldet, die in weniger als einer Woche stattfinden soll. Tatsächlich könnte ein kritischer Lehrer dieselbe Ignoranz dem Autor einer Geschichte unterstellen, in der gezeigt wird, daß Baby nach einer Woche intensiver Arbeit mit ihrem männlichen Partner (gespielt von Patrick Swayze) diesen Part perfekt ausführt. Ich selbst kann nicht sagen, ob der zeitliche Ablauf glaubhaft dargestellt ist oder nicht, bin mir jedoch sicher, daß so etwas eher durch einen Lernprozeß, wie er in dem Film gezeigt wird, möglich ist, als durch einen Lernprozeß, wie er in der Schule üblich ist.

Wie dem auch sei, jemand, der sich mit Lernen auskennt, wird sich mehr für die Qualität von Babys Erfahrung als für die Zeit, die für dieses Ziel erforderlich war, interessieren: Was den Film für mich unwiderstehlich machte, war die Glaubwürdigkeit der Merkmale erfolgreichen Lernens, die er ins Zentrum der Aufmerksamkeit rückt. Daß einige dieser Merkmale (unter ihnen möglicherweise die Lerngeschwindigkeit) in einer überhöhten, überlebensgroßen Form dargestellt werden, scheint mir ein Vorteil (sicher kein Fehler) der Verwendung des künstlerischen Mediums zu sein, genau wie die hochdramatische Handlung in *Romeo und Julia* zu ihrer größeren, nicht geringeren, Relevanz für die menschlichen Probleme, denen wir in einer weniger dramatischen Form in unserem eigenen Leben begegnen, führt.

Die Handlung des Films spielt in einem Erholungsort in den Catskill Mountains, wo man zwei Klassen von Menschen, zwei Formen des Tanzens und zwei Formen des Lernens beobachten kann. Die gesetzten, gutbetuchten Gäste werden verhätschelt, in der Hoffnung, daß sie nächstes Jahr wiederkommen werden. Die Angestellten werden durch die Drohung diszipliniert und schikaniert, daß sie nächstes Jahr nicht wiederkommen werden. Der Ort ist zwar so aufgebaut, daß die zwei Klassen so weit wie möglich getrennt bleiben, solche Trennungslinien sind jedoch selten absolut, und in diesem Fall wird die Handlung des Films von zwei Übertretungen belebt. Baby, die von ihren Eltern an diesen für sie langweiligen Ort gebracht wurde, wandert ruhelos durch das Gelände und stößt zufällig auf die Angestelltenunterkünfte, wo sie auf eine Gesellschaft trifft, die sich in schockierender Weise von allem unterscheidet, was sie in ihrer bisherigen behüteten Existenz gesehen hat. Hier begegnet sie einem Opfer der anderen Übertretung: Die Tänzerin, für die sie später einspringen wird, ist schwanger und wurde vom Vater des Kindes, einem Neffen des Eigentümers, verlassen; Babys Angebot wird es ihr ermöglichen, den Ort zu verlassen und eine Abtreibung vornehmen zu lassen.

Baby erlebt ihren ersten Schock, als sie sieht, wie hier getanzt wird. Im Ballsaal des Ortes tanzen die Gäste gesetzt mit den Füßen. Einige schlurfen ohne bestimmte Form im Takt der Musik übers Parkett. Andere führen formelhafte Schrittfolgen aus: »Vor ... vor ... seit ... zusammen« und »lang ... lang ... kurz ... kurz ... lang«. Die Angestellten tanzen in ihren Unterkünften sozusagen *dirty*, schmutzig. Sie führen Bewegungen aus, die eindeutig sexuelle Anspielungen darstellen, und ihre Berührungen sind erotisch gefärbt. Nach meiner Meinung geht die zündende Wendung *dirty dancing* jedoch noch tiefer. Wirklich kraftvoll und zutiefst erotisch ist an diesem Tanzstil nicht die anzügliche Andeutung mechanischer Sexakte, sondern das vollständige Einbringen von Körper, von Energie, von Leidenschaft.

Die tiefere Bedeutung, was sauber und was schmutzig ist, wird klarer, wenn wir unsere Aufmerksamkeit vom Tanzen auf das Tanzenlernen richten. Wenn nun also Tanzen durch Formeln festgelegt ist, dann eignet es sich für eine vertraute Form des Unterrichtens, die ich »sauberes Unterrichten« nennen möchte. Ich denke, daß jeder, der einen herkömmlichen Kurs in Standardtänzen absolviert hat, weiß, wie das ist. Die vermittelte Information ist sauber festgelegt. Der Grundschritt des Foxtrott ist Vor-Tip-Seit-Zusammen, Rück-Tip-Seit-Zusammen. Verstanden? Jetzt üben Sie ein wenig, dann werden wir die Vorwärtpromenade durchnehmen. Wenn Sie auch die können, werden wir üben, beides zusammen zu tanzen.

Das Verhältnis zwischen Lernendem und Lehrer ist insofern »sauber«, als es, für den Lehrer unter Androhung der Entlassung, auf die unpersönliche, mechanische Arbeit beschränkt ist, die notwendig ist, um eine Reihe von Schritten zu beherrschen. Auf äußerst subtile Weise ist schließlich auch das Verhältnis zwischen dem Lernenden und dem Lerninhalt wie ein sauberer chirurgischer Eingriff: Bei der Aufnahme neuen Wissens kommt es nur zu einer minimalen Störung des bereits vorhandenen und sicherlich auch nur zu minimalen Auswirkungen auf das Identitätsgefühl des Lernenden und seine Einstellung zur Gesellschaft.

Wir sehen etwas völlig anderes, als Baby die Arbeit mit ihrem Tanz lehrer aufnimmt. Der Film zeigt dies zwar nicht explizit, man kann jedoch vermuten, daß ihre früheren Erfahrungen mit Tanzstunden, eigentlich sogar mit Unterricht im allgemeinen, sie erwarten ließen, daß die Arbeit dem Muster sauberen Lernens folgen würde. Tatsächlich bekommt sie jedoch etwas völlig anderes. Das Erlernen der »Schritte« ist der geringste Teil, wenn auch davon einiges vorhanden ist. Ihr Lehrer sagt ihr, sie solle »der Musik lauschen wie einem Herzschlag« und verwendet ihre sich langsam entwickelnde erotische Beziehung dazu, Baby ein neues Raum- und Körpergefühl zu geben. Er läßt sie über eine gefährlich hohe und schmale Brücke aus Baumstämmen balancieren, damit sie ein Gefühl für Gleichgewicht, Haltung und Selbstvertrauen gewinnt. Was mit ihr während des Tanzenlernens passiert, ist nicht auf eine sauber abgegrenzte Reihe gefühlsmäßig neutraler Fertigkeiten beschränkt. Es könnte sicherlich nicht als »Programm« im üblichen Sinne des Wortes bezeichnet werden. Es umfaßt auch eine neue Beziehung zu sich selbst. Es umfaßt eine veränderte Beziehung zu Autorität, zu ihrem Vater und zu der oberen Gesellschaftsschicht, der ihre Familie angehört.

Hier kann man die berechtigte Frage stellen, ob die gegensätzlichen Modelle des Lernens, die ich im Bereich des Tanzenlernens »sauber« und »schmutzig« genannt habe, sich auch auf andere Bereiche anwenden lassen, die als abstrakter und intellektuell anspruchsvoller betrachtet werden. Um eine Antwort auf diese Frage zu finden, werde ich ausprobieren, inwieweit eine Parallele zu anderen Gebieten, die eher den in der Schule gelehrten entsprechen, gezogen werden kann und beginne mit dem abstraktesten, nämlich der Mathematik.

In einigen Beziehungen läßt sich diese Parallele auf der sauberen Seite leicht ziehen. Sauberes Lernen reduziert Tanzen auf Formeln, die Schritte beschreiben, und sauberes Lernen reduziert Mathematik auf Formeln, die Verfahren für den Umgang mit Symbolen beschreiben. Die Formel für einen Foxtrott-Grundschritt entspricht genau der Formel für das Addieren von Brüchen oder das Lösen von Gleichungen. Die andere Komponente der Sauberkeit im Tanzunterricht läßt sich ebenfalls direkt auf die Schulmathematik anwenden. Gefühle bleiben draußen. Die Beziehung zwischen Lehrer und Schüler beschränkt sich auf den Austausch von Informationen über das behandelte Thema. Es besteht die Ansicht, daß sicherlich nichts, was irgendetwas mit Erotik zu tun haben könnte, hier eine Rolle spielt.

Auf der Seite des schmutzigen Lernens scheint die Parallele weniger klar zu sein. Als ich Babys Lernen als »schmutzig« bezeichnete, bezog ich mich auf Beteiligung des Körpers, Überwindung von Furcht und auf die Thematik der gesellschaflichen Schichtzugehörigkeit. Es könnte so erscheinen, als hätten diese Themen eine innere Verbindung zum Tanzen, spielten aber bei dem, um was es in der Mathematik geht, keine Rolle. Ich stimme zu, daß es so aussieht, wenn man die in der Schulmathematik vorherrschenden Modelle akzeptiert. Doch dann hätte anscheinend auch Tanzen keinen Bezug zu solchen Themen, wenn man die Modelle des Tanzens und des Tanzenlernens zugrundelegt, die in dem Ballsaal für Gäste oder in Arthur Murrays Darstellung des Unterrichts in Standardtänzen vorherrschen. Es ist notwendig, hier ein paar Mauern einzureißen, um zwischen den Aspekten der Mathematik, die in die Auffassung der Schule von diesem Fach eingeflossen sind, und jenen, die einen höheren Anspruch haben, zu unterscheiden.

Wenn man das als Mathematik akzeptiert, was Brian und Henry gemacht haben, wird die Distanz zwischen Mathematik und Tanz zumindest ein wenig kleiner, denn sie beschäftigten sich gleichzeitig mit etwas von beidem. Sicherlich brachten sie mehr von ihrer Persönlichkeit ins Spiel, als es in einem sauberen Mathematikunterricht angestrebt wird. Maria forderte ihre gesellschaftliche Rolle heraus. Debbie veränderte ihr Selbstwertgefühl, genau wie Brian und Henry. Ich denke, hier wird ziemlich deutlich, daß wir in diesen Situationen Kinder vor uns haben, die sich auf ein Ziel zu bewegen, das durch Babys Lernprozeß abgesteckt worden ist. Wenn sie nicht so weit gehen, dann nicht, weil Schulfächer sich an sich von Tanzen unterscheiden, sondern weil Baby in einer Lage war, in der sie ihre Beziehung zum Tanzen voller ausleben konnte, als es auch bei allem Optimismus an den heutigen Schulen möglich ist.

7 Instruktionismus versus Konstruktionismus

Ich habe mich bemüht, so lange wie möglich einen Stil beizubehalten, den man ganz grob als konkret beschreiben könnte. Nun wird es Zeit, wenn auch nur ein Kapitel lang, auf einen etwas akademischeren und abstrakteren Stil umzuschalten, um Vergleiche und Austausch mit anderen Auffassungen zu ermöglichen. Gleichzeitig werde ich auch daran arbeiten, mathetische Vorstellungen, die ich bisher hauptsächlich durch Geschichten eingeführt habe, schärfer und formaler (nicht notwendigerweise auch besser) zu fassen.

Meine Vorliebe für einen konkreten Schreibstil ist nicht einfach nur eine literarische Taktik, etwas zu sagen, was ich auch in abstrakterer Sprache ausdrücken könnte. Es ist eher so, daß ich das Medium zur Aussage mache. Ein zentrales Thema meiner Aussage ist, daß eine herrschende Tendenz zur Überbewertung abstrakten Denkens ein Haupthindernis für pädagogischen Fortschritt darstellt. Eine von mehreren möglichen Formulierungen meiner Auffassung, wie Lernen verändert werden könnte, lautet, daß dieser Wandel durch eine erkenntnistheoretische Umkehr zu einer konkreteren Wissensform erfolgen wird – eine Umkehr der traditionellen Vorstellung, daß intellektuelle Weiterentwicklung sich darin zeigt, daß man vom Konkreten zum Abstrakten fortschreitet. Überdies sehe ich die Notwendigkeit dieser Umkehr nicht nur in bezug auf Lerninhalte, sondern auch in bezug auf die Diskussion der Pädagogen. Indem ich selbst eine konkrete Ausdrucksweise verwende, kann ich gleichzeitig sagen und zeigen, was ich damit meine, und trage zu einem tieferen Verständnis der Faktoren bei, die konkretes Denken so kraftvoll machen. Dennoch ist es nicht überraschend, daß gerade der Begriff der »Konkretheit« selbst einer abstrakteren Formulierung bedarf.

In der pädagogischen Diskussion wird das Wort *konkret* häufig in seiner gemeinsprachlichen Bedeutung verwendet. Wenn Lehrer darüber sprechen, konkrete Materialien zu verwenden, um das Lernen des Zahlenbegriffs zu unterstützen, begreift man schnell, daß damit solche Methoden wie die Verwendung von Holzklötzchen zur Anordnung von Zahlenmustern gemeint sind. Das Wort hat jedoch auch speziellere Bedeutungen angenommen, wobei die wichtigste eng mit Jean Piagets berühmter (oder in einigen Kreisen berüchtigter) Theorie der Entwicklungsphasen verbunden ist. Leider werden diese beiden Verwendungen häufig verwechselt: Man kann leicht dem Trugschluß unterliegen, Piaget so zu verstehen, als hätte das Wort bei ihm seine gemeinsprachliche Bedeutung, und dieser Trugschluß wird auch noch durch die vielen Bücher gefördert, die in herablassendem Ton nach dem Motto »Piaget leicht gemacht« für Lehrer geschriebenen worden sind. Tatsächlich meint Piaget etwas viel Komplexeres und Interessanteres, wenn er kindliches Denken im Grundschulalter als »konkret« beschreibt. Dieses Wort ist hier genauso als Fachbegriff zu sehen wie die Verwendung des Wortes *Kraft* in der Physik oder die Verwendung des Wortes *Depression* in der Psychiatrie – in allen diesen Fällen wird man die Bedeutungen mißverstehen, wenn man sich nicht darüber klar ist, daß die Wörter ihre spezielle Bedeutung durch Theorien erhalten, die häufig landläufigen Vorstellungen zuwiderlaufen. Piagets Konzept der »konkreten Intelligenz« erhält seine Bedeutung aus der Perspektive einer Theorie, die sich langsam, und nicht immer geradlinig, im Laufe eines enorm produktiven, lebenslangen Forschungsunternehmens entwickelte. Wir werden dieses äußerst aufschlußreiche Konzept aus bestimmten problematischeren Aspekten in Piagets theoretischen Konstruktionen, insbesondere aus seinem Begriff der »Phase«, herauslösen müssen. Die Gegenüberstellung zweier pädagogischer Ansätze, die die Überschrift dieses Kapitels bildet, liefert einen geeigneten Kontext für eine genaue Bestimmung, was »konkrete Intelligenz« in Piagets theoretischem Rahmen bedeutet.

Die Nachsilbe *-ismus* ist ein Kennzeichen des Abstrakten und ihre Verwendung im Titel spiegelt die Veränderung in meinem Denkstil wider. Mit dem Wort *Instruktionismus* (abgeleitet vom englischen Wort »instruction« mit der Bedeutung »Unterricht«) soll etwas ganz anderes als *Pädagogik*, oder die Kunst des Lehrens bezeichnet werden. Es soll auf einer eher ideologischen oder programmatischen Ebene verstanden werden und für die Auffassung stehen, der Weg zu besserem Lernen führte über die Verbesserung des Unterrichts – wenn die Schule alles andere als vollkommen ist, dann ist natürlich klar, was zu tun ist: Besser unterrichten. Konstruktionismus gehört zu einer Reihe von pädagogischen Ansätzen, die diese »offensichtliche Wahrheit« abstreiten. Er stellt den Wert von Unterricht an sich nicht in Frage. Das wäre auch dumm: Selbst der (von Piaget unterstützte, wenn nicht sogar geprägte) Ausspruch, daß jeder Akt des Lehrens das Kind einer Möglichkeit beraubt, etwas selbst zu entdecken, ist kein kategorischer Imperativ gegen das Lehren, sondern eine als Paradox formulierte Gedächtnishilfe, es zu begrenzen. Der Konstruktionismus gibt das Lehren nicht auf, nur weil er es auf ein Minimum beschränken will – sein Ziel ist es, so zu lehren, daß bei kleinstmöglichem Lehraufwand der größtmögliche Lernerfolg erzielt wird. Natürlich kann dies nicht dadurch erreicht werden, daß einfach weniger gelehrt wird, während alles andere beim alten bleibt.

Die wichtigste andere notwendige Veränderung kommt in einem afrikanischen Sprichwort zum Ausdruck: Wenn ein Mensch hungrig ist, kannst du ihm einen Fisch geben, besser ist jedoch, ihm eine Angelschnur zu geben und ihn Angeln zu lehren.

Die traditionelle Pädagogik bringt das, was ein Bürger nach ihrer Meinung wissen muß, in ein System und macht sich daran, Kinder mit diesen »Fischen« zu füttern. Der Konstruktionismus geht davon aus, daß es für Kinder am besten ist, das für sie wichtige Wissen selbst zu finden (zu »angeln«); organisierter oder informeller Unterricht kann für die meisten eine Hilfe sein, indem er sicherstellt, daß sie moralische, psychologische, materielle und intellektuelle Unterstützung bei ihren Bemühungen erhalten. Am allermeisten benötigen Kinder das Wissen, das ihnen hilft, mehr Wissen zu erwerben. Genau aus diesem Grund müssen wir die Mathetik entwickeln. Natürlich sind neben dem Wissen über Angeln auch gute Angelschnüre wichtig, weshalb wir Computer brauchen, und das Wissen, wo man fischreiche Gewässer findet, weshalb wir eine große Bandbreite mathetisch wertvoller Aktivitäten oder »Mikrowelten« entwickeln müssen.

Nehmen wir noch einmal die Mathematik, um das allgemeine Problem in seiner extremsten Ausprägung zu betrachten. Es ist offensichtlich, daß die Gesellschaft der Vereinigten Staaten von Amerika (und der meisten Länder der Welt) mathematisch weniger leistet, als man erwarten könnte. Es ist auch offensichtlich, daß der Mathematikunterricht im Durchschnitt recht schlecht ist. Daraus folgt jedoch nicht, daß der einzige Weg zu besseren Leistungen die Verbesserung des Unterrichts ist. Ein anderer Weg ist, Kindern wirklich interessante Mikrowelten anzubieten, in denen sie wie Brian Mathematik *verwenden*, wie Debbie darüber *nachdenken* oder wie Dawn damit spielen können. Wenn Kinder etwas wirklich lernen wollen und die Möglichkeit haben, es in Verwendung zu lernen, werden sie dies auch tun, selbst wenn der Unterricht schlecht ist. So lernen zum Beispiel viele Kinder schwierige Videospiele ganz ohne professionellen Unterricht! Andere benutzen die Hotline von Nintendo oder lesen Zeitschriften über Spielstrategien, um Informationen zu erhalten, die sie von einem Lehrer bekommen würden, wenn Videospiele ein Schulfach wäre. Da außerdem ein Grund für schlechten Unterricht darin liegt, daß niemand gerne widerwillige Kinder unterrichtet, wird der konstruktionistische Weg den Unterricht sowohl verbessern, als auch weniger notwendig machen, und somit wird eine Situation geschaffen, die beiden Seiten gerecht wird.

Debbie ist ein gutes Beispiel dafür, wie man mit ein wenig des richtigen Unterrichts sehr weit kommen kann. Der Unterricht in Programmierung und das Nachdenken darüber, wie ein komplexes Projekt gestaltet werden könnte, war so, wie ihr Angeln beizubringen. Mit diesen Fertigkeiten konnte sie ihre Software entwickeln und ihre Einstellung zu Brüchen verändern. Sie lernte etwas ganz anderes, als ihr beigebracht worden war. Es besteht hier auch ein beträchtlicher Unterschied zu dem, was man früher als *Prozeßlernen* bezeichnete. In den sechziger Jahren, als gerade auch die Bewegung der Neuen Mathematik ihren Höhepunkt erreicht hatte, war die Ansicht modern, daß es wichtiger wäre, »den Prozeß wissenschaftlichen Denkens« als irgendeinen bestimmten wissenschaftlichen Inhalt zu lehren. Der signifikante Unterschied ist, daß ein vom Inhalt losgelöster wissenschaftlicher Prozeß etwas sehr Abstraktes ist. Die Programmierfertigkeiten, die Debbie lernte, waren sogar noch praktischer und in jeder Hinsicht konkreter als das Wissen über Brüche, das sie durch ihre Anwendung lernte.

Debbies erfolgreiches Abschneiden bei dem Test über Brüche läuft der instruktionistischen Vorstellung zuwider, daß der einzige Weg, das Wissen eines Schülers über das Thema X zu verbessern darin bestünde, das Thema X zu lehren. Jeder, der an der weiten Verbreitung dieser Vorstellung zweifelt, sollte Ivan Illichs Buch *Entschulung der Gesellschaft* wieder in dem Geiste lesen, daß ein Konzept durch die Darstellung seiner Extremform besonders deutlich wird. Illich trägt sehr beredt vor, daß die Schule in erster Linie lehrt, auf Unterricht angewiesen zu sein. Schulunterricht führt zu einer Abhängigkeit von der Schule und zu einem abergläubischen Festhalten an ihren Methoden. Am bemerkenswertesten ist jedoch, daß trotz dieses sich selbst bestätigenden Schulunterrichtes, der die ganze Weltkultur durchdrungen hat, dennoch jeder von uns eigene Erfahrungen und eigene Erkenntnisse hat, die dem entgegenstehen. Auf irgendeiner Ebene wissen wir, daß wir, wenn wir uns wirklich auf einen Wissensbereich einlassen, ihn auch lernen werden – mit oder ohne Schule, und auf jeden Fall ohne das ganze Drumherum von Lehrplänen, Tests und Aufteilung in Altersgruppen, das von der Schule als unumstößlich betrachtet wird. Wir wissen auch, daß wir, wenn wir uns nicht auf den Wissensbereich einlassen, Schwierigkeiten haben werden, ihn zu lernen, und zwar mit oder ohne Schulmethoden. Im Kontext einer von der Schule dominierten Gesellschaft ist das wichtigste Prinzip der Mathetik vielleicht, zum Widerstand gegen allgemein akzeptierte Weisheiten aufzurufen, einem Widerstand, dem die Erkenntnis zugrunde liegt, daß man ohne Unterricht lernen kann, und häufig das am besten lernt, worin man am wenigsten Unterricht hat.

Aus dem Beispiel Küchenmathe läßt sich dieselbe Lehre ziehen; es zeigt, daß sehr viele gelernt haben, ein mathematisches Problem ohne Unterricht zu lösen – und dies sogar, obwohl ihnen etwas anderes beigebracht worden war. Tatsächlich könnte dies sogar nahelegen, daß es überhaupt keine Bildungskrise gibt, da jeder mit etwas Willenskraft einen Weg findet, das zu lernen, was er braucht! Natürlich ist dieser bequeme Ausweg nicht ernstgemeint. Der Hinweis auf die Verwendung mathematischer Methoden, die sich ohne Unterricht irgendwie entwickelten, kann nicht pädagogische Selbstzufriedenheit rechtfertigen: Küchenmathe und ähnliches sind wunderbare Beispiele für mathetische Fähigkeiten, sie sind jedoch äußerst begrenzt. Der Schluß, den man daraus ziehen sollte, ist nicht, daß wir es ohnehin schaffen und somit keine Hilfe brauchen, sondern eher, daß diese Lernprozesse außerhalb der Schule auf eine wertvolle Form natürlichen Lernens hinweisen, die den Prinzipien der Schulmethoden zuwiderläuft und einer anderen Form der Unterstützung bedarf. Für Pädagogen stellt sich die Frage, ob wir mit diesem natürlichen Lernprozeß zusammenarbeiten können statt ihn zu bekämpfen – und um dies zu tun, müssen wir mehr darüber erfahren, was dieser Prozeß beinhaltet. Welche Form des Lernens steht hinter küchenmathematischem Wissen, und wie können wir sie fördern und erweitern?

Diese Fragen bringen uns zum zweiten Pol von »Instruktionismus versus Konstruktionismus«. Das schlechte Abschneiden der Schule ist nur ein unwesentlicher Aspekt der Lehre, die wir aus dem Beispiel Küchenmathe ziehen können. Der wirklich wichtige Aspekt ist nicht das Versagen der Schule, sondern der Erfolg der Küchenmathematiker, die zur Lösung solcher Probleme ihre eigenen Methoden entwickelt haben – nicht, was die Schule versäumt hat, ihnen zu vermitteln, sondern was sie selbst konstruiert haben.

Die bildhaften Ausdrücke des Vermittelns und Konstruierens bilden die beherrschenden Themen einer größeren und vielseitigeren pädagogischen Bewegung, der ich den Konstruktionismus hinzurechnen will, was durch das Wortspiel in seinem Namen unterstrichen werden soll. Viele Pädagogen und alle kognitiven Psychologen werden bei meinem Wort an den Begriff *Konstruktivismus* denken, dessen gegenwärtige Verwendung in der Pädagogik hauptsächlich auf Piagets Grundsatz zurückgeht, daß Wissen nicht einfach »übertragen« oder »fix und fertig vermittelt« werden kann. Selbst wenn man in einem Gespräch erfolgreich Informationen zu übertragen scheint, könnte man, wenn die im Gehirn ablaufenden Prozesse sichtbar wären, feststellen, daß der Gesprächspartner eine eigene Version der Informationen, die man zu »vermitteln« glaubt, »rekonstruiert«. In *Konstruktionismus* schwingt auch »Konstruktionssatz« mit, angefangen von Konstruktionssätzen im wörtlichen Sinne, wie zum Beispiel Legobaukästen, bis hin zu Programmiersprachen, die man als »Konstruktionssätze« zur Erstellung von Programmen ansehen kann, und Küchen als »Konstruktionssätze«, mit deren Hilfe nicht nur Kuchen gebacken sondern auch Rezepte und Mathematik-in-Gebrauch konstruiert werden kann. Eine meiner zentralen mathetischen Grundaussagen ist, daß die Konstruktion »im Kopf« häufig dann besonders gut gelingt, wenn sie in einer sichtbaren Konstruktion »in der Welt« Unterstützung findet – einer Sandburg oder einem Kuchen, einem Legohaus oder einer Firma, einem Computerprogramm, einem Gedicht oder einer Theorie des Universums. Mit »in der Welt« meine ich auch, daß das Produkt gezeigt, diskutiert, geprüft, erprobt und bewundert werden kann. Es ist von außen sichtbar.

Somit ist das Hauptmerkmal des Konstruktionismus, meiner eigenen Rekonstruktion des Konstruktivismus, daß er genauer als andere pädagogische -ismen das Konzept der mentalen Konstruktion untersucht. Er mißt der Rolle besondere Bedeutung bei, die Konstruktionen in der Welt bei der Stützung von Konstruktionen im Kopf spielen, und verliert dadurch etwas von seinem Status als rein mentalistische Lehre. Er nimmt auch die Vorstellung des Konstruierens im Kopf ernster, indem er nicht nur eine Form der Konstruktion zuläßt (manche sind sehr weit vom einfachen Bauen entfernt, wie zum Beispiel die Pflege eines Gartens), und auch nach den verwendeten Methoden und Materialien fragt. Wie kann man ein Experte für die Konstruktion von Wissen werden? Welche Fertigkeiten sind notwendig? Und sind diese Fertigkeiten für verschiedene Formen des Wissens gleich?

Mit dem Namen *Mathetik* erhalten solche Fragen die notwendige Beachtung, um ernst genommen zu werden. An den Anfang meiner Antworten auf diese Fragen will ich die Konzepte zweier Forscher stellen, die diskutiert und an die gegenwärtigen Zwecke angepaßt werden sollen, und zwar jene von Jean Piaget und Claude Lévi-Strauss, die deutlicher als irgend jemand sonst Gebiete umfangreichen Wissens erkannt haben, das nicht durch Schulmethoden erworben wurde und mit der Vorstellung der Schule, was richtiges Wissen sei, nicht übereinstimmt. Ich stelle diese beiden Autoren hier mit dem Ziel vor, aus ihnen eine fachspezifische Bedeutung des Begriffs der Konkretheit abzuleiten, die mir die Aussage ermöglichen wird, daß die wichtige mathetische Fertigkeit das Konstruieren konkreten Wissens ist. Anschließend greife ich diese Einsicht noch einmal auf, um zu einer anderen Aussage zu gelangen, nämlich was an der Schule nicht stimmt – daß ihr widersinniges Festhalten daran, so schnell wie möglich vom Konkreten zum Abstrakten zu kommen, dazu führt, daß sie einem Bereich, der die wichtigste Arbeit erfordern würde, nur ganz wenig Zeit widmet.

In seinem Buch aus dem Jahre 1966 *Das wilde Denken* (dessen französischer Titel, *La pensée sauvage*, mit dem Bewußtsein gelesen werden sollte, daß im Französischen Wildblumen als *fleurs sauvages* bezeichnet werden), verwendet Lévi-Strauss das unübersetzbare Wort *bricolage*, um sich darauf zu beziehen, wie »primitive« Kulturen eine »Wissenschaft des Konkreten« betreiben. Er sieht darin einen Gegensatz zu der »analytischen Wissenschaft« seiner eigenen Kollegen, ähnlich dem Unterschied zwischen Küchenmathe und Schulmathematik. Schulmathematik basiert wie die Theorie, wenn auch nicht notwendigerweise die Praxis, der modernen Wissenschaft auf dem Ideal der Allgemeingültigkeit – der einzigen, universell richtigen Methode, die bei allen Problemen und bei allen Personen funktioniert. *Bricolage* ist eine Metapher für die Methoden des reisenden Kesselflickers früherer Zeiten, des Hansdampfs in allen Gassen, der an die Tür klopft und anbietet, alles Zerbrochene zu reparieren. Wenn er eine Arbeit in Angriff nimmt, wühlt der Kesselflicker in seiner wohlsortierten Werkzeugkiste nach einem für diese Arbeit geeigneten Werkzeug, und wenn es das Problem doch nicht lösen kann, probiert er einfach ein anderes, ohne sich auch nur im Geringsten über den Mangel an Allgemeingültigkeit aufzuregen.

Die wichtigsten Grundsätze von *bricolage* als einer Methodik für geistige Aktivität sind: Nehmen, was man hat, improvisieren, sich behelfen. Und ein wahrer *bricoleur* hat Werkzeuge in seiner Kiste, die über einen langen Zeitraum durch einen Prozeß, bei dem nicht nur der praktische Nutzen eine Rolle spielte, ausgewählt worden sind. Diese mentalen Werkzeuge sind genauso abgegriffen und bequem wie die materiellen Werkzeuge des reisenden Kesselflickers; sie werden das Gefühl des Vertrautseins, des sich Wohlfühlens vermitteln; sie werden das sein, was Illich als »umgänglich« und ich in *Gedankenblitze* als »syntonisch« bezeichnet habe. Hier verwende ich das Konzept des *bricolage*, um Vorstellungen und Modelle zu entwickeln, mit denen die Fertigkeiten mentale Konstruktionen zu bauen – und zu reparieren und auszubessern – verbessert werden können. Ich behaupte, daß es möglich ist, systematisch seine Fähigkeiten als *bricoleur* zu verbessern, und will dies als Beispiel für die Entwicklung mathetischer Fähigkeiten anführen. Den Geist des wahren bricoleurs sieht man besonders direkt in der Geschichte über Rickys Genialität (und Freude), als er Legoteile für Zwecke verwendete, die sich die Hersteller niemals vorgestellt hatten: ein Rad als Schuh, ein Motor als Vibrator. In dieser Verwendung von Lego-Logo sieht man auch eine Mikrowelt, in der die Fähigkeiten des bricolage sehr stark gefördert werden. Und ich sehe sie auch in meiner Erfahrung mit Pflanzen.

Küchenmathe ist ein eindeutiges Beispiel von *bricolage*, da sie nahtlos mit einer um sie herum ablaufenden Aktivität verbunden ist, die sozusagen die Kesselflickerkiste voller Tricks und Werkzeuge bereitstellt. Das Gegenteil von *bricolage* wäre es, die »Mikrowelt des Kochens« zu verlassen und in eine »Mathewelt« einzutreten, in der die Bruchaufgabe mit Hilfe eines Taschenrechners, oder in diesem Fall eher mit Hilfe von Kopfrechnen, gelöst wird. Der Anwender von Küchenmathe unterbricht jedoch als guter *bricoleur* das Kochen nicht, um sich mit Mathematik zu beschäftigen; im Gegenteil, die mathematische Manipulation der Zutaten wäre für einen außenstehenden Beobachter nicht von den kulinarischen Manipulationen zu unterscheiden. Somit zeigt Küchenmathe die Eigenschaft des Verbundenseins, der Kontinuität, die ich bereits mehrfach als besonders gute Voraussetzung für Lernprozesse vorgestellt habe. Im Licht dieses Eingebettetseins erhält das Verhältnis zwischen der mathetischen Frage Instruktionismus versus Konstruktionismus und der erkenntnistheoretischen Frage analytische Wissenschaft versus *bricolage* besonders deutliche Konturen. Analytische Prinzipien wie die Multiplikation von 1 1/2 mit 2/3 werden routinemäßig durch direkten Mathematikunterricht gelehrt. Die enge Verbindung der Küchenmathe mit der Küche läßt vermuten, daß es, selbst wenn es möglich wäre, zumindest nicht natürlich ist, mathematische (oder irgendeine andere Form von) *bricolage* als eigenes Fach zu »lehren«. Der natürliche Kontext für solches Lernen wäre nur durch die Miteinbeziehung anderer Aktivitäten als der Mathematik gegeben.

Wenn man das Beispiel Debbie mit dem der Küchenmathe vergleicht, wird die besondere Rolle des Computers in diesem Zusammenhang deutlich. Ich bin sicher, daß viele ihre Fähigkeiten und ihr Selbstvertrauen steigern könnten, wenn sie respektvoller und überlegter über ihre Lernprozesse beim Kochen, bei der Gartenarbeit, bei der Instandhaltung ihres Hauses, beim Spielen und bei der aktiven oder passiven Teilnahme am Sport sprechen würden. In keinem dieser Bereiche sind unbedingt Computer erforderlich. In Erfahrungen wie denen von Debbie, Maria oder Brian sehen wir jedoch, wie der Computer einfach aber sehr wirkungsvoll den Bereich der Möglichkeiten vergrößert, sich als *bricoleur* oder *bricoleuse* mit wissenschaftlichen oder mathematischen Inhalten zu befassen.

In den verschiedenen Phasen von Debbies Erfahrung erkennt man eine ständige Zunahme des Engagements und der Kompetenz durch eine *bricoleur*ische Form der Aneignung. In der ersten Phase sehen wir sie mit einer vertrauten Aktivität beschäftigt, die sich durch die Ausführung mit dem Computer nur minimal verändert. Sie schreibt Gedichte und verwendet den Computer in erster Linie zur Textverarbeitung. Dann dekoriert sie ihre Gedichte so, wie man ein Blatt Papier dekorieren könnte. Erst als sie sich hier völlig sicher fühlt, beginnt sie, auch etwas Interessanteres mit Brüchen anzustellen. Dann sehen wir sie mit Tätigkeiten beschäftigt, in denen es um Brüche geht; so wie jedoch Küchenmathe sich nicht vom Kochen trennen läßt, sind diese Aktivitäten von der Form her nicht von ihrer Arbeit mit den Gedichten zu unterscheiden. Und genau dieser nahtlose Übergang vom Vertrauten zum Neuen löst bei ihr den Durchbruch aus, Brüche mit »allem« in Verbindung zu bringen.

Dieses Loblied auf das Konkrete sollte nicht mit einer Strategie verwechselt werden, es als ein Sprungbrett zum Abstrakten zu verwenden. Damit würde indirekt das Abstrakte weiterhin als die oberste Form des Wissens beibehalten. Meine Haltung ist kontroverser und subtiler, wenn ich dazu beitrage, die Ansicht, daß abstraktes Denken »die einzig wahre« Denkweise sei, auf ihren Platz zu verweisen. Häufiger, wenn nicht letztendlich immer, würde konkretes Denken diese Beschreibung eher verdienen, und abstrakte Prinzipien dienen in der Rolle untergeordneter Werkzeuge wie viele andere dazu, konkretes Denken zu fördern. Für den überzeugten *bricoleur* sind formale Methoden Hilfsquellen, nicht das Ziel. In der Küche ist die Multiplikation von 1 1/2 mit 2/3 eine vollkommen akzeptable Methode, nicht schlechter, aber auch nicht besser, als Improvisationen mit Teigschabern und Meßbechern.

Aussagen wie diese haben Beschuldigungen über mich hereinbrechen lassen, daß ich die »Logik mit Füßen trete«. Es ist jedoch eine Sache der Ausgewogenheit. Ich bin Mathematiker und kenne die Wunder des abstrakten Denkens aus erster Hand. Ich kenne seine Freuden genauso wie seine Stärke. Ich weiß auch, wie lächerlich es sein kann, wenn es kritiklos angewandt wird. Unsere geistige Kultur ist traditionell so stark von der Gleichsetzung von richtigem Denken mit abstraktem Denken beherrscht, daß man, um Ausgewogenheit zu erreichen, ständig nach Möglichkeiten Ausschau halten muß, das Konkrete aufzuwerten, sozusagen als erkenntnistheoretische Entsprechung eines Gleichberechtigungprogramms. Es erfordert auch, daß man nach verborgenen Formen des Abstrakten Ausschau hält, die von denen, die sie verwenden, vielleicht gar nicht als solche erkannt werden. So kommt in Programmierstilen, die häufig einfach als »der bessere Weg« durchgesetzt werden, ein starkes Werturteil in bezug auf abstrakte oder konkrete Verfahrensweisen zum Ausdruck.

In ihrem Buch *Wunschmaschine* beschreibt Sherry Turkle Programmierstile, die von Kindern verwendet wurden, die genügend Zugang zu Computern und genügend Freiheit für die Entwicklung eines eigenen Stils hatten:

Jeff ist der Autor eines der ersten Spaceshuttle-Programme. Er beginnt, wie er die meisten Dinge beginnt, nämlich mit einem Plan. Es soll eine Rakete, ein Antriebsaggregat, eine Reise durch die Sterne, eine Landung geben. Er entwirft das Programm global; dann teilt er es in handliche Stücke auf. »Ich schrieb die Teile ausführlich auf ein Stück Karton. Ich sah das ganze Ding einmal nachts vor mir und konnte es kaum erwarten, in die Schule zu kommen, um es zum Laufen zu bringen.« Computerwissenschaftler werden diese globale »top-down«-, »Aufteilen und Bewältigen«-Strategie als »guten Programmierstil« betrachten. Und wir alle erkennen in Jeff jemanden, der genau unserer Klischeevorstellung von einem Computerspezialisten oder einem Ingenieur entspricht – jemand, der gut mit Maschinen umgehen kann, der gut in Naturwissenschaften ist, jemand der organisiert ist und der Welt der Dinge mit Selbstvertrauen und fester Absicht begegnet, voller Entschlossenheit, sie zum Laufen zu bringen.

Kevin ist ein ganz anderer Typ. Während Jeff in allen seinen Handlungen genau ist, ist Kevin verträumt und impressionistisch. Während Jeff seine Vorstellungen gerne bei anderen Kindern durchsetzt, machen Kevins Warmherzigkeit und Unbeschwertheit, sein Interesse an anderen Kindern ihn beliebt. Treffen mit Kevin wurden immer wieder unterbrochen, weil er zu Proben für eine Schulaufführung hinausgerufen wurde. Das Stück war *Aschenputtel*, und er hatte die Rolle des Prinzen bekommen ...

Kevin arbeitet ebenfalls an einer Weltraumszenerie. Er geht dabei jedoch ganz anders vor als Jeff. Jeff kümmert sich nicht allzusehr um die gestalterischen Einzelheiten seines Raumschiffs; wichtig ist für ihn, daß er ein komplexes System als Ganzes zum Laufen bringt. Kevin kümmert sich mehr um die Ästhetik der Grafikdarstellung. Er verbringt viel Zeit mit der Form seiner Rakete. Er gibt seine erste Idee auf, »kritzelt« jedoch weiterhin mit dem Scratch-Pad-Malprogramm herum. Er arbeitet ohne Plan, experimentiert, wirft unterschiedliche Formen auf den Bildschirm. Er steht häufig auf, um seine Arbeit von weitem zu inspizieren, betrachtet sie aus unterschiedlichen Blickwinkeln und entscheidet sich am Ende für eine rote Form vor schwarzer Nacht – ein stromlinienförmiges, futuristisches Design. Er freut sich und ruft zwei Freunde herbei. Einer bewundert das Rot auf dem Schwarz. Der andere meint, daß die rote Form »wie Feuer aussieht«. Jeff kommt auf seinem Weg zum Mittagessen zufällig an Kevins Maschine vorbei und unterzieht den Bildschirm automatisch einer kritischen Prüfung, da er immer nach neuen Tricks Ausschau hält, die er in seinen Werkzeugkasten für die Programmkonstruktion aufnehmen kann. »Erledigt.« Nichts Neues hier, keine technischen Neuerungen, nur ein roter Klecks. ...

Am nächsten Tag hatte Kevins Rakete einen roten Feuerstrahl am hinteren Ende. »Ich glaube, jetzt sollte ich Bewegung reinbringen ... Bewegung und Flügel ... sie sollte sich bewegen und Flügel haben.« Die Flügel stellen sich als leicht heraus, nur noch ein wenig Experimentieren mit dem Scratch-Pad. Er ist jedoch weniger sicher, wie er die Bewegung richtig hinbekommt. Kevin weiß, wie man Programme schreibt, seine Programme entstehen jedoch aus sich selbst heraus, er hat kein Interesse daran, der Maschine seinen Willen aufzuzwingen. Er ist in erster Linie daran interessiert, aufregende optische Effekte zu erzielen und läßt sich dann von den Effekten, die er erzeugt, weiterführen.

Durch die Überbewertung des Abstrakten kommt es in der pädagogischen Praxis und Theorie zu einer sich wechselseitig verstärkenden Blockierung des Fortschritts. In der pädagogischen Praxis stellt die Betonung des abstrakt-formalen Wissens eine direkte Behinderung des Lernens dar – und da einige Kinder aus Gründen, die mit Persönlichkeit, Kultur, Geschlecht und Politik in Zusammenhang stehen, davon mehr betroffen sind als andere, ist sie auch eine Quelle für ernstzunehmende Diskriminierung, wenn nicht sogar regelrechte Unterdrückung. Kevin ist in der glücklichen Lage, sich in einer Umgebung zu befinden, in der er in seinem eigenen Stil arbeiten darf. In vielen Schulen würde er unter Druck gesetzt, »richtig« zu arbeiten, und selbst wenn seine Arbeitsweise toleriert würde, wäre da vielleicht ein Gefühl der Falschheit, denn man tolerierte es nur, weil er eben »künstlerisch veranlagt« sei, und sagte ihm dies in einem Ton, der darauf schließen ließe, daß man ihn nicht für einen ernsthaften akademischen Schüler hält. So wurde zum Beispiel in Interviews, über die in einer von Turkle und mir gemeinsam geschriebenen Abhandlung berichtet wird, von einer Schülerin erzählt, daß der Druck, den »harten« Stil von Jeff zu übernehmen, für sie so groß war und ihrem Selbstwertgefühl so schadete, daß sie beschloß, »jemand anderer zu werden«, um dieses Pflichtfach zu überleben. Andere in ähnlichen Situationen gingen einfach von der Schule ab.

Außerdem beeinträchtigt die Überbewertung abstrakten Denkens die Diskussion über pädagogische Themen. Der Grund liegt darin, daß Pädagogen, die befürworten, Schülern abstrakte Denkweisen aufzuzwingen, fast immer auch praktizieren, was sie predigen – genau wie ich einen konkreten Schreibstil wähle – jedoch mit ganz anderen Auswirkungen.

Ein einfaches Beispiel ist die Formulierung von Forschungsthemen. Vor mir liegt ein Stapel wissenschaftlicher Abhandlungen, voller Zahlen, Tabellen und statistischen Formeln, mit Überschriften wie »Eine Bewertung der Wirkung des Computers auf das Lernen«. Die Autoren dieser Abhandlungen wären über den Hinweis empört, daß ihre Arbeiten »abstrakt« sind. Sie würden sicherlich erwidern, daß genau das Gegenteil der Fall sei: Sie hätten »konkretes Zahlenmaterial« vorgelegt, ganz im Gegensatz zu meinem »abstrakten, anekdotischen Philosophieren«. Wie konkret ihre Daten auch immer sein mögen, jede statistische Frage nach »der Wirkung« »des Computers« ist unausweichlich abstrakt. Der Grund ist, daß alle diese Fragen auf die Anwendung der »wissenschaftlichen Methode« angewiesen sind, in Form von Experimenten, die darauf ausgelegt sind, die Wirkung eines Faktors zu untersuchen, der verändert wird, während mit großem Aufwand versucht wird, alles andere gleich zu lassen. Diese Methode mag vollkommen dafür geeignet sein, die Wirkung eines Medikaments auf eine Erkrankung zu bestimmen: Wenn Forscher versuchen, Patienten, denen das Medikament verabreicht wurde, mit jenen, denen es nicht verabreicht wurde, zu vergleichen, treiben sie einen großen Aufwand um sicherzustellen, daß alles andere unverändert ist. Nichts könnte jedoch unsinniger sein als ein Experiment, in dem Computer in einem Klassenzimmer aufgestellt werden, in dem alles andere beim alten bleibt. Der ganze Kernpunkt aller Beispiele, die ich angeführt habe, ist die Beobachtung, daß Computer dann am nützlichsten sind, wenn sie *alles* verändern können.

Das Wichtigste beim abstrakten Denken ist das Isolieren – das Abstrahieren – eines reinen grundlegenden Faktors aus den Einzelheiten einer konkreten Wirklichkeit. In einigen Wissenschaftszweigen wurden damit wunderbare Erfolge erzielt. So konnte zum Beispiel Sir Isaac Newton die Bewegung der Erde und des Mondes um die Sonne verstehen, indem er jeden dieser komplexen Körper durch eine in bezug auf das Konkrete unsinnige »Abstraktion« darstellte – indem er jeden Körper als ein Teilchen behandelte, dessen gesamte Masse in einem Punkt konzentriert ist, konnte er seine Bewegungsgleichung anwenden. Es ist zwar der Traum vieler Psychologen, eine ähnliche Wissenschaft vom Lernen zu besitzen, bis jetzt ist jedoch noch nichts derartiges hervorgebracht worden. Der Grund liegt meiner Ansicht nach darin, daß man die Vorstellung von einer »Wissenschaft« in diesem Sinne hier einfach nicht anwenden kann; doch selbst wenn ich unrecht habe, sind, während wir darauf warten, daß der Newton der Pädagogik geboren wird, andere Erkenntnismethoden erforderlich. Insbesondere brauchen wir meiner Ansicht nach eine Methodik, die uns erlaubt, dicht an konkreten Situationen zu bleiben.

Vor noch nicht allzu langer Zeit wäre dieser Vorschlag als unvereinbar mit dem bloßen Begriff der wissenschaftlichen Methode betrachtet worden. In den letzten Jahrzehnten waren Anthropologen jedoch gewissenhafter als Lévi-Strauss und haben das tatsächliche Verhalten von Wissenschaftlern in ihren Labors genauso exakt untersucht, wie jener das Leben in weit entfernten Dörfern. Bruno Latour, einer der führenden Köpfe dieser Bewegung, ist der Ansicht, daß die theoretische Grenze zwischen der Wissenschaft des Konkreten und analytischer Wissenschaft verschwommen ist und häufig durch Denk- und Handlungsweisen überschritten wird, die näher an dem liegen, was Lévi-Strauss als *pensée sauvage* bezeichnet hat, als an »analytischer Wissenschaft«. Das Konzept der äußerst exakten und formalen wissenschaftlichen Methode, das den meisten von uns in der Schule beigebracht wurde, ist in Wirklichkeit eine Ideologie, die in Büchern verkündet, in Schulen gelehrt und von Theoretikern vertreten, von der tatsächlichen wissenschaftlichen Praxis jedoch weitgehend ignoriert wird. Nach Latour sollte die von Lévi-Strauss vertretene » 'grand dichotomy' mit ihrer selbstgerechten Bestimmtheit durch viele unscharfe und nicht schon vorher festgelegte Einteilungen ersetzt werden.«

Solche Beobachtungen sind auch von vielen anderen Seiten gemacht worden – unter anderem auch von feministischen Wissenschaftlern, die der Meinung sind, daß die traditionelle Wissenschaft stark androzentrisch ausgerichtet ist, und von mir und Sherry Turkle, die beobachtet haben, daß einige der besten professionellen Programmierer eher einen Arbeitsstil wie Kevin als einen wie Jeff haben. Diese Erkenntnisse müssen von Pädagogen ernst genommen werden und haben für das Nachdenken über Schule mehrere Bedeutungen.

Die einfachste und naheliegendste Beobachtung aus einer instruktionistischen Perspektive ist die Notwendigkeit, Kindern ein moderneres Bild vom Wesen der Wissenschaft anzubieten. Es geht hier nicht einfach nur darum, den Lehrstoff der Schulwissenschaft auf den modernsten Stand zu bringen, was ja, wenn auch viel zu langsam, geschieht, sondern den Sinn der Kinder für das Wesen wissenschaftlichen Arbeitens zu verbessern, ein Ziel, das nicht leicht in den Rahmen der Schule paßt und deshalb fast vollständig vernachlässigt wird. Eine solche Veränderung des naturwissenschaftlichen Unterrichts ist jedoch wichtig, zum einen aus dem moralischen Anspruch heraus, daß in der Erziehung die Wahrheit respektiert werden sollte, zum anderen jedoch besonders aus der nüchternen Überlegung heraus, daß das traditionell vermittelte Bild Schüler abschreckt, die sich für den eigentlichen Inhalt der Wissenschaft interessieren würden, wenn sie nur wüßten, was das wirklich ist, und ebenso für wissenschaftliches Denken, wenn sie wüßten, wie sehr es ihrem eigenen gleicht.

Aus einer konstruktionistischen Perspektive stößt man auf eine tiefere Bedeutung, die ich einführen will, indem ich die Diskussion einiger wichtiger Beobachtungen, die Jean Piaget und seine Kollegen gemacht haben, noch einmal aufgreife. Im Grunde genommen hatte Piaget die gleichen Beobachtungen wie Lévi-Strauss gemacht, nur daß der Anthropologe *la pensée sauvage* in weit entfernten Kulturen beobachtete, während Piaget *la pensée sauvage* bei Kindern ganz in der Nähe sah. Beide erkannten Denkweisen, die sich von »unseren« Normen unterschieden und dennoch soviel innere Kohärenz aufwiesen, daß man sie nicht einfach als falsch abtun konnte. Beide hielten ihre Beobachtungen für eine wichtige Entdeckung einer unvermuteten Denkweise; beide gaben dem, was sie sahen, einen Namen, wobei jeder das Wort *konkret* verwendete – im einen Fall als »die Wissenschaft des Konkreten« und im anderen Fall als »die Phase der konkreten Operationen«. Beide machten sich daran, die Funktionsweisen des konkreten Denkens zu erforschen, und zwar analog zur Erforschung der Gesetze des abstrakten Denkens, das seit den frühen Griechen Gegenstand der Untersuchung ist. Beide verschafften uns wertvolle Einblicke in die Funktionsweisen nichtabstrakten Denkens. Und beide hatten denselben

Schwachpunkt. Sie erkannten nicht, daß das konkrete Denken, das sie entdeckt hatten, nicht auf das Unterentwickelte beschränkt ist – weder auf die »unterentwickelten Gesellschaftsformen« von Lévi-Strauss, noch auf die noch nicht »entwickelten« Kinder von Piaget. Kinder tun es, Dorfbewohner auf pazifischen Inseln und in Afrika tun es und auch die intellektuelle Elite in Paris oder Genf tut es.

Außerdem, und das ist von allergrößter Bedeutung, greift die intellektuelle Elite nicht nur bei den Vorarbeiten zur Lösung eines Problems oder bei der Einarbeitung in ein neues Fachgebiet auf »konkretes Denken« zurück. Wie ich bereits mit dem Zitat von Latour bemerkt habe, sind Merkmale einer Denkweise, die Lévi-Strauss und Piaget als »konkret« bezeichnet haben, auch im Mittelpunkt wichtiger und anspruchsvoller geistiger Unternehmungen vorhanden. Es ist schwierig, hier Beispiele zu geben, ohne zu stark in technische Einzelheiten einer bestimmten Wissenschaft abzuschweifen. Feministische Wissenschaftler, die einen ähnlichen Standpunkt vertreten, indem sie vorbringen, daß die Überbewertung des Abstrakten androzentrisch sei, zitieren gerne die von Evelyn Fox Keller geschriebene Biographie der Biologin und Nobelpreisträgerin Barbara McClintock. In Kellers Darstellung wird einem Ereignis, das sich ohne viel Fachchinesisch erzählen läßt, große Bedeutung zugemessen: McClintock wurde durch den Ausspruch, daß sie Pflanzen studierte, indem sie diese als Individuen kennengelernte, und Zellen, indem sie in diese hineinkroch, ebenso berühmt wie durch ihre wichtige Entdeckung im Bereich der Genetik. Das Bild, wie McClintock auf die Größe einer Zelle zusammenschrumpft, hat eine Lebendigkeit, die eine Ahnung von einem anti-abstrakten Ansatz gibt. Um jedoch den Kernpunkt mehr als nur oberflächlich zu verstehen, sollte man Kellers Buch lesen oder nach neuen Beiträgen in dem wachsenden Bereich kritischer Auseinandersetzungen mit der traditionellen Erkenntnistheorie Ausschau halten.

Es wäre vielleicht genauer, den oben erwähnten Schwachpunkt bei Piaget und Lévi-Strauss als »Widerstand« in dem Sinne zu beschreiben, in dem Freud diesen Ausdruck verwendet, wenn er das Widerstreben, seine Theorien anzunehmen, als Manifestation dessen erklärt, was die Theorie vorhersagt – die Verdrängung der nicht akzeptablen aggressiven oder sexuellen Inhalte des Unbewußten. In Piagets Fall besteht das Nichtakzeptable in der Möglichkeit, daß gutes Denken nicht den Normen entsprechen könnte, die durch Generationen von Erkenntnistheoretikern errichtet wurden. Die Verdrängung besteht darin, die Existenz und Wirksamkeit solchen Denkens zwar anzuerkennen, es jedoch in den Bereich der Kindheit zu verbannen. Leser, die mit Piagets Schriften gekämpft haben, werden wie ich vielleicht sogar noch einen Schritt weiter gehen und vermuten, daß Piaget sich selbst vor dem Eingeständnis schützt, daß sein eigenes Denken mehr von einem *bricoleur* als von den formalen und analytischen Normen der herrschenden Erkenntnistheorie hat. Was jedoch letztendlich auch immer der Grund sein mag, Tatsache bleibt, daß Piaget das Licht seiner besten Entdeckung unter den Scheffel seiner Theorie der Entwicklungsphasen stellt.

Grob ausgedrückt stellt Piagets Theorie die intellektuelle Entwicklung als in drei große Abschnitte eingeteilt dar, die (durch Zufall oder nicht) ungefähr drei großen Abschnitten der Schulzeit entsprechen. Der erste Abschnitt, als »sensumotorische Phase« bezeichnet, entspricht ungefähr der Vorschulzeit. In diesem prälogischen Stadium reagieren Kinder auf ihre unmittelbare Situation. Der zweite Abschnitt, den Piaget als Phase der »konkreten Operationen« bezeichnet, erstreckt sich ungefähr über die Grundschuljahre. In dieser Zeit der konkreten Logik geht das Denken weit über die unmittelbare Situation hinaus, arbeitet jedoch immer noch nicht durch Anwendung universeller Prinzipien. Die Methoden in dieser Phase sind immer noch an spezifische Situationen gebunden, wie jene eines Experten in Küchenmathe, der nicht in der Lage ist, einen Test über Brüche mit Papier und Bleistift zu bestehen. Und schließlich kommt die »formale Phase«, die sich über die Zeit nach der Grundschule erstreckt – und das ganze Leben andauert. Nun endlich ist das Denken durch Prinzipien der Logik, der Deduktion, der Induktion und durch das Prinzip, Theorien mittels Überprüfung durch empirische Verifizierung und Widerlegung zu entwickeln, bestimmt und diszipliniert.

Diese Beschreibung sauber aufeinanderfolgender Phasen hat so heftige, positive wie negative, Resonanz ausgelöst, daß in den nachfolgenden Debatten nicht mehr zu erkennen war, welchen wirklich wichtigen Beitrag Piaget geleistet hat: Seine Beschreibung verschiedener Denkweisen ist bei weitem wichtiger als spitzfindige Überlegungen, ob diese chronologisch exakt aufeinander folgen. Und besonders wichtig ist die Beschreibung des Wesens und der Entwicklung der mittleren Phase der konkreten Operationen. Dieser Aufgabe widmete er den größten Teil seiner reiferen Jahre, und sie war, bis auf wenige Ausnahmen, Gegenstand seiner mehr als hundert Bücher, die er über das kindliche Denken in einer überwältigenden Vielfalt von Bereichen schrieb, unter anderem Logik, Anzahl, Raum, Zeit, Bewegung, Leben, Kausalität, Maschinen, Spiele und Träume.

Piagets Beschreibung mehrerer tausend Gespräche mit Kindern paßt gut zu dem Bild des *bricoleurs* von Lévi-Strauss. Das Kind wird in einer Situation eine Denkweise anwenden, die sich beträchtlich von der unterscheiden kann, die bei einem logisch anscheinend äquivalenten Problem verwendet wird. Was Piaget hier stark unterscheidet, ist, daß er Veränderung über Zeiträume von Jahren in den Mittelpunkt stellt. So berichtet er zum Beispiel von Gesprächen mit Kindern, die nicht älter als vier sind, über Themen, in denen Zahlen eine Rolle spielen.

Die bekanntesten Beispiele sind die sogenannten Erhaltungsexperimente. In einem dieser Experimente wird Vier- bis Siebenjährigen eine Reihe Eierbecher gezeigt, von denen jeder ein Ei enthält; dann werden sie gefragt, ob es mehr Eierbecher oder mehr Eier wären. Die typische Antwort für alle Altersstufen ist »nein« oder »gleichviel«. Die Eier werden dann aus den Bechern genommen und in einer langen Reihe angeordnet, während die Becher dicht aufeinander gestapelt werden; all dies passiert vor den Augen der Kinder. Dann wird die gleiche Frage noch einmal gestellt. Dieses Experiment wurde so oft und unter so vielen unterschiedlichen Bedingungen wiederholt, daß man mit Bestimmtheit sagen kann, daß tatsächlich alle Vier- oder Fünfjährigen mit »mehr Eier« antworten. Sie verteidigen diese Meinung im ausführlichen Kreuzverhör und selbst wenn sie unter Druck gesetzt werden, indem man ihnen zum Beispiel erzählt, daß drei andere Kinder gesagt hätten, es seien nicht mehr Eier, oder sie auffordert, Eier und Eierbecher zu zählen. Die meisten Kinder werden sich der Meinung der anderen nicht anschließen, und ein Kind gab nach dem Zählen den schlauen Kommentar ab: »Ich zähle gleich viele, aber es sind mehr Eier.« Somit ist die erste bemerkenswerte Beobachtung aus dem Experiment, daß diese Kinder eine Sichtweise zu haben scheinen, die im Gegensatz zu etwas steht, was für jeden Erwachsenen völlig offensichtlich ist – tatsächlich so offensichtlich, daß vor Piaget niemand auf den Gedanken kam, daß Kinder diese für uns selbstverständliche Wahrheit nicht sehen könnten. Der Kernpunkt ist nicht, daß die Kinder die Antwort der Erwachsenen auf diese Frage einfach nicht wissen und sich in ihrer Unwissenheit verhaspeln; der Kernpunkt ist vielmehr, daß sie überzeugt und durchgängig eine andere Antwort geben.

Was wirklich aus diesem Experiment gelernt werden kann, wird durch den vernünftigen Einwand deutlich, daß es wahrscheinlicher sei, daß die Kinder die Frage falsch verstanden hätten, als daß sie seltsamerweise »die Erhaltung der Menge« nicht sehen könnten: Sie glauben, daß sie nach dem belegten Raum und nicht nach der Anzahl gefragt werden. In einer Hinsicht muß der Einwand wohl berechtigt sein. Wenn die Kinder die Frage wirklich so verstehen würden wie wir, würden sie auch so antworten wie wir. Durch diesen Einwand wird Piagets Experiment jedoch nicht bagatellisiert, sondern eher noch aussagekräftiger. Tatsächlich kann hier ein Mißverständnis vorliegen, es ist jedoch kein »bloßes verbales Mißverständnis«. Es spiegelt etwas wider, das tief in der geistigen Welt des Kindes verwurzelt ist. Wenn man bei einem Erwachsenen ein solches Mißverständnis vermutete, würde man sagen, »Nein, ich meine Anzahl, nicht Raum.« Eine solche Aussage ist bei einem vierjährigen Kind jedoch zwecklos, denn es kann diese Unterscheidung noch nicht treffen. Anzahl ist, was man in der »Sesamstraße« sieht, und Raum ist, wo man sich befindet. Keines von beidem ist für die Unterscheidung bei den Eiern und Eierbechern relevant. Die Möglichkeit des Mißverständnisses zeigt den Entwicklungsstand in diesem Wissensbereich des Kindes. Die Arbeit, die in der konkreten Phase geleistet werden muß, besteht darin, allmählich die relevanten mentalen Konzepte zu entwickeln und diese miteinander zu verbinden, damit solche Unterscheidungen bedeutungsvoll werden. Wenn Sie oder ich sechs Eier sehen, gehört die Sechsheit genauso zu dem, was wir sehen, wie die Weißheit oder die Form der einzelnen Gegenstände. Wie bei Debbie ist Anzahl (wie Brüche) für uns etwas, das wir mit allem »verbinden«. Wir müssen »Anzahl« jedoch vorher »haben«, und für ein Kind in der sensumotorischen Phase gibt es diesen Begriff entweder noch gar nicht, oder er ist, wie bei Debbie anfangs die Brüche, zu starr verankert, um damit arbeiten zu können. Wenn ich diesen Gedanken weiterverfolge, sehe ich Erscheinungen, die Piaget der Phase der konkreten Operationen zurechnet, als Modelle dafür, wie sich bei Debbie Brüche entwickelten, oder wie sich bei mir »Blumenhaftigkeit« und »Familienhaftigkeit« (im botanischen Sinn) entwickelten. So betrachtet sind die Schlußfolgerungen aus Piagets Vorstellungen für die Pädagogik umgekehrt. Die meisten seiner Anhänger versuchen, den Übergang des Kindes über die konkreten Operationen hinaus zu beschleunigen (oder zumindest zu fördern). Meine Strategie ist es, den typischen konkreten Prozeß sogar noch in meinem Alter zu stärken und zu erhalten. Statt Kinder zu drängen, wie Erwachsene zu denken, sollten wir uns lieber daran erinnern, daß sie großartig lernen können, und stärker daran arbeiten, wie sie zu sein. Mit formalem Denken kann man vielleicht viel erreichen, das über die Reichweite konkreter Methoden hinausgeht, konkrete Prozesse haben jedoch ihre eigene Stärke.

Es ist unausweichlich, daß sich beim Nachdenken über das Wesen konkreten Wissens ein Gefühl der Frustration entwickelt, weil die traditionelle Erkenntnistheorie so bevorzugt behandelt wird. Ihre Wisseneinheit ist klar abgegrenzt – eine Proposition – und es gibt eine gutentwickelte, weithin akzeptierte Sprache, um über sie zu reden. Zu einem Teil sind die Schwierigkeiten, auf die man stößt, wenn man eine alternative Erkenntnistheorie entwickelt, auf den Faktor Zeit zurückzuführen: Da wir von vorne anfangen, sind wir grundsätzlich benachteiligt. Ein Teil der Schwierigkeiten wird wahrscheinlich bestehen bleiben, denn eine Erkenntnistheorie, die auf Pluralismus und auf Verbindung zwischen Bereichen beruht, ist zwangsläufig weniger klar umrissen, komplexer.

Ein andere, subtilere Art von Schwierigkeit ist das Verhältnis zwischen Wissen und Medien. Die traditionelle Erkenntnistheorie basiert auf der Proposition, die so eng mit dem Medium des – geschriebenen und vor allem gedruckten – Textes verbunden ist. *Bricolage* und konkretes Denken haben zwar schon immer bestanden, wurden jedoch im wissenschaftlichen Kontext durch die privilegierte Stellung des Textes an den Rand gedrängt. Auf dem Weg ins Computerzeitalter mit seinen neuen und dynamischeren Medien wird hier ein Wandel stattfinden. Es ist vielleicht aussichtslos, solche radikal veränderten Möglichkeiten in bezug auf den Umgang mit Wissen vorauszusehen, es ist jedoch interessant, diese Frage im Hinterkopf zu behalten, wenn wir uns nun der direkteren Betrachtung einiger Aspekte der Geschichte des Computers im Verhältnis zu Erkenntnistheorie und Lernen zuwenden.

8 Computerspezialisten

Die Pioniere, die die ersten Computer bauten, wußten genau, welche Arbeit die Maschinen ausführen und welchem Stil des Denkens sie dienen würden. Das war in den vierziger Jahren. Die Welt befand sich im Krieg. Komplexe Berechnungen mußten unter einem Zeitdruck ausgeführt werden, den Mathematiker normalerweise nicht hatten: numerische Kalkulationen im Zusammenhang mit der Entwicklung und Verwendung von Waffen; logische Manipulationen, um die immer komplizierteren Codes zu knacken, bevor die Informationen bereits wieder überholt waren. Diese Pioniere waren Mathematiker und bauten die Maschinen nach ihren eigenen Vorstellungen. Es ist unwahrscheinlich, daß sie auch nur einen kurzen Gedanken darauf verwendeten, Computer für Personen mit einem weniger »harten« Stil als dem ihren benutzerfreundlich zu machen. Diese Bedingungen gaben die Entwicklung einer Computerkultur vor, die keinen Raum für Pluralismus ließ; ihre erkenntnistheoretischen Normen waren fest in einer zutiefst analytischen Tradition verankert. Zwangsläufig war diese Kultur eine Kultur der »Harten«.

Kriegsumstände waren nicht der einzige Faktor, durch den die Computerkultur geprägt wurde. Der damalige Entwicklungsstand der Technologie wirkte in die gleiche Richtung. Das bloße Aussehen der ersten Maschinen versetzte alle, die technologisch schwach auf der Brust waren, in Panik. Der erste Computer, den ich zu Gesicht bekam (der von Alan Turing selbst entwickelte britische ACE), glich weniger einer Maschine als einer Roboterbibliothek, mit Gestellen voller Elektronik statt Büchern. Keine Verwendungsmöglichkeit hätte sie für eine an Technophobie leidende Lehrerin attraktiv gemacht, die zögernd versucht, ein erstes Verhältnis zum Computer aufzubauen! Neben ihrem Aussehen trugen auch die technischen Schwächen der Maschinen dazu bei, den Benutzern einen harten Programmierstil aufzuzwingen. Benutzeroberflächen, die heutige Computer »freundlicher« machen, erfordern eine Menge zusätzlicher Leistung. Damals mußte man das letzte Körnchen Leistung aus der Maschine herauspressen, um sie nur die einfachsten Jobs ausführen zu lassen, und dies bedeutete häufig, daß man selbst geistige Verrenkungen für mathematische Berechnungen anstellen mußte. Ich erinnere mich, daß meine erste Programmiererfahrung sehr viel eher einer Problemlösung in der Zahlentheorie glich, als jener dem Ausdruck der eigenen Persönlichkeit dienenden Tätigkeit, die ich Debbie,

Brian oder den Lehrern in Costa Rica zugeschrieben habe. Ich will damit nicht nur einfach sagen, daß es eine mathematische Kultur war (was stimmt), sondern daß es jene besondere Form einer mathematischen Kultur war, in der genaue Berechnung die Hauptrolle spielt, und in der die technische und analytische Seite mehr Gewicht als die intuitive und empirische hat.

So trafen viele Faktoren zusammen, um der frühen Computerkultur die harte, analytische Form zu geben, mit der die meisten Menschen selbst heute noch das Wort *Computer* verbinden. Nach dem Krieg verließ der Computer langsam die heiligen Hallen der hochwissenschaftlichen und militärischen Bereiche und faßte in der offeneren Welt der Wirtschaft und der alltäglichen industriellen und universitären Forschung Fuß. Dabei nahm er seine Kultur mit sich, und so entwickelte und verwurzelte sich die landläufige Vorstellung vom Computer als einer »analytisch-logischen Maschine«. Bemerkenswert ist hier, wie Elemente der ursprünglichen Computerkultur bestehen blieben, selbst als die Technologie sie gar nicht mehr erforderte oder begünstigte. Nachdem sie sich einmal festgesetzt hatte, entwickelte die Kultur ihre eigene Logik. Einige mathematische Extremformen bei den frühen Methoden der Computersteuerung wurden zwar geglättet, der harte Kern blieb jedoch bestehen.

Als ich den ACE programmierte, mußte ich Befehle tatsächlich noch als kodierte Folgen aus Nullen und Einsen ausdrücken, indem ich sie buchstäblich der Reihe nach in eine IBM-Lochkarte stanzte. Ich kann mich nicht mehr an den Code erinnern, für moderne Maschinen gibt es jedoch immer noch ähnliche: So könnte zum Beispiel die Folge 11000010111010111000000100011100 ein Befehl an die Zentraleinheit sein, die Zahlen in zwei vorgegebenen Speicherstellen zu addieren. Diese Codes haben zwar noch immer theoretische Bedeutung; kaum jemand, der heute ein Programm schreibt, wird sie jedoch wirklich als Darstellungsmittel benutzen.

Befehle in Binärzahlen darzustellen, ist so undurchschaubar und anstrengend, daß nicht einmal Mathematiker es komfortabel finden. Es dauerte nicht lange, bis Computersprachen entwickelt wurden, die es ermöglichten, einen Befehl statt dessen in der Form $z = x + y$ darzustellen, und damit zu erreichen, daß die Zahlen an den Speicherstellen x und y addiert werden und das Ergebnis an der Speicherstelle z abgelegt wird. Eine der Eigenschaften, die Computer so wirkungsvoll machen, ist ihre Fähigkeit, die eigenen Programme zu steuern: Da der Computer so programmiert werden kann, daß er $z = x + y$ in die entsprechende Binärzahl übersetzt, ist es nur dann absolut notwendig den binären

Code zu benutzen, wenn das Programm geschrieben wird, das diese Übersetzung ausführt.

Die Entwicklung transparenterer und attraktiverer Darstellungsformen bedeutete nicht, daß der harte analytische Denkstil aus der Programmierung verschwand; sie glättete lediglich seine auffälligsten Erscheinungsformen. Der Stempel des Mathematikers war in der algebraischen Form der Befehle noch immer vorhanden und prägte die Kultur des Programmierens nicht nur oberflächlich. Wie wohl zu erwarten gewesen war, sahen sich jene Mathematiker mit einem Hang zu analytisch-logischem Denken auch am ehesten dazu veranlaßt, Theorien über die richtige Programmstruktur zu erstellen und die Mühe auf sich zu nehmen, Normen für den Programmablauf zu liefern. Dadurch konnte sich ihre Auffassung von der Programmierung als die einzig richtige festigen. So trat ein neuer Faktor in Erscheinung, der auch heute noch die harte Computerkultur stützt. Die Vertreter des harten Programmierstils sind im Vorteil, weil sie die Fähigkeit und das Bedürfnis haben, ihren Stil theoretisch zu untermauern. Ein ähnlich selbsterhaltend wirkender Faktor ist auch bei der Rekrutierung von Fachleuten am Werk. Die Vorherrschaft des harten Stils in der Kultur zieht neue Fachkräfte an, die ebenso denken, und schreckt gleichzeitig jene ab, die der Entwicklung eine andere, weichere Richtung geben könnten.

Als der Computer allmählich einen größeren Anwendungsbereich fand, kam zwangsläufig auch der Gedanke auf, ihn für pädagogische Zwecke zu nutzen. Tatsächlich erschienen in den frühen sechziger Jahren eine Reihe unbekannter Akteure am Rand der pädagogischen Bühne. Die Technologie, die wir mitbrachten (denn ich war einer von diesen Computerspezialisten, die durch die Aussicht auf einen Wandel in der Pädagogik angelockt worden waren), war außerordentlich primitiv. In einem typischen Projekt jener Zeit setzte man ein Kind vor einen klappernden Fernschreiber, der mit einem weit entfernten Rechner verbunden war, der zu groß und zu teuer war, um ihn zu dem Kind herzuholen. Es gab keine Elemente wie Grafik, Farbe, Action oder Geräusche, die bei den Computern, die Kinder heute kennen und lieben, einen Teil des Reizes ausmachen. Sehr wenig von dem, was unter diesen Umständen getan und gelernt wurde, läßt sich direkt auf heutige Verhältnisse übertragen. Im Gegensatz zu der Kurzlebigkeit der technologischen Formen jener Tage steht jedoch die Unverwüstlichkeit der theoretischen Ausrichtungen – der Ideologien –, die wir aus der umfassenderen Computerkultur mitbrachten.

Die wichtige und dauerhafte Seite unserer Arbeit war, daß wir den Keim zu einer spezifisch schulischen Computerkultur legten. Thema dieses Kapitels ist das Wachsen dieses Keimes zu einem so weitverzweigten Baum, daß ich für meine Darlegungen nur einige Zweige auswählen kann, die mir am wichtigsten erscheinen. Dabei habe ich mich auf jene konzentriert, in denen ich selbst am aktivsten war. Ich hoffe, daß der Grund nicht ist, daß ich nur den Bereichen Bedeutung beimesse, in denen ich gearbeitet habe; ich möchte lieber einmal annehmen, daß dies darauf zurückzuführen ist, daß ich immer versucht habe, in den Bereichen zu arbeiten, die tatsächlich auch am meisten Bedeutung haben.

Am leichtesten läßt sich die Entwicklung des Schul-Computers quantitativ darstellen. In den sechziger Jahren war unsere Gruppe noch klein und bestand hauptsächlich aus Akademikern, die sich aus anderen Bereichen hierher verirrt hatten: zum Beispiel Patrick Suppes aus dem Bereich Philosophie und Psychologie, John Kemeny (der Basic erfand) aus dem Bereich Physik und Universitätsverwaltung, Donald Bitzer (der das plato-System entwickelte) aus dem Bereich Maschinenbau und ich selbst auf den Bereichen Mathematik und Intelligenzforschung. Es gab auch einige Unternehmer, die durch vorzeitige Versuche, den Bereich zu kommerzialisieren, finanzielle Verluste hinnehmen mußten. In den frühen siebziger Jahren war unsere Gruppe schon etwas größer. Der große Durchbruch kam Mitte der siebziger Jahre mit dem Mikrocomputer. In den frühen achtziger Jahren hatte sich die Zahl der Personen, die einen beträchtlichen Teil ihrer Arbeitszeit dem Computer in der Schule widmeten, von einigen Hundert sprunghaft auf mehrere Zehntausend erhöht. Jetzt sind es bereits Hunderttausende, die meisten von ihnen Lehrer, wobei viele Tausende jedoch auch in der Forschung und im kaufmännischen Bereich der Computerpädagogik tätig sind.

Die subjektiven und gesellschaftlichen Aspekte dieser Entwicklung sind schwieriger darzustellen, jedoch sehr viel wichtiger. Hier geht es darum zu erfahren, was die immer größer werdende Zahl der Beteiligten denkt, und wie die Entwicklung dieser Kultur mit umfassenderen gesellschaftlichen Entwicklungen verbunden ist. Meine übergreifende Botschaft an alle, die Einfluß auf die Entwicklung der Computerpädagogik nehmen oder sie einfach nur verstehen wollen, ist die, daß es absolut nicht um ein Resultat nach dem anderen geht (analog zum Geschichtsunterricht in der Schule, dem häufig vorgeworfen wird, nur herausragende Ereignisse aneinanderzureihen). Das Wesentliche dieser Entwicklung ist das Wachsen einer Kultur und kann nur dadurch konstruktiv beeinflußt werden, daß bestimmte Richtungen innerhalb dieser Kultur verstanden und gefördert werden.

Der erste wichtige Schritt zu einem Verständnis, das über den rein quantitativen Aspekt hinausgeht, war der Versuch, die Verwendungsformen des Computers in der Schule zu klassifizieren. In einer der ersten Anthologien zu diesem Gebiet wird dieser Ansatz in der witzigen Formulierung des Titels deutlich. Das Buch von Robert Taylor (Professor am Columbia Teachers College und Erfinder des ersten Master-Programms in der Computerpädagogik), hieß *The Computer in the School: Tutor, Tutee, Tool* (Der Computer in der Schule: Lehrer, Schüler, Werkzeug). Die Bedeutung des ersten und letzten Begriffs im Untertitel entspricht ziemlich genau landläufigen Auffassungen, welchem Zweck Computer in der Schule dienen können. Beispiele für Verwendungen des Computers als *tool* (Werkzeug) werden wohl jedem vertraut sein. Ein Textverarbeitungsprogramm kann ebenso als Werkzeug betrachtet wie ein Simulationsprogramm, das die Beschäftigung mit Ökologie ermöglicht, oder eines, mit dem man den Computer als Taschenrechner verwenden kann. Der Begriff *tutor* (Lehrer) entspricht der am weitesten verbreiteten Vorstellung von einem Schul-Computer. Der Begriff *tutee* (Schüler) bezieht sich dagegen auf ein Bild, das ich häufig beim Nachdenken über Programmieren als einer Tätigkeit, die dem Computer etwas beibringt, verwendet habe. Jeder Hochschullehrer weiß, daß eine gute Methode, ein Fach zu lernen, darin besteht, einen Kurs darüber zu halten, und ich habe halb im Spaß den Vorschlag geäußert, daß ein Kind daraus ebenfalls einen Nutzen ziehen könnte, indem es den Computer »lehrt«, das heißt programmiert, etwas Bestimmtes zu tun.

Nach einer etwas anderen Einteilung, die so häufig verwendet wird, daß ich nicht herausfinden konnte, wer sie als Erster eingeführt hat, wird es so ausgedrückt: »Mit dem Computer lernen; von dem Computer lernen; über den Computer lernen.« *Mit* enspricht genau *tool* (Werkzeug) und *von* entspricht *tutor* (Lehrer). Die Beziehung zwischen *über* und *tutee* (Schüler) ist weniger direkt, besteht jedoch insofern, als die Fähigkeit, einen Computer zu programmieren, gleichzeitig bedeutet, daß man seine Funktionsweise besser kennenlernt, als dies bei den anderen beiden Verwendungsformen erforderlich ist.

In diesem Kapitel will ich jedoch nicht die Verwendungsweisen des Computers klassifizieren, sondern die Entwicklung von Ansätzen, über seine Verwendungen nachzudenken, betrachten. Ich schlage einen Ansatz vor, in dem aufeinanderfolgende Perioden seiner Geschichte unterschieden werden, die ich als »klassisch«, »romantisch«, »bürokratisch« und schließlich »modern« definieren will.

Im Rückblick betrachte ich die erste Periode (die ungefähr den sechziger Jahren entspricht) in der Entwicklung der Computerpädagogik als »klassisch« in einem Sinne, der interessanterweise in der Definition im *Webster*, einem einschlägigen amerikanischen Wörterbuch, ein Echo findet: »Anpassung an traditionelle Verfahrensweisen, Geschmacksrichtungen oder Beurteilungsmaßstäbe ... Betonung der Form ... Regelmäßigkeit, Einfachheit,

Ausgewogenheit, Harmonie und Beherrschung der Gefühle (Gegensatz zu *Romantik*)«. Anpassung war in zweierlei Hinsicht zutreffend. Jeder von uns war aus einem anderen traditionellen Bereich zur Pädagogik gekommen und hielt sich weiterhin an eine Reihe von Methoden, Geschmacksrichtungen und Beurteilungsmaßstäben, in denen sich die vorherrschende harte Computerkultur und die jeweils eigene Fachrichtung vermischten. Gleichzeitig, vielleicht weil wir uns als Gäste oder Einwanderer fühlten, strukturierten wir unsere Arbeit so, daß die grundlegenden Auffassungen der Schule nicht in Frage gestellt wurden. Selbst ich, der ich schon lange ein Visionär und in der damaligen Forschergemeinde ein Außenseiter war, formte meine Gedanken nach einem, von heute aus gesehen, auffallend der Auffassung der Schule entsprechenden Modell. Gefühle, um der Definition im *Webster* zu folgen, waren sicherlich unter Kontrolle; tatsächlich wurden sie nicht einmal als eine für das Nachdenken in der Pädagogik relevante Kategorie betrachtet. Die vorherrschende Computerkultur begünstigte es, daß unser Schwerpunkt eindeutig auf der kognitiven Seite der Pädagogik blieb.

Ein Blick auf drei Mitwirkende in der frühen pädagogischen Computerkultur, Suppes, Kemeny und mich, soll genügen um zu zeigen, wie dieser »Klassizismus« quer durch alle Vorstellungen und Diskussionen über Verwendungsformen des Computers in der Schule geht. Patrick Suppes wurde der geistige Vater von CAI (Computer Aided Instruction), eines Begriffs, der zu einem Synonym für eine Verwendungsform des Computers wurde, die ich mit etwas polemischer Übertreibung als Verwendung des Computers zur Schülerprogrammierung charakterisiert habe. John Kemeny war einer der Väter von BASIC und damit eine der tragenden Säulen einer ganz anderen Auffassung vom Computer: Der Schüler programmiert den Computer und macht ihn damit zu einem Werkzeug, das ihm beim Lernen hilft, statt einem Lehrroboter, der beim Unterrichten hilft. Somit standen sich Suppes und Kemeny auf einer Achse als Extreme gegenüber. Auf einer anderen wichtigen Achse standen sie jedoch ganz nahe beieinander. Beide sahen den Schwerpunkt faktisch ausschließlich in der kognitiven Seite des Lernens: sie betrachteten Lernen als Aneignung von Fakten und Fertigkeiten; sie hatten kein erkennbares Interesse an den Gefühlen, der Persönlichkeit oder Entwicklung des Einzelnen auf einer Ebene, die sich nicht auf solche spezifischen Wissensatome reduzieren ließ. Beide akzeptierten die Schule. Sie hielten ihre pädagogischen Auffassungen von ihrer Beschäftigung mit Politik, geschlechtsspezifischem Rollenverhalten und Rassenfragen getrennt. Somit unterschieden sie sich in vielerlei Hinsicht vom Geist der »romantischen« Periode, in dem aktuellere soziale Fragen und »intimere« Aspekte des Computers in den Vordergrund des Interesses rückten. Und bei mir war es im großen und ganzen genauso.

Ich war sicherlich der aufbegehrende Außenseiter dieser Gruppe. Ich hatte sowohl an CAI als auch an BASIC etwas auszusetzen und entwickelte Logo als Alternative zu beidem. Ich brauchte jedoch fünf Jahre, um zu begreifen, daß Vorstellungen, mit denen ich mich auseinandersetzte, antiklassische Folgerungen beinhalteten. Inzwischen ertappte ich mich dabei, daß ich wie eine »Person meiner Zeit« handelte (oder vielleicht sogar wie ein »Mann meiner Zeit« – in meiner eigenen Arbeit habe ich erst allmählich mit dem gebrochen, was ich als androzentriert erkenne, und einige meiner feministischen Freundinnen sind der Ansicht, daß ein Mann dies niemals vollständig schafft).

Das CAI-Konzept, für das Suppes ursprüngliche Arbeit das zukunftsweisende Modell war, wurde kritisiert, weil der Computer hier als teure Sammlung von *flash cards* verwendet würde. Nichts könnte weiter von Suppes Absichten entfernt sein als jeder Gedanke an rein mechanisches Wiederholen. Aufgrund seines theoretischen Ansatzes war er zu der Überzeugung gelangt, daß man den Computer mit Hilfe der richtigen Lerntheorie in die Lage versetzen könnte, so, wie dies durch keine Sammlung von *flash cards* je erreichbar wäre, eine auf der Vorgeschichte des einzelnen Benutzers basierende optimale Darstellungssequenz zu erzeugen. Gleichzeitig würden die Antworten der Kinder signifikantes Datenmaterial für die Weiterentwicklung der Lerntheorie liefern. Dies war ein ernsthafter, hochwissenschaftlicher Ansatz.

Von Anfang an hielten mich jedoch mehrere Überlegungen davon ab, mich damit anzufreunden.

Gefühlsmäßig lehnte ich den Status als Objekt ab, den das Kind durch jede Theorie dieser Art erhält. Behavioristen verwenden gerne die Bezeichnung »Lerntheorie« für die Grundlagen ihres Denkens. Was sie damit meinen, ist jedoch nicht »Lernen« in dem Sinne, daß der Lernende etwas tut, sondern »Unterricht« in dem Sinne, daß der Unterrichtende etwas mit dem Lernenden tut.

Damals konnte ich meine Ablehnung am besten in Form einer erkenntnistheoretischen Aussage artikulieren, das heißt, in Form von Differenzen über die Wissensformen, die verwendet wurden. In seiner Unterrichtstheorie versuchte Suppe das, was Kinder in Mathematik lernen sollten, auf eine Reihe präziser »Minifakten« zu reduzieren, die von seinem Computerprogramm gezählt und sequentiell geordnet werden konnten. Hierin war er nicht gerade besonders einzigartig. Der Logiker in ihm unterstützte eine Auffassung von Wissen als einer Zusammenfügung präzise abgrenzbarer Teilchen; dem Statistiker in ihm gefiel die Vorstellung von Wissensteilchen, weil er diese zählen konnte; der Neobehaviorist in ihm verlangte, daß es so ist. In seiner Arbeit kam ein allumfassendes erkenntnistheoretisches Modell zum Ausdruck, das damals in weiten Bereichen der akademischen Welt Amerikas vorherrschend war (und auch heute noch in einigen Bereichen einflußreich ist). Mir war dieses Modell aus den theoretischen Bereichen, aus denen ich zu meiner Arbeit in der Pädagogik gekommen war, ebenfalls sehr gegenwärtig – jedoch als ein Hindernis, das es in Angriff zu nehmen galt. In der Psychologie war mein Mentor Piaget der unbeirrbarste Kritiker des Behaviorismus (obwohl in Amerika Noam Chomsky als der vehementeste bekannt geworden war). Im Bereich der künstlichen Intelligenz (KI) kämpfte ich zusammen mit Marvin Minsky gegen »Logik« als Grundlage des Denkens und gegen alle Ansätze, die Wissen als aus »Teilchen« oder aus »Propositionen« aufgebaut repräsentierten.

Die Thematik wird deutlich sichtbar, wenn man zwei Sichtweisen des Falls Debbie miteinander vergleicht. CAI basiert auf einer Diagnose von Debbies Schwierigkeiten als einem Mangel spezifischer *Wissens*teilchen im Bereich der Brüche und sieht Abhilfe in der Bereitstellung dieser Teilchen. Ich sehe einen Mangel – oder sogar mehrere Mängel – an *Beziehungen*: Debbie wird sowohl durch ihre fehlende Beziehung zu Brüchen als auch durch fehlende Beziehungen zwischen den verschiedenen Wissensbereichen, die bei ihr bereits vorhanden sind, beim Lernen behindert. Aus diesem Grund ist sie nicht in der Lage, selbst aktiv zu werden, weder indem sie ihr vorhandenes Wissen effektiv nutzt, noch indem sie neues Wissen aufbaut oder anstrebt. Ich stelle das pädagogische Ziel auf, ihr nicht neue Minifakten zu vermitteln, sondern ihr zu helfen, Verbindungen zwischen den verschiedenen Elementen ihres bereits vorhandenen Wissens herzustellen: zum Beispiel, ihrem intuitiven Wissen über Brüche, ihrem Wissen über die »reale Welt« und ihrem Wissen über Lernstrategien. Diese Verbindungen können nur von Debbie selbst hergestellt werden. Es müssen *ihre* Verbindungen sein.

Der Befürworter von CAI könnte nun vielleicht sagen: »Wir haben aber festgestellt, daß Personen wie Debbie ihre Noten verbessern können, wenn sie unsere Programme durcharbeiten. Der Ansatz muß also stimmen.« Vielleicht führt das Programm zu besseren Noten, die zugrundeliegende Theorie muß deshalb jedoch nicht zwangsläufig stimmen. Es stellt sich die Frage: Gibt es eine andere, ebenso wahrscheinliche Erklärung? Eine Anekdote läßt darauf schließen.

Ich beobachtete einmal ein Kind, das mit einem CAI-Multiplikationsprogramm arbeitete. Etwas Seltsames spielte sich da ab. Ich hatte gesehen, daß der Junge mehrere Multiplikationen schnell und korrekt ausführte. Dann bemerkte ich, daß er plötzlich bei einfacheren Aufgaben eine Reihe falscher Antworten gab. Ich brauchte eine Weile um zu erkennen, daß der Junge angefangen hatte, sich bei dem Programm zu langweilen, und mehr

Spaß an einem selbsterfundenen Spiel fand. Das Spiel erforderte einiges Nachdenken. Es definierte die »richtige« Antwort auf die Fragen des Computers neu als die Antwort, durch die am meisten Computeraktivität ausgelöst würde, wenn das Programm Erklärungen des »Fehlers« ausspuckte.

Ich bin ziemlich sicher, daß dieser Junge in der Statistik zu der Gruppe gehören würde, bei der die Arbeit mit dem CAI-Programm zu einer Verbesserung der mathematischen Fähigkeiten geführt hat. Könnte man daraus die Schlußfolgerung ziehen, daß das Programm tatsächlich eine gute Lehrmethode für Mathematik darstellte? Ja und nein! Ja, weil es dem Kind tatsächlich ermöglichte zu lernen; nein, weil es dieses Lernen aus einem ganz anderen Grund ermöglichte, als bei der Programmplanung beabsichtigt worden war. Die Frage, um die es hier geht, ist, ob selbstbestimmtes Handeln besser geeignet ist, Mathematik zu lernen, als sorgfältig kontrolliertes, vom Programm bestimmtes Handeln, und der Fall dieses Jungen unterstützte die erste Möglichkeit. Ein Vertreter für CAI könnte nun immer noch einwenden (obschon ich sicher bin, daß Suppe dies nicht tun würde), daß dies nicht wichtig wäre, solange das Kind tatsächlich lernte. Meine Antwort darauf ist dieselbe, die ich für die meisten Lernprozesse durch mechanische Übungsmethoden mit oder ohne Computer bereit habe: Ja, Kinder können tatsächlich aus allem ein Spiel machen und dadurch lernen, wenn wir jedoch wollen, daß dies passiert, sollten wir es auch sagen und uns um Kontexte bemühen, in denen das Spielerische sich am besten entfalten kann.

In dieser Anekdote wird der Unterschied zwischen der geistigen Atmosphäre, die Suppes Hintergrund bildet, und der meiner eigenen Arbeit deutlich. Während seine Arbeit von streng durch Logik kontrollierten Denkweisen geprägt war, arbeitete ich in der spielerischen Atmosphäre des KI-Labors am MIT. Natürlich verleugnete keiner von uns weder die Bedeutung der formalen noch die der intuitiven Denkweise. Wir sahen jedoch ein umgekehrtes Verhältnis zwischen diesen beiden. Der Logiker betrachtet Logik als oberstes Denkprinzip und bemüht sich, das Intuitive logisch zu erklären. Viele meiner Kollegen aus dem Bereich der künstlichen Intelligenz vertraten die Ansicht (und manche vertreten sie immer noch), daß wir beim unserer Meinung nach intuitiven Denken, dennoch (ohne es zu bemerken) präzisen, logischen Regeln folgen – es sind nur nicht die Regeln, denen wir vielleicht zu folgen glauben. Deshalb sind sie immer höchst erfreut, wenn jemand den Computer so programmiert, daß sein Verhalten dem intuitiven Denken gleicht. Der Computer folgt festgelegten Regeln; somit kann die Aufgabe, worin sie auch immer bestehen mag, durch Befolgen von Regeln gelöst werden. Für mich stellt sich die Herausforderung in einem anderen Sinne. Die grundlegende Denkweise ist intuitiv; formales logisches Denken ist ein künstliches, wenn auch sicher oft ein enorm hilfreiches Konstrukt:

Logik ist eine Hilfsquelle, nicht das oberste Prinzip. Ich bin immer höchst erfreut, wenn etwas, das wie formales, regelbestimmtes Verhalten erschien, sich als etwas anderes erweist. Deshalb freute ich mich auch so über den Jungen, der mit dem CAI-Programm spielte.

Somit unterschieden sich Suppe und ich ganz beträchtlich in der Auffassung darüber, welche Wissensform wir bei Kindern fördern wollten. Ein Zeichen für die Authentizität unserer Positionen ist, daß wir uns auch in unserem jeweiligen persönlichen Stil unterschieden – sowohl in unserer Denkweise als auch in der Einschätzung dieser Denkweise.

In einem meiner ersten Treffen mit Suppe hatte er das Thema Stil auf eine Formel gebracht, mit der er eine Diskussion zwischen uns bei einer Konferenz über Wissenschaftsphilosophie zusammenfaßte. Ich erinnere mich gut an seine Worte, da sie für mich zum Symbol einer Haltung wurden, die ich häufig als das elementare Problem des Unterrichtens ansah: »Ich hätte lieber genau unrecht als ungefähr recht.«

Ich betrachtete dies als ein elementares Problem für Unterrichten in diesem Sinne. Mir war schon lange klar gewesen, daß eine der größten Schwierigkeiten in Schulfächern wie Mathematik und Naturwissenschaften in dem Anspruch der Schule liegt, daß der Schüler genau recht hat. Sicherlich ist es in einigen Situationen notwendig, genau recht zu haben. Diese Situationen können jedoch nicht für die Entwicklung jener Denkform geeignet sein, die ich bei mir selbst und bei vielen kreativen Menschen, die ich kenne, am meisten schätze. Dies ist eben nicht das Denken, das, wie es die Logiker vielleicht gerne hätten, von einer Wahrheit zur nächsten schreitet, bis es von der Prämisse zum Schluß kommt. Der normale Vorgang beim Denkens beinhaltet, ständig vom Kurs abzuweichen und Korrekturen vorzunehmen, indem man gerade soweit wieder zurückgeht, daß die Richtung im allgemeinen noch stimmt. Diese Form des Denkens hat gleichzeitig immer ungefähr recht und ungefähr unrecht.

Das Dilemma, das sich daraus für das Lehren ergibt, besteht in der Schwierigkeit zu erkennen, an welcher Stelle dieses Prozesses sich jemand anderer gerade befindet. Wie kann ein Lehrer also einem Schüler Hilfestellung geben?

Ich habe mich sehr bemüht eine Theorie zu finden, wie Lehrer dies erreichen könnten. Heute erkenne ich, daß die Gründe, warum ich zu keinen besonders scharfsinnigen Aussagen gelangen konnte, ganz ähnlich sind wie jene, die dazu führten, daß die Lehrerin in meinem Logo-Workshop blockiert war: Ich war auf Schulkinder fixiert und suchte deshalb nach Methoden, den Unterrichtsprozeß in der traditionellen Schularbeit zu verbessern. Der Durchbruch, der mich auf die Spur einer Erkenntnis brachte, die mein Markenzeichen für die Verwendung des Computers werden sollte, kam, als ich in der Lage war, die » —kinder zu vergessen« und über mich selbst nachzudenken.

Es geschah bei einem Besuch auf Zypern im Jahre 1965. Mir war immer noch von dem Kulturschock durch meinen Umzug (1963) schwindlig, der mich von der Genfer Universität, an der es keine Computer gab, zum MIT gebracht hatte, wo ich plötzlich freien Zugang zu den leistungsfähigsten Maschinen der Welt hatte. Hier auf dieser fernen Mittelmeerinsel erlebte ich das erste Mal wieder, wie es war, von einer Lebensweise, in der Computer allgegenwärtig waren, abgeschnitten zu sein. Dadurch wiederum fing ich an darüber nachzudenken, wie viel ich bisher am MIT gelernt hatte, wie mir mit Hilfe eines Computers der Durchbruch bei einem theoretischen Problem, das mich einige Zeit beschäftigt hatte, gelungen war, wie Konzepte im Zusammenhang mit dem Computer mein Denken in vielen verschiedenen Bereichen veränderten. Dann kam der »naheliegende« Gedanke wie eine Eingebung: Was Computer mir ermöglicht hatten, war genau das, was sie auch Kindern ermöglichen sollten! Sie sollten Kindern als Instrument dienen, mit dem sie arbeiten und denken konnten, als Mittel um Projekte durchzuführen, als Quelle von Konzepten, die ihre Gedanken in neue Bahnen lenken würden. Das letzte, was ich wollte oder brauchte, war ein Drill- and Practice-Programm, das mir vorschrieb, als nächstes diese Addition auszuführen oder jenes Wort zu buchstabieren! Warum also sollte man so etwas Kindern aufzwingen? Was mein eigenes Lernen plötzlich sprunghaft gesteigert hatte, glich auch nicht im geringsten den CAI-Programmen. Ich fing an, mich wie besessen mit der Frage zu beschäftigen, ob Zugang zu Computern bei Kindern einen ähnlichen intellektuellen Sprung auslösen könnte, wie ich ihn am MIT erlebt hatte.

Auf der Suche nach guten Beispielen, was Kinder mit Computern tatsächlich tun könnten, ging ich in Gedanken noch einmal meine eigenen Aktivitäten durch, listete im Kopf Fälle auf, wie ich meiner Ansicht nach von Computern profitiert hatte, und stellte mir bei jedem Fall die Frage, ob etwas ähnliches auch für Kinder verfügbar gemacht werden könnte. Eine Zeit lang übersprang ich den ersten Eintrag auf meiner Liste einfach: künstliche Intelligenz, mein Hauptinteresse, das mich ans MIT gebracht hatte. »Offensichtlich nicht für Kinder geeignet.« Dann erinnerte ich mich an ein Gespräch mit Piaget ein paar Jahre zuvor, in dem wir spielerisch Spekulationen aufgestellt hatten, was wohl passieren würde, wenn Kinder spielen könnten, kleine künstliche Gehirne zu bauen. Ich hatte damals gesagt, daß das Wesentliche bei der künstlichen Intelligenz darin bestünde, theoretische Psychologie konkret zu machen. Somit (da Konkretheit vermutlich das eigentliche Element der Kinder ist) könnte im Prinzip vielleicht eine elementare Form von KI zum Baukasten für Kinder werden. Wenn Psychologen davon profitieren konnten, konkrete Modelle des Denkens herzustellen, warum sollten dann nicht Kinder, die sie noch dringender brauchten, davon profitieren?

Piaget gefiel die Vorstellung, einen seiner Lieblingsaphorismen – »verstehen ist erfinden« – in einem neuen Bereich anzuwenden. Im Treibhausklima der Diskussion in Piagets unglaublich chaotischem Arbeitszimmer ließen wir uns durch Bilder von Kindern mitreißen, die Denken durch das Spiel mit Materialien begreifen, die für die Erfindung einer Denkmaschine, einer Intelligenz benötigt werden. Keiner von uns hielt dies für sehr realistisch – es war lediglich ein Szenario für ein philosophisches *Gedankenexperiment*. Auf einem Berg auf Zypern verwandelte sich diese Vorstellung für mich jedoch plötzlich von einer philosophischen Spekulation in ein wirkliches Projekt.

Dieser Wandel wurde herbeigeführt, als ich mir sehr konkret ausmalte, was man tatsächlich tut, wenn man sich mit KI (oder einer Version davon) beschäftigt. Man wählt einen Bereich der mentalen Aktivität des Menschen aus, sagen wir mal, Schach spielen oder eine Katze sehen; dann schreibt man ein Computerprogramm, das etwas Ähnliches ausführt; und schließlich diskutiert man, manchmal sehr ausführlich, ob das Computerprogramm tatsächlich das gleiche macht wie der Mensch. Ich hatte mich mit vielen solcher Aktivitäten beschäftigt und wußte, daß sie mich zu aufregenden und produktiven Einsichten in das menschliche Denken angeregt hatten. Ich nahm zwar kaum an, daß ein KI-Programm das menschliche Gehirn wirklich vollständig imitieren könnte; doch selbst wenn die Unterschiede größer als die Ähnlichkeiten waren, so lieferte die Diskussion über das Verhalten der Maschine doch wertvolle Einsichten darüber, wie Menschen denken – und wie sie nicht denken. Es erschien plausibel, daß die Beschäftigung mit elementarer KI auch Kindern einen neuen Rahmen für das Denken über Denken verschaffen könnte. Natürlich würde ich nicht erwarten, daß sie ein Programm entwickeln könnten, das auch nur schlecht Schach spielt, also sah ich mich nach einem einfacheren Spiel um und entschied mich für eines jener Spiele, die mit Streichhölzern gespielt werden. Das Prinzip blieb jedoch dasselbe. Das Szenario, das ich mir erhoffte, wenn Kinder sich mit elementarer KI beschäftigten, sah ungefähr wie folgt aus.

Eine Gruppe von Kindern beschäftigt sich mit einem »Einundzwanzig« genannten Streichhölzchenspiel, bei der zwei Spieler abwechselnd ein, zwei oder drei Hölzchen von einem Stapel aus einundzwanzig Streichhölzern nehmen; wer das letzte Hölzchen nimmt, hat verloren. Das direkte Ziel der Kinder unterscheidet sich in keiner Weise von dem der Fachleute, die sich mit etwas beschäftigen, das man später Expertensysteme nennen sollte: Beobachte jemanden sorgfältig, der sich mit der Tätigkeit beschäftigt, die dein Programm imitieren soll, und versuche Regeln aufzustellen, die man in einem Programm verwenden kann, damit der Computer sich gleich verhält. Die physikalische Seite des Prozesses schien nicht wichtig. Heute haben Kinder die Mittel, einen Roboter zu bauen, der beim Spielen tatsächlich Hölzchen aufnimmt. Ich habe zur Entspannung (und weil mir diese lustigen Dinge gefallen) auch wirklich einen solchen Roboter gebaut, während ich dieses Kapitel schrieb, und verwendete dabei einen als Lego-Logo bezeichneten, erweiterten Legobaukasten, der ein Nebenprodukt (zwanzig Jahren später!) genau jener Arbeit war, die ich hier beschreibe. Mit den modernen Schul-Computern von heute würde das Spiel mit Objekten, die als Symbole auf einem Bildschirm erscheinen, gespielt werden – der Computer würde spielen, indem er ein Symbol aus der Reihe in einen Behälter verschiebt, und der gegnerische Benutzer würde das gleiche mit der Maus oder mit Hilfe der Tastatur machen. 1960 verwendeten wir klappernde Fernschreiber; als wir das Szenario zum Laufen brachten, waren die Streichhölzer als X dargestellt und die Maschine schrieb die Reihe der Xen nach jedem Zug neu. Der Benutzer reagierte durch Eingeben einer Zahl. Wichtig war für uns zu beobachten, wie die Kinder beim Programmieren vorgehen würden, und natürlich auch, ob der Plan allgemein anerkanntes Wissen über die Phasen der intellektuellen Entwicklung widerlegen würde.

Meine Freunde aus dem Bereich der Entwicklungspsychologie waren skeptisch, was die Frage anging, ob etwas, das man ernsthaft als Programmieren bezeichnen konnte, von Kindern bewältigt werden könnte, die noch nicht die sogenannte formale Entwicklungsphase erreicht hatten, also ungefähr in der Altersgruppe des siebten bis neunten Schuljahres waren. Ich sah die Frage differenzierter, weil ich mir stärker dessen bewußt war, wie sehr sie davon abhängen würde, was man unter »Programmieren« verstand. Intuitiv erschien es einleuchtend, daß der Versuch, Kinder im dritten oder sogar noch im fünften Schuljahr Spielprogramme von Grund auf in einer der damals gängigen Programmiersprachen wie FORTRAN oder LISP schreiben zu lassen, zum Scheitern verurteilt sein würde. (Hätte es damals bereits BASIC oder PASCAL gegeben, hätte ich diese Sprachen ebenfalls miteingeschlossen.) Lag die Ursache jedoch darin, daß die Sprachen für Erwachsene entwickelt worden waren und einige mathematisch anspruchsvolle Elemente voraussetzten, oder lag sie im Konzept des Programmierens selbst? Gibt es eigentlich so etwas wie »das Konzept des Programmierens« oder kann »Programmieren« grundsätzlich unterschiedlich aufgebaut sein?

Mit diesen Fragen könnte man sich ewig im Kreis drehen. Der einzig vernünftige Ansatz war, einen Anfang zu machen und eine Programmiersprache zu entwickeln, die besser als die bisherigen dafür geeignet war, den Bedürfnissen und Fähigkeiten junger Menschen gerecht zu werden. Damals, während meiner Arbeit am MIT, hatte ich auch eine Teilzeitbeschäftigung als Berater einer Gruppe, die von Wally Feverzeig, dem Leiter des Bereichs Unterrichtstechnologie der Forschungsfirma Bolt, Beranek and Newmann geleitet wurde, und die an einem der ersten Versuche arbeitete, Programmieren in einer Schule zu unterrichten. Es brauchte nicht viel, um die Gruppe zu überreden, ihr ursprüngliches Ziel, bestehende Programmiersprachen zu unterrichten, abzuändern und statt dessen eine vollkommen neue Sprache zu entwickeln. Wir bildeten ein Team, und ein Jahr später war die erste Version einer Sprache namens Logo da und lief – auch wenn die damalige Version heute nur von wenigen der Million Kinder, die täglich mit einer modernen Logo-Version arbeiten, als solche erkannt würde. Wir beschlossen, daß es besser wäre, den ersten Versuch bei Kindern der siebten bis neunten Klasse zu machen, also innerhalb der Grenzen der »formalen« Phase zu bleiben; später wollten wir dann mit der Entwicklung von Unterrichtsmethoden und verbesserten Versionen allmählich zu immer jüngeren Jahrgängen vordringen.

Zwei Jahre und eine Menge Arbeit waren notwendig, um von den ersten Überlegungen auf Zypern so weit zu kommen, daß junge Menschen (Siebtkläßler) tatsächlich so wie in dem Szenario arbeiten konnten. Und nicht nur das, sie sorgten sogar für eine überraschende Wende, und ließen die Wirklichkeit dadurch interessanter als die Vorstellung werden. Statt streng dem Pfad der »Wissensingenieure«, die Expertensysteme entwickeln, zu folgen, folgten diese Schüler dem Pfad der Psychologen, die absichtlich eine Reihe »unwissender« Systeme bauen, um dem Computer das Verhalten eines »Anfängers« zu geben, der sich allmählich zu immer größerem Wissen hocharbeitet.

Es überrascht keineswegs (im nachhinein!), daß unsere jungen Schüler sich mehr von Programmen begeistern ließen, die einige von ihnen als »dumm« bezeichneten, als von den »intelligenten Programmen«. Es kann durchaus Spaß machen, ein Programm zu entwickeln, das fehlerlos spielt und immer gewinnt; einige fanden es jedoch lustiger, ein Programm anzufertigen, das sie schlagen und über das sie lachen konnten, weil es die gleichen dummen Fehler machte, die sie bei ihren Freunden sahen. Die Wirklichkeit übertraf meine ursprünglichen Erwartungen an das Szenario, indem es fruchtbare Gespräche in Gang brachte, in denen es um viel mehr ging als um Computer und Programmieren. In einer Klasse wurde die Verwendung der Wörter *dumm* und *intelligent* zum Gegenstand intensiver Diskussionen, ausgelöst durch eine Meinungsverschiedenheit, in der A sagte, daß Bs Programm dumm wäre, und B ungefähr folgendes entgegenhielt: »Es ist nicht dumm, ich habe es extra so gemacht, damit ich mehr Regeln hinzufügen kann. Warte nur, Du wirst sehen, daß es das intelligenteste von allen wird! Wirklich dumm ist es, wenn man nichts mehr hinzufügen kann, wenn es nicht besser werden kann.« In einer anderen Klasse führten die Diskussionen zu Streitereien, ob man diese ein Werturteil ausdrückenden Begriffe auf das Programm oder den Programmierer anwenden sollte, und mündeten in einen allgemeinen Konsens: Wirklich dumm wäre nur die Verwendung von Begriffen wie *dumm* und *intelligent*.

B erinnerte mich an Patrick Suppes Bemerkung über ungefähr recht oder genau unrecht haben, weil er die Strategie vertrat, ein Programm absichtlich so zu entwickeln, daß es nur ungefähr recht hatte, jedoch neu ausgerichtet werden konnte, statt daß es darauf abzielte, gleich beim ersten Mal einen Volltreffer zu landen, und dabei riskierte, daß der Schuß völlig daneben ging. Damit drückte er den gleichen Gedanken aus, der auch Voltaires Maxime zugrundeliegt, »das Beste ist der Feind des Guten«, die Herbert Simon, Nobelpreisträger, Wirtschaftswissenschaftler und Mitbegründer der KI, zu seinem Lebensmotto gemacht hat. Alle drei Denker, Voltaire, Simon und B, deuten auf einen Gesichtspunkt hin, was mit der erkenntnistheoretischen Grundlage der Schule nicht stimmt: sie läßt viel zu wenig Raum um ungefähr recht zu haben.

Es liegt nicht nur an einem intoleranten Unterrichts- oder Prüfungsstil, daß in so vielen Bereichen schulischen Arbeitens der Anspruch besteht, genau recht zu haben. Der Inhalt des Lehrplans und das Medium Papier und Bleistift sind ihrem Wesen nach einseitig auf eine Erkenntnistheorie ausgerichtet, die auf den Kriterien wahr/unwahr-richtig/falsch basiert. B entdeckte, daß für eine Bewertung des Programmierens nicht die Frage »ist es richtig?« sondern vielmehr die Frage »wohin kann es von hier aus gehen?« wichtig ist. Mit dieser Erkenntnis ist er nicht allein: Viele virtuose Programmierer beginnen ihre Arbeit bewußt mit der Erstellung einer »schnellen und unsauberen« Version, die ungefähr dem Geforderten entspricht, und überlegen sich dann, wie sie von da aus weitermachen. Natürlich trifft dasselbe auf andere (vielleicht sogar alle) Bereiche kreativen Arbeitens zu. Ich ziehe aus Geschichten wie dieser den Schluß, daß B diese Entdeckung zwar auch in anderen Bereichen hätte machen können (offensichtlich! – viele machten sie bevor Computer auf der Bildfläche erschienen), daß Programmieren in einem geeigneten unterstützenden Kontext hierfür jedoch besonders günstige Bedingungen schafft, und dies umso mehr, je jünger die Entdecker sind.

Es zeigte sich, daß das Spiel »Einundzwanzig« sich für Programme eignete, die auch von Siebtkläßlern gemeistert werden konnten und ihnen tatsächlich auch die Erfahrungen ermöglichte, Denkstrategien zu diskutieren. Die Schüler entwickelten mit Begeisterung Programme, die Sätze in annähernd richtigem Englisch erzeugten und erhielten dadurch ein ganz neues Verständnis für Grammatik. Etwas fehlte jedoch, und der Plan, Kinder im Bereich der KI arbeiten zu lassen, war erst dann richtig erfolgreich, als wir ihn, beinahe zwanzig Jahre später, mit Lego als Instrumentarium für die Konstruktion programmierbarer Roboter zusammen durchführten. Der Unterschied zwischen diesen beiden Situationen rührt an den Kernpunkt meiner Geschichte, tatsächlich sogar des ganzen Buches. Doch jetzt eile ich der Entwicklung voraus.

Damals war ich glücklich und gleichzeitig frustriert. Das Experiment zeigte, daß Siebtkläßler Logo lernen konnten, und einiges von dem, was ich erhofft hatte, damit machen konnten. Ich will das nicht geringschätzen; dies war ein wichtiges Ergebnis. Es stand außer Zweifel, daß einige Schüler einen intellektuellen Sprung machten. Einige, die früher »durchschnittliche« Schüler gewesen waren, hatten plötzlich sehr gute Noten. Ich fühlte mich bestätigt und begann ehrgeizig davon zu träumen, Kindern ein völlig neues Lernen zu ermöglichen. Siebtkläßler können jedoch kaum noch als Kinder betrachtet werden, und ich spürte, daß der Kontakt mit Computern nur dann eine große Wirkung haben konnte, wenn er sehr viel früher stattfinden würde. Andererseits war mir klar, daß eine Ausdehnung auf jüngere Altersgruppen aufgrund der Struktur der Arbeit nicht nur eine Frage der Entwicklung neuer Unterrichtsmethoden war. Je klarer ich erkannte, wie das Arbeiten mit Logo und seine Verwendung in unseren Projekten sich gestalteten, desto offensichtlicher wurde es für mich auch, daß meine Freunde aus der Psychologie recht gehabt hatten: Wenn das Programmieren bedeutet, dann ist es für Kinder, die sich noch nicht in der formalen Phase befinden, ungeeignet. Dennoch wußte ich, daß es eine andere Möglichkeit geben mußte, das Problem anzugehen. Ich brauchte ein grundsätzlich anderes Konzept.

Es dauerte eine Weile, bis die Idee kam, und sogar noch länger, bis ich erkannte, worin sie bestand. Wie es so häufig geschieht, war ich anfangs blockiert, weil ich zu krampfhaft nach etwas ganz Neuem Ausschau hielt. Später stellt man dann fest, daß die Lösung des Problems eigentlich schon da war, daß man sie jedoch nicht sehen konnte, weil man Augen und Gedanken zu sehr auf etwas in der Ferne liegendes konzentriert hatte. In diesem Fall fand ich die Lösung, als ich aufhörte, mich selbst so ernst zu nehmen und so angestrengt nach etwas ganz Neuem zu suchen. Die neue Idee kam, als ich etwas Naheliegenderes entspannter betrachtete.

Wie häufig, spielte ich ein bißchen am Computer herum, indem ich kleine Programme schrieb, die an sich keine besondere Bedeutung oder Schwierigkeit hatten. Man konnte es wirklich einfach als Spielen bezeichnen. Ich weiß nicht, was eine solche Tätigkeit im Gehirn bewirkt; ich nehme jedoch an, daß es etwas ganz ähnliches ist, als wenn man mit dem Bleistift

Muster oder Bilder malt, während man nachdenkt oder einem Vortrag zuhört. Was dieses Mal geschah, wurde durch Überlegungen ausgelöst, daß Programmieren sich in vieler Hinsicht mit Malen vergleichen läßt. In gewisser Hinsicht ist das »Einundzwanzig«-Programm eine Repräsentation – sozusagen eine Art Abbild – einer Form eines mentalen Prozesses, genau wie eine Bleistiftzeichnung eine Repräsentation einer materiellen Form sein kann. Selbst die Arbeitsweise eines Wissensingenieurs hat etwas von der eines Porträtisten. Der Künstler schaut sich das Aussehen einer Person genau an und versucht, ihre Merkmale mit dem Medium Bleistift und Papier oder Farbe und Leinwand einzufangen. Der Wissensingenieur schaut sich die Tätigkeit einer Person genau an und versucht, wesentliche Merkmale mit dem Medium Computerprogramm einzufangen. Man sollte solche Vergleiche nicht überstrapazieren; bei mir führten sie jedoch zu einer Wahrnehmungsveränderung in bezug auf die Bedeutung des »Einundzwanzig«-Programms. Vorher hätte ich gesagt, seine Bedeutung läge in der Repräsentation eines bestimmten Denkprozesses. Nun sah ich sie in der Repräsentation einer Tätigkeit des Programmierers. Dabei war es gleichgültig, ob diese Tätigkeit Denken war; genauso gut hätte es Gehen oder Zeichnen oder irgendetwas anderes sein können. Tatsächlich könnte Gehen oder Zeichnen vielleicht sogar besser als »Einundzwanzig« Spielen geeignet sein; Kinder beschäftigen sich häufiger mit diesen Tätigkeiten und wissen auch mehr darüber.

Die Schildkröte entwickelte sich aus Überlegungen, wie um alles in der Welt ein Kind eine körperliche Tätigkeit wie Zeichnen oder Gehen in Form eines Computerprogramms einfangen könnte. Die Antwort war ein gelber Roboter, der ziemlich genau wie R2D2 aussah und genau wie er auf Rädern stand. Heute haben wir viel kleinere Roboter, in denen Computer stecken. Wir haben auch Schildkröten, die nur auf dem Bildschirm existieren. Damals war die Schildkröte ein großer Gegenstand, beinahe so groß wie die Kinder selbst, die sich mit ihr beschäftigten, und sie war mit Drähten und Telefonanschlüssen mit einem entfernten Rechner verbunden, der so groß war, daß er ein ganzes Zimmer ausfüllte. Man konnte sie herumkommandieren, indem man Befehle in der richtigen Logo-Syntax eingab. Was Worte anging, so waren einige fest eingebaut (inhärent), und man konnte dem Computer in Logo mitteilen, daß man ein neues Wort definieren wollte. Am bemerkenswertesten war, daß sich der Anwendungsbereich von Logo durch die Erweiterung um die wenigen für die Steuerung der Schildkröte erforderlichen neuen Befehle drastisch veränderte. Wo ich mir gestern noch Sorgen darum gemacht hatte, wie ich vom siebten zum sechsten Schuljahr gelangen sollte, gab es nun einen Bereich von »Baby-KI«, der durchaus für Kinder weit unter dem Schulalter zugänglich erschien.

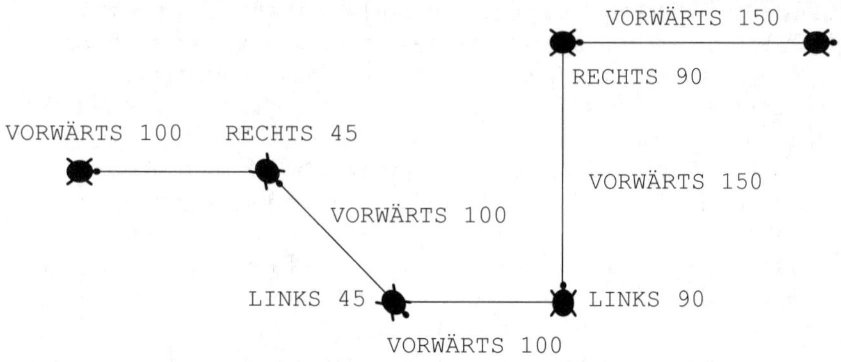

Ein Schildkrötenpfad aus den Befehlen VORWÄRTS, RECHTS, LINKS.

Wir sind den wichtigsten Befehlen bereits früher begegnet. Die Eingabe von VORWÄRTS 50 veranlaßt die Schildkröte, sich eine bestimmte Strecke, die als fünfzig Schildkrötenschritte bezeichnet werden soll, geradeaus zu bewegen. Die Eingabe von RECHTS 90 führt zu einer Richtungsänderung wie bei dem militärischen Kommando »re-e-e-e-chts um!«. Die Schildkröte bleibt, wo sie ist, und dreht sich auf der Stelle. Wenn sie sich vor diesem Befehl bereits bewegt hat, verändert sie die Richtung und geht nun in die neue Richtung geradeaus (wenn dies auch bei den älteren Logo-Versionen, die jeweils nur einen Befehl erlaubten, noch nicht möglich war).

Warum aber sollte ein Kind nun Gefallen an dieser Tätigkeit finden? Und warum sollten wir uns freuen, wenn es so wäre?

Als ich Kinder beim Spielen mit der Schildkröte beobachtete, bekam ich eine einfache, elementare Antwort, in der meine auf den vorherigen Seiten angeführten Überlegungen ein Echo fanden. Der erster Schritt, mit dem sie eine Antwort ausdrückten, war, daß sie auf die Schildkröte losstürzten und auf ihr reiten wollten. Schritt 1: Sie mochten sie offensichtlich. Als die Erwachsenen sich zurückhielten, baten sie einander gegenseitig darum, Befehle einzugeben, um die Schildkröte zum Laufen zu bringen. Schritt 2: Sie ergriffen selbst die Initiative und verwendeten sie für ihre eigenen Zwecke. Nach einiger Zeit begannen sie Erfindungsgeist zu zeigen, indem sie Befehle eingaben, die interessante Bewegungsmuster erzeugten. VORWÄRTS 50 ZURÜCK 40 RECHTS 10 (und wiederhole dies ständig) führt zu einer Bewegung, die einige ganz lustig finden. Schritt 3: Sie führt zu Erfindungsgeist. Schritt 4: Sie führt zu der mathematischen Erkenntnis, daß die Befehle VORWÄRTS und RECHTS universelle Bausteine darstellen, weil sie kombiniert werden und damit alle möglichen Pfade oder Bewegungsmuster erzeugt werden können.

Kombination des Befehls WIEDERHOLE mit den anderen.

Probleme, die mir bisher Kopfzerbrechen bereitet hatten, nämlich wie Denkprozesse begrifflich gefaßt werden könnten und welche Rolle der Computer dabei spielte, schienen nun lösbar zu werden. Ich beobachtete einen Jungen, der versuchte, mit Hilfe der Schildkröte seinen Namen zu schreiben. Er brauchte ein A. Dies erforderte, eine kleine Theorie über die geometrische Form des Buchstabens A zu entwickeln. Es ist keineswegs klar ersichtlich, um wieviel sich die Schildkröte drehen und um wieviel sie geradeaus gehen müßte. Dies ist wirkliche Geometrie. Es unterschied sich jedoch in einer Reihe wichtiger Aspekte von der Schulgeometrie. Erstens war es eine wirkliche Aufgabe, die dieser Junge sich spontan gestellt hatte. Natürlich kann dies auch im regulären Geometrieunterricht passieren. In diesem Kontext passiert es jedoch mit sehr viel höherer Wahrscheinlichkeit. Zweitens arbeitet man sichtbar auf das Ziel zu, indem man ständig Fehler macht. Man kann diese Fehler jedoch sehen und sich selbst oder jemand anderen fragen, was daran nicht stimmt. Die Bewegungen der Schildkröte geben der eigenen Vorstellung eine äußere Form, über die man nachdenken und sprechen kann. Man kann auch einige der Problemlösungsstrategien anwenden, die auch in der wirklichen Welt angewandt werden, wie zum Beispiel, zuerst ein ähnliches anderes Problem lösen oder eine Lösung von jemand anderem entlehnen und an den eigenen Fall anpassen.

Versuche, ein A durch zwei geneigte, mit einem Querstrich verbundene Linien zu erzeugen. Spätere Versuche gelingen besser.

Der Junge, der das A erzeugen wollte, machte genau das. Zuerst wollte er oben einen 45-Grad-Winkel haben, also befahl er der Schildkröte VORWÄRTS 50 RECHTS 45 VORWÄRTS 50. Dies führte zu einer Überraschung, wie man auf dem Bild sehen kann. Was war passiert? Er hatte den falschen Winkel betrachtet – der von der Schildkröte beschrittene Winkel ist jener, den man in der Geometrie den »äußeren Winkel nennt«. Dieser Junge wußte das nicht, er begriff jedoch, um was es dabei ging. Nach einigem Ausprobieren mit dem Computer gab er also schließlich VORWÄRTS 50 RECHTS 135 VORWÄRTS 50 ein. Jetzt stand er jedoch vor dem Problem, den Querstrich zu machen. Der erste Schritt war klar: ZURÜCK 20. Um wieviel sollte sich jedoch die Schildkröte drehen, und welche Strecke sollte sie geradeaus gehen? An diesem Punkt bemerkte er, daß ein anderes Kind ein großes gleichseitiges Dreieck aufhängte, das es vorher mit Hilfe der Schildkröte erzeugt hatte. Man konnte das »heureka!« richtig sehen. Warum sollte das A oben 45 Grad haben? Wenn Mary ein Dreieck machen kann, kann ich das auch (so beschrieb er anschließend seinen Gedankengang). Und wenn ich das Dreieck habe, füge ich einfach noch zwei Schenkelverlängerungen an. Er stand immer noch vor der Aufgabe, ein Dreieck zu erzeugen, aber das Wissen, daß Mary es geschafft hatte, gab ihm Antrieb und half ihm, es selbst herauszufinden. Schließlich hatte er sein A.

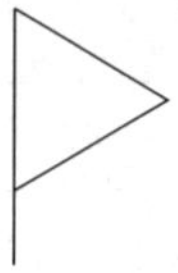

```
fd 20
wiederhole 3 [von 50 re 120]
```

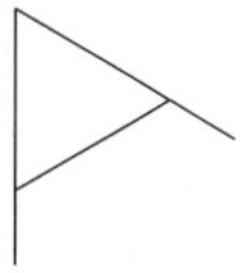

```
fd 20
wiederhole 3 [von 50 re 120]
re 60 von 50 re 60 von 20
```

Das neue Modell: Das A wird durch ein Dreieck mit zwei verlängerten Schenkeln gebildet. Der Plan für diese Prozedur ist: Zeichne 1 Schenkelverlängerung (vor 20), zeichne das Dreieck, steuere die Schildkröte an die Ansatzstelle für die andere Schenkelverlängerung. Achte bei der Befolgung der Schritte darauf, daß der Befehl wiederhole 3 (vor 50 re 120) die Schildkröte an den Anfang zurückbringt. Warum 120? Weil die Schildkröte sich in drei Teilschritten um 360 bewegt.

Es dauerte weitere acht Jahre, bevor die Beobachtung von Stilunterschieden wie bei Jeff und Kevin zu dem Gedanken führten, daß Computer nicht nur einfach schulisches Lernen verbesserten, sondern auch unterschiedliche Denk- und Lernweisen unterstützten. Während ich jedoch diese Kinder beobachtet hatte, wiesen meine ersten Ahnungen davon bereits darauf hin, daß meine Sicht des Computers, und der Computerpädagogik, allmählich die klassische Periode, in der er alte Methoden bestätigt und verstärkt hatte, hinter sich ließ. Bald würde es viele Anzeichen der romantischen Periode geben, in der das Festhalten an alten Denkweisen durch die Vision neuer Wege ersetzt werden würde.

9 Kybernetik

Fernsehbilder von den Luftangriffen auf Irak vermittelten Millionen von Menschen ihren lebhaftesten Eindruck von kybernetischer Technologie in Form von »intelligenten« Raketen, die wie Insekten über ihrem Ziel zu schweben schienen, bevor sie sich in den Eingang eines Hangars oder anderen Gebäudes stürzten.

Es ist deprimierend, wieder einmal zu sehen, daß ein Bild aus dem militärischen Bereich sich am besten dafür eignet, eine Diskussion zu eröffnen. Es spiegelt sich hier etwas wider, das in den Überlegungen, die meine Arbeit leiteten, eine große Rolle gespielt hat. Die Fachleute, die neue technologische Ideen schmieden, haben dabei nicht Kinder im Sinn. Häufig dienen diese Ideen militärischen Zwecken, und sie werden geheim gehalten und nur aus der Entfernung gezeigt. Selbst wenn keine absichtliche Geheimhaltung dahintersteckt, besteht heute doch die Tendenz, lehrreiche Technologien undurchschaubar zu verpacken. In früheren Zeiten war vielleicht das gesamte Wissen einer Gesellschaft frei zugänglich, und Kinder konnten es verwenden oder im Spiel imitieren. Selbst in meiner Jugend waren technische Gegenstände weitaus »durchsichtiger« als heute. Ich weiß, daß es für meine eigene Entwicklung wichtig war, daß ich die innere Funktionsweise von Lastwagen oder Autos sehen und wenigstens glauben konnte, daß ich sie auch verstehen würde, und schließlich die rituelle Aufnahme in die Gruppe der Eingeweihten erlebte, indem ich einen Motor einstellte oder sogar reinigte und die Ventile wieder einsetzte. Ich glaube, daß die berühmte amerikanische Mentalität des »Packen wir's an« teilweise darauf zurückzuführen ist, daß ein Großteil der Bevölkerung auf Farmen aufgewachsen ist, wo alte Traktoren mit Erfindungsreichtum und Draht und Herumbasteln am Laufen gehalten wurden, und ich frage mich, ob die Undurchschaubarkeit moderner Maschinen nicht eine weitere Umweltgefahr darstellt – eine Gefahr für die Lernumgebung.

Der Physiker Richard Feynmann hat ausführlich darüber geschrieben, welche Rolle die Durchsichtigkeit alter Radios in seiner Kindheit gespielt hat, und als Sherry Turkle Interviews mit Computerwissenschaftlern des MIT durchführte, fand sie heraus, daß er bei weitem nicht der einzige war, dessen intellektuelle Entwicklung durch das spannende Schauspiel, das jene wie Lebewesen anmutenden glühenden Elektronenröhren boten, geprägt wurde. Kann der Mikrochip ihre Stelle einnehmen? Und nicht nur die technischen Geräte sind undurchschaubar geworden. Eine vom Bronx Botanical Garden in New York durchgeführte Untersuchung zeigt, daß viele Kinder keine andere Herkunft der Karotten als die Dose kennen. Ich selbst habe Kinder kennengelernt, die das Hühnchen, das sie aßen, noch nicht mit dem Hühnchen auf den niedlichen Bildern in Büchern in Verbindung brachten. In ihrem Alter war ich bereits an den Anblick gewöhnt, wie Geflügel geschlachtet, gerupft und abgesengt wird, und bestand darauf, Herz und Magen entfernen zu dürfen, um dann sofort in der Küche meine erste Sektion durchzuführen. Ich bekam sicher einen gründlicheren Einblick in Küchenkunde, weil nichts aus Dosen, Packungen oder Mischungen kam.

Ich nehme nicht an, daß alle Kinder immer vollen Zugang zu den Vorstellungen einer Gesellschaft bekamen. Zumindest bestand jedoch in den Zeiten, in denen sich Veränderungen nur langsam vollzogen, ein Gleichgewicht zwischen dem Wissen, das die Gesellschaft bei ihren Mitgliedern voraussetzte, und den Lernmöglichkeiten, die sie ihren Kindern (bewußt oder meistens unbewußt) bot. Da es keinen Grund zu der Annahme gibt, daß dies auch heute noch der Fall ist, und da es auf jeden Fall nicht mehr akzeptabel ist, blinde gesellschaftliche Kräfte durch unterschiedliche Lernmöglichkeiten darüber bestimmen zu lassen, welche gesellschaftliche Stellung jemand einnehmen kann, sind bewußte Anstrengungen notwendig, Kindern Wissen anzubieten, das nicht für sie geplant war. Selbst die beste Schulform ist zu schwerfällig und zaghaft, um dies zu leisten. In diesem Sinn wurde Logo von Anfang an von der Vision gespeist, wie Robin Hood Programme von den technologisch Privilegierten (wie ich damals in den sechziger Jahren den militärisch-industriellen Komplex genannt hätte) zu rauben und den Kindern zu geben. Das Kernstück dieses Kapitels ist ein weiterer Streifzug in die Goldgruben der Technologen.

Die meisten Zuschauer, die im Fernsehen die Raketen sahen, hätten auf die Frage, wie diese funktionieren, keine bessere Erklärung als »sie sind dafür programmiert« geben können. Die Beute, auf die ich aus bin, besteht in einer Reihe von Konzepten (und Technologien, die Kindern helfen, sich diese anzueignen), die eine genauere Antwort ermöglichen würden. Natürlich sind die Raketen programmiert. Sie sind jedoch in einer besonderen Weise programmiert, der spezifische Konzepte zugrunde liegen, deren Entwicklung in der Geistesgeschichte unseres Jahrhunderts eine wichtige Rolle gespielt hat, und deren Folgen im kommenden Jahrhundert eine noch größere Rolle spielen könnten. Meine Hoffnung ist, daß für jeden, der sich diese Konzepte angeeignet hat, die intelligenten Raketen und mit ihnen eine ganze Reihe von Technologien und wissenschaftlichen Bereichen durchschaubar werden. Tatsächlich sind diese Konzepte in so vielen Wissensgebieten so eng miteinander verwoben, daß ich sie hier als Grundlage für die Aufgabe verwenden will, ein neues »Fach« zu entwickeln, das ich als ein wertvolleres geistiges Betätigungsfeld für junge Menschen ansehe, als jene, die von der Schule als heilig betrachtet werden.

Die Umrisse dieses neuen Faches werden sich allmählich herauskristallisieren, und das Problem, es im Kontext der Schule und der weiteren Lernumgebung zu situieren, wird am besten erst dann angegangen, wenn wir es direkt vor uns haben. Hier gebe ich eine vorläufige Definition dieses Faches – jedoch lediglich als Diskussionsgrundlage – als *jenem Kern des Wissens, den ein Kind benötigt, um Gebilde mit den an Lebewesen erinnernden Eigenschaften einer intelligenten Rakete zu erfinden (und natürlich zu bauen).* Wenn dieser Kern den gesamten Inhalt dieses Faches ausmachen würde, wäre »Regeltechnik« oder sogar »Robotertechnik« ein geeigneter Name dafür. Der Kern soll jedoch nur als Grundlage für das Herstellen von Verbindungen zu anderen geistigen Gebieten, einschließlich (unter anderem) Biologie, Psychologie, Wirtschaftswissenschaft, Geschichte und Philosophie, dienen. Um diesen Wechselbeziehungen Rechnung zu tragen, braucht das Fach einen umfassenderen und weniger fachspezifischen Namen. Ich habe ein Wort übernommen, das der Mathematiker Norbert Wiener für den Titel seines äußerst einflußreichen Buches gewählt hat: *Kybernetik. Regelung und Nachrichtenübertragung in Lebewesen und Maschine.* Es stimmt zwar, daß das Wort *Kybernetik* im englischen Sprachraum keine festen Wurzeln geschlagen hat; in anderen Sprachen hat es sich jedoch viel besser durchgesetzt und hat im zweiten Versuch mit einer neuen lernorientierten Konnotation bessere Aussichten. Jedenfalls wird es als provisorischer Name für die Darlegungen in diesem Buch gute Dienste leisten.

Das Projekt, ein Fach, das man »Kybernetik für Kinder« nennen könnte, zu entwickeln, schließt meine frühere Vision von der Entwicklung eines Rahmens, in dem Kinder sich mit elementarer künstlicher Intelligenz beschäftigen könnten, mit ein, geht jedoch noch viel weiter. Im neuen wie im alten Plan dient Technologie als Medium für die Darstellung von Verhaltensweisen, die man bei sich selbst und anderen beobachten kann. Wie dies geschieht, unterscheidet sich jedoch in dreierlei Hinsicht: Die Bandbreite an Verhaltensweisen, die dargestellt werden können, wird viel größer sein; die gefühlsmäßige Bindung der Schüler an eine solche Arbeit wird enger sein; und die erkenntnistheoretische Grundlage wird weicher und pluralistischer sein.

Die intelligente Rakete zeigt einen Aspekt einer größeren Reihe dargestellter Verhaltensweisen, wenn sie auch eher die Intelligenz einer Wespe als die eines Schachspielers besitzt. Durch den Übergang von der KI zur Kybernetik wird der Mittelpunkt des Interesses von typischen Verhaltensweisen mit hauptsächlich logischem Charakter (wie Schachspiel oder Streichholzspiele) auf solche mit eher biologischem Charakter ausgedehnt. Diese Verhaltensweisen beziehen sich nicht nur auf den Menschen, sondern auch auf Tiere und Roboter, nicht nur auf die Realität, sondern auch auf die Phantasie. Selbst sehr begrenzte Experimente (von denen einige in Zusammenarbeit mit den Legoherstellern durchgeführt wurden) zur Herstellung kybernetischer Bausätze für Kinder haben bereits neun-, zehn- und elfjährigen Kindern ermöglicht, wunderbare Erfindungen zu machen, die sie als »Drachen«, »Schlangen« oder »Roboter« bezeichnen. Damit gehört die Arbeit dieser Kinder eher in einen Bereich, der in letzter Zeit als »künstliches Leben« bezeichnet wird, als in den der künstlichen Intelligenz, wenn auch bei vielen der besten von Kindern erfundenen Projekten, in denen die Bausätze verwendet wurden, lediglich die dargestellte Funktion biologisch ist, und nur wenige tatsächlich Lebewesen darstellen. So habe ich zum Beispiel mehrere Varianten einer Erfindung gesehen, die von den Kindern als »lebendige Häuser« bezeichnet wurde. Im Innern eines solchen Modellhauses gehen die Lichter an, und die Türen schließen sich, wenn das Außenlicht schwächer wird; in einem anderen schließen sich Fenster und Rolläden, um Energie zu sparen, wenn die Temperatur sinkt; und wieder ein anderes enthält »aktive Möbel«, wie zum Beispiel ein Aufwachbett – ein Summton, der den Wecker darstellt, ertönt zu einem bestimmten Zeitpunkt, und zehn Sekunden später kippt das Bett um, wenn der Benutzer noch nicht aufgestanden ist.

Die Gelegenheit zur Phantasieentfaltung schafft ein Gefühl der engen Verbundenheit mit der Arbeit und ermöglicht einen Blick darauf, wie der emotionale Aspekt des Verhältnisses von Kindern zu Wissenschaft und Technik aussehen und wie sehr sich diese Situation von der in der traditionellen Schule unterscheiden könnte. Phantasie ist schon immer in einer guten Aufsatzerziehung und im Kunstunterricht gefördert worden. Sie in den Naturwissenschaften auszuschließen ist ein kurzsichtiges Versäumnis einer Gelegenheit, die Bindung von Kindern zu diesen Bereichen zu fördern. Ich spürte, daß etwas weitaus Vielversprechenderes ablief, als ich Kinder sah, die Wissenschaft und Technik dazu verwendeten, einen Drachen zu bauen – ihren eigenen Drachen, der ein ganz besonderes Engagement auslöste, weil er ihrer eigenen Vorstellungskraft entsprungen war. Indem Wissenschaft und Technik ihren ureigensten Zielen dienten, eigneten die Kinder sich diese Bereiche auch in einem weitaus größeren Maße an. So gesehen war das KI-Projekt nur für einige Kinder geeignet, deren Phantasie speziell durch diese Programme zum Tragen kommen konnte, schränkte jedoch jene mit einer anderen Vorstellungskraft ein. Wie Schreiben, Malen und expressive Multimediasysteme hat Kybernetik als kreatives Medium bessere Chancen, so offen zu sein, daß sie jedem etwas bieten kann – und in dem Maße, wie sie das erreicht, bietet sie uns bessere Möglichkeiten, eifrig daran zu arbeiten, ihren Anwendungsbereich zu erweitern.

Naturwissenschaften in »angewandtes Wissen« zu verwandeln, hat erkenntnistheoretische Folgen, weil dadurch fruchtbarere Möglichkeiten, über Wissen nachzudenken, geschaffen werden, als bei einem erkenntnistheoretischen Ansatz, in dem es um wahr/unwahr geht, und der auf Autorität basiert. Es führt dazu, daß Wissen nach seiner Nützlichkeit beurteilt wird, danach, inwieweit es mit anderen geteilt werden kann, oder ob es zum jeweiligen persönlichen Stil paßt. Im herkömmlichen Unterricht können sich nur die redegewandtesten und selbstbewußtesten Schüler erfolgreich mit einem Lehrer auseinandersetzen, der festgelegt hat, daß eine bestimmte Denkweise nicht die richtige ist. Im Rahmen des angewandten Wissens gibt es eine geeignetere oberste Entscheidungsinstanz: »Schau, es hat funktioniert!« Das Fach Kybernetik würde an den allgemeinen erkenntnistheoretischen Nebenprodukten teilhaben, die daraus entstehen, daß es verwendet und nicht nur einfach gelernt wird; es hat jedoch auch einige eigene spezifische, erkenntnistheoretische Beiträge zu leisten.

Ein solcher Beitrag läßt sich erkennen, wenn man die intelligenten Raketen genauer unter dem Aspekt von Suppes Bemerkung über genau unrecht und ungefähr recht Haben betrachtet. Es mag paradox erscheinen, in der Waffenentwicklung Unterstützung für einen eher weichen und nachgiebigeren erkenntnistheoretischen Stil gegen den dogmatischen hierarchischen Stil zu finden. Schließlich stellt man sich das Militär als Hierarchie par excellence und Waffen als den härtesten und am wenigsten nachgiebigen Bereich vor. Glücklicherweise ist eines der Kennzeichen der weicheren erkenntnistheoretischen Ansätze, daß sie eine größere Toleranz gegenüber dem, was ein harter Ansatz als Widersprüchlichkeit und Paradox bezeichnen würde, hat.

Als David mit seiner Steinschleuder auf Goliaths Stirn zielte, bewegte er sich im Bereich des genau recht Habens: Der Schuß wäre nutzlos gewesen, wenn er nicht exakt gezielt hätte. Die Entwicklung von Kanonen machte auch das genau unrecht Haben wertvoll, denn ein Kanonier, der wußte, um wieviel er sein Ziel verfehlt hatte, konnte die Einstellung korrigieren und beim nächsten Mal genauer treffen. Fehler wurden zu einer Informationsquelle. Dennoch würde der Kanonier sich immer noch im Bereich der genauen Berechnung befinden. Tatsächlich war einer der Faktoren, die die Computerentwicklung vorantrieben, die Komplexität der für diese Arbeit notwendigen Berechnungen, die mit der Reichweite der Kanonen immer größer wurde. Wenn das Ziel nicht mehr in Sichtweite war und das Geschoß in der Luft eine ganze Reihe unterschiedlicher Temperaturen und atmosphärischer Bedingungen durchqueren mußte, brauchte man Berechnungen und Informationen – und dies in einem immer größeren Ausmaß, bis das menschliche Gehirn nicht mehr in der Lage war, es ohne Hilfe zu schaffen. Bereits im neunzehnten Jahrhundert wurde die Herstellung mathematischer Tabellen, in denen der Kanonier die Einstellung für einen Schuß nachschlagen konnte, zu einer wichtigen Aufgabe. Im Zweiten Weltkrieg war der Bedarf bereits so überwältigend geworden, daß viele Spitzenmathematiker dafür herangezogen wurden, unter ihnen John von Neumann und Norbert Wiener, die genau deshalb zu führenden Pionieren in der Entwicklung des Computers und der damit verbundenen Denkweisen wurden.

Die Entwicklung von Rechenmaschinen zur Erstellung besserer Tabellen folgte einem Muster, das man bei der Einführung aller neuen Technologien (einschließlich, wie bereits früher festgestellt, der Pädagogik) feststellen kann: Die erste Verwendung einer Technologie besteht immer in dem Versuch, etwas, das man schon vorher gemacht hat, besser zu machen. In diesem Fall ging es immer noch um »Anlegen, Zielen, Feuer«. Wenn das Geschoß einmal in der Luft war, würde es da landen, wohin es durch physikalische Gesetze und zufällige Umweltfaktoren gelenkt würde; kein Deus ex machina würde seine Richtung korrigieren. Es braucht in der Regel Zeit und die Entwicklung neuer Konzepte, bis man überhaupt auf den Gedanken kommt, eine neue Technologie für etwas vollkommen Neues zu verwenden. In diesem Fall bestand der Gedanke darin, eine Waffe zu bauen, die durch Zielen nur ungefähr auf die richtige Stelle gerichtet würde, und die nach dem Abschuß ihr Ziel selbst finden würde. Erst an diesem Punkt (der im Zweiten Weltkrieg tatsächlich noch nicht erreicht war) konnte man sagen, daß die Technologie nun nicht mehr für quantitative Verbesserungen eines herkömmlichen Verfahrens verwendet wurde. Wenn der Zweck letztendlich auch derselbe geblieben war; die Mittel unterschieden sich in mehr als nur in bezug auf quantitative Aspekte; sie unterschieden sich in bezug auf den erkenntnistheoretischen Ansatz, da in ihnen eine andere Denkweise zum Tragen kam.

Herkömmliche Erkenntnistheorie ist eine Erkenntnistheorie der Genauigkeit: Wissen wird danach beurteilt, ob es genau ist, und als minderwertig betrachtet, wenn es ungenau ist. Kybernetik schafft eine Erkenntnistheorie der »beherrschten Ungenauigkeit«. Dies bedeutet nicht, daß sie lockere Normen hat: Von der intelligenten Rakete wird erwartet, daß sie letztendlich ihr Ziel genauer als herkömmliche Waffen trifft. Kybernetik basiert auf der gründlichen Erforschung von Möglichkeiten, begrenztes Wissen bestmöglich zu nutzen.

Mit dieser letzten Aussage bekommen wir einen kurzen Einblick in eine spezifisch kybernetische Richtung in der Erkenntnistheorie. Wir sind immer noch weit davon entfernt, alles zu sehen, was sie zu bieten hat; hier soll es uns jedoch um Kybernetik als Schlüssel zu kindlichem Lernen gehen. Deshalb wenden wir uns nun einigen Beispielen der Schildkrötenprogrammierung zu, die uns einen Eindruck davon vermitteln sollen, wie Kinder der intelligenten Rakete nacheifern und dadurch etwas über die Beherrschung der Ungenauigkeit lernen.

Die Schildkröte, erinnern wir uns, entwickelte sich aus dem Konzept, Programmierung als Mittel für die Darstellung (oder »Zeichnung«) des eigenen Verhaltens zu verwenden. Die im vorherigen Kapitel erwähnten geometrischen Programme stellten Verhaltensweisen dar, bei denen man wohl durchgängig davon ausgeht, daß sie festgelegt sind und keine Zufälligkeiten zulassen: Um zum Beispiel ein Dreieck zu zeichnen, muß man 100 Einheiten nach vorne gehen, eine Drehung um 120 Grad nach rechts machen und das ganze zweimal wiederholen. Um den Unterschied zwischen dieser Form, ein Verhalten zu beschreiben, und der kybernetschen zu unterstreichen, erscheint es mir am besten, mich auf eine eigene Lernerfahrung zu beziehen, die in meinen Gedanken noch ganz frisch war, als ich das erste Mal über Schildkröten nachdachte. In meiner Pilotenausbildung lernte ich, zwei Methoden, um von Punkt A nach Punkt B zu fliegen, scharf voneinander zu trennen. Die eine wird als Blindnavigation bezeichnet. Der Kurs wird vor dem Start ganz genau berechnet. Man mißt die Entfernung und die Richtung von A nach B, man ermittelt die Windverhältnisse und berechnet, wie weit sie das Flugzeug vom Kurs abbringen würden, wenn man sie nicht berücksichtigt. Wenn man einmal im Flugzeug sitzt, bräuchte man im Prinzip nicht einmal mehr eine Karte. Man stellt einen Kurs von 100 Grad ein, fliegt 75 Minuten mit 150 Knoten und kommt ans Ziel. Die andere wird als Sichtnavigation bezeichnet. Im Prinzip muß man vor dem Start gar keine Berechnungen anstellen; statt dessen zeichnet man eine Linie von A nach B in die Karte ein und vergleicht während des Fluges Geländepunkte am Boden mit Symbolen in der Karte: Passiere die Spitze des Sees ... Fernsehturm ungefähr eine Meile rechts ...

Schildkröten, wie sie in vorherigen Kapiteln beschrieben sind, wurden im Sinne der Blindnavigation programmiert. Sichtnavigation erfordert jedoch noch etwas anderes: Augen zum Sehen. Diese Form der Navigation wurde bei Schildkröten erst möglich, als sie mit Sensoren ausgestattet wurden, und somit Informationen über Interaktionen mit ihrer Umgebung an den Computer weiterleiten konnten. Viele verschiedene Sensoren wurden so verwendet: Ein Tastsensor gibt dem Computer Informationen über

Berührungen, ein Lichtsensor gibt Informationen über die Lichtintensität in der Umgebung, und andere Sensoren reagieren auf Geräusche, Temperaturunterschiede oder ähnliches. Die Schildkröte folgt immer noch einem Programm, die Sensoren machen jedoch ein anderes Verhältnis zwischen dem Programm der Schildkröte und ihren Bewegungen möglich.
Das Programm einer »geometrischen Schildkröte« legte die tatsächlichen Bewegungen in einem geometrischen Sinne fest: Gehe um so viel vorwärts, drehe dich um so viel nach rechts, und so weiter. Das Programm einer »kybernetischen Schildkröte« könnte effektiv sagen: »Suche ein Licht und gehe zu ihm hin«. Natürlich erfordert das tatsächliche »Sagen« mehr als nur Sensoren; es erfordert Vorstellungen darüber, wie die Sensoren verwendet werden müssen, um einer Maschine die Fähigkeit zu geben, auf ein Ziel zuzugehen. Das Programm folgt keinem »Plan« mehr, sondern »entwickelt sich«. Sobald Kinder anfangen, sich dieser Form der Programmierung zu bedienen, sind sie in die Welt der Kybernetik eingetreten.

Das Neue an der Welt der Kybernetik wird an den Widerständen deutlich, die man beobachten kann, wenn Kinder von der festgelegten Programmierung der geometrischen Schildkröte auf die interaktive Programmierung der kybernetischen Schildkröte umschalten. Betrachten wir zum Beispiel einmal, wie eine mit Tastsensoren ausgestattete Schildkröte so programmiert werden kann, daß sie um eine rechteckige Schachtel herumgeht. Viele Anfänger werden es mit Blindnavigation versuchen: Miß die Größe der Schachtel, bestimme, daß ihre Länge 130 Schildkröteneinheiten beträgt, und versuche es mit dem Programm WIEDERHOLE 4 [VORWÄRTS 130 RECHTS 90]. Die Logik dahinter ist klar: Es heißt, daß Computer genau das machen, was man ihnen sagt, nicht mehr und nicht weniger; also sagt ihm der unbedarfte Programmierer die genauen Bewegungen, die notwendig sind, damit die Schildkröte um die Schachtel herumgeht.

Man erhält ausgezeichnete Einsichten, um was es beim kybernetischen Denken geht, wenn man verschiedene Fehler in dieser Logik betrachtet. Zuerst läßt sich feststellen, daß dies ein Fall ist, bei dem man Gefahr läuft, schrecklich unrecht zu haben, wenn man zu sehr genau recht hat. Das Programm funktioniert dann, aber nur dann, wenn alles genau nach Plan läuft. Es läßt keinen Spielraum für Fehler. Es wird versagen, wenn sich die Schildkröte ein kleines bißchen zu früh oder ein kleines bißchen zu viel dreht. In der Praxis würde es beinahe sicher versagen, weil nicht einmal Computer – und sicher keine physischen Gegenstände wie Schildkröten – tatsächlich genau das tun, was man erwartet. Fehler sind ein universelles Merkmal der Welt, und in diesem Fall können bereits kleine Fehler verhängnisvoll sein.

Einen anderen Fehler im Ansatz der exakten Programmierung kann man erst richtig einschätzen, wenn man ihm mit einem anderen Ansatz vergleicht, der ein wenig stärker der Sichtnavigation ähnelt und dem Wesen der Kybernetik viel eher entspricht: dem Ansatz, selbst einmal an die Stelle der Schildkröte zu treten. Man würde nicht um die Schachtel herumgehen, indem man eine genaue Anzahl von Schritten macht, sondern eher durch Sichtnavigation – oder was die Kybernetiker als Rückkopplung bezeichnen würden. Genauso wie man bis zur Ecke ginge und sich dann drehte, würde man bei jedem Schritt seinen Kurs so anpassen, daß man ein paar Zentimeter links von der Schachtel bleibt. Wenn man das Gefühl hätte, zu dicht an der Schachtel zu sein, würde man sich ein wenig nach rechts wenden, und wenn man zu weit weg wäre, ein wenig nach links. Dies kann leicht in ein Programm übersetzt werden, das immer wieder folgenden Befehlszyklus wiederholt:

PRÜFE LINKS-BERÜHRUNG	← Der Tastsensor übermittelt *entweder*
WENNJA [RECHTS 2]	← bei Berührung der Schachtel ein wenig von ihr wegdrehen, *oder*
WENNNEIN [LINKS 2]	← bei zu großer Entfernung von der Schachtel ein wenig zu ihr hin drehen, *dann*
VORWÄRTS 2	← einen Schritt machen

Der Leser fragt sich vielleicht, warum die Zahl 2 gewählt wurde. Die erfreuliche Antwort ist, daß das Programm mit den Zahlen 5, 1 oder 0,5 an Stelle von 2 genauso gut funktionieren würde. Solange die Schildkröte sich (»ungefähr«) ein wenig nach links oder ein wenig nach rechts dreht und sich vorwärts bewegt, wird sie um die Schachtel herumkommen.

Die auffälligste Eigenschaft dieses Programms ist seine Unbestimmtheit in bezug auf Größe und Form der Schachtel. Die Größe der Schachtel taucht in dem Programm gar nicht auf, und das ist ein Vorteil, weil es bedeutet, daß das Programm bei jeder Schachtel unabhängig von ihrer Größe funktioniert. Noch auffälliger ist, daß auch die Größe des Winkels, in dem die Schildkröte sich an jeder Ecke drehen muß, nicht auftaucht, was bedeutet, daß das Programm bei Gegenständen nicht nur jeder Größe, sondern auch jeder Form funktioniert!

Niemand, der beide Ansätze gesehen hat (nennen wir sie vorläufig einmal den geometrischen und den kybernetischen), hat noch Zweifel, welcher von ihnen für diese Aufgabe besser geeignet ist. Der geometrische Ansatz ist anfällig und auf den Einzelfall beschränkt. Selbst wenn er bei der Schachtel funktioniert, wird er zum Beispiel bei einem runden Gegenstand versagen. Der kybernetische Ansatz ist robust und sehr allgemein: Er wird bei fast allen Gegenständen, die umgangen werden müssen, immer funktionieren. Dennoch habe ich die Erfahrung gemacht, daß viele, wenn nicht sogar alle, die dem Problem unvorbereitet begegnen, dem geometrischen Ansatz den Vorzug geben.

Warum ist das so? Ein Faktor ist natürlich mangelnde Erfahrung mit kybernetischen Situationen. Ich glaube jedoch, daß ein wichtigerer Faktor die Überbewertung des »Abstrakten« und »Mathematischen« ist, die in unserer Kultur allgemein und insbesondere in der Schule vermittelt wird. Umgekehrt trägt der Erfolg des kybernetischen Ansatzes zu einer Neubewertung des Konkreten bei. In diesem Fall bedeutet konkret, daß man selbst an die Stelle der Schildkröte tritt, und sich ihren Weg vorstellt; und wenn man dabei offen ist, sollten sich Zweifel am geometrischen Ansatz ebenso entwickeln, wie eine heuristisch begründete Einsicht, daß der kybernetische der bessere Ansatz ist.

Der »ungenaue« kybernetische Ansatz ist außerdem universell – das heißt, er funktioniert bei allen Sensorarten. Man stelle sich zum Beispiel eine Schildkröte mit zwei Lichtsensoren auf jeder Seite vor. Die Aufgabe besteht darin, die Schildkröte so zu programmieren, daß sie auf eine Lichtquelle in ihrer Umgebung zugeht.

Ein herkömmlicher Programmieransatz legt eine exakte Nachahmung der Blindnavigation beim Fliegen nahe: Unterteile die Aufgabe in zwei Teile, erst die genaue Lagebestimmung der Lichtquelle und dann die Bewegung dorthin. Den Plan in die Tat umzusetzen erfordert einige mathematische Methoden, auf die ich nicht näher eingehen will, da hier vor allem interessant ist, wie außerordentlich einfach dagegen die kybernetischen Methode ist. Der Hauptteil eines funktionsfähigen Programms sieht so aus:

```
PRÜFE LINKS-SENSOR      ← RECHTS-SENSOR    ← Ist das Licht
                                             links stärker?
WENNJA [LINKS 10]       ← Dreht die Schildkröte zur Lichtquelle hin
WENNNEIN [RECHTS 10]    ← Dito
VORWÄRTS 5              ← Die Schildkröte bewegt sich auf jeden Fall
                          ein wenig vorwärts
```

Das Interessante ist hier ebenfalls wieder, wie außerordentlich ungenau das Wissen der Schildkröte darüber ist, wo sich die Lichtquelle befindet. Wenn die Lichtquelle irgendwo auf der linken Seite ist, dreht sich die Schildkröte nach links; wenn die Lichtquelle irgendwo rechts ist, dreht sie sich nach rechts. Wenn die Lichtquelle zu sehr in der Mitte ist, dreht sich die Schildkröte nach dem Zufallsprinzip in die eine oder andere Richtung. Dennoch wird dieses Verhalten die Schildkröte schließlich zu der Lichtquelle bringen – nicht ungefähr dort hin, sondern genau an die richtige Stelle!

Ein Sprichwort sagt, daß eine Kette nur so stark ist wie ihr schwächstes Glied. Damit wird nicht eine universelle Wahrheit ausgedrückt, sondern die Ideologie einer linearen hierarchischen Denkweise. Viele herkömmliche Computerprogramme, viele Mechanismen und viele logische Argumente sind so aufgebaut, daß das Ganze nur funktioniert, wenn jedes Einzelteil exakt funktioniert. Ein wesentlicher Grundsatz der Kybernetik ist, daß lebende Systeme nicht so funktionieren; und daß außerdem die Prinzipien, nach denen sie sich der scheinbar unausweichlichen Wahrheit des Sprichworts entziehen, von großer Bedeutung sind, nicht nur für das Verständnis biologischer Zusammenhänge, sondern auch für die Entwicklung von Technologien und im sozialen und zwischenmenschlichen Bereich. Ein Großteil der Faszination der frühen Kybernetik liegt in der scheinbar magischen Kraft von Systemen, die viel besser als ihre Einzelteile funktionierten. Claude Shannon, ein Mitbegründer der modernen Informationstheorie, hatte erstaunlich leistungsfähige Codes für die Fehlerkorrektur entwickelt: Selbst wenn eine gestörte Leitung an mehreren Stellen zusätzliches Rauschen verursachte, konnte eine empfangsseitig installierte Dekodierungsvorrichtung die Information rekonstruieren. Frank Rosenblatt hatte eine Art Computer mit dem Namen Perceptron gebaut, der die wunderbare Eigenschaft besaß, mit nur wenig Leistungseinbuße weiterzuarbeiten, wenn man einzelne Teile nach dem Zufallsprinzip aussteckte. (Probieren Sie das bloß nicht an Ihrem PC aus!) Warren McCulloch, der vielseitige Wissenschaftler, den man zusammen mit Wiener als Mitbegründer der Kybernetik nennen sollte, schrieb ausführlich darüber, wie unser Gehirn erkennbar weiterarbeitet, obwohl täglich Zehntausende von Neuronen absterben, und wie die Einführung solcher chemischer Stoffe wie Alkohol in ein System das Verhalten der einzelnen Zellen weitaus stärker verändert, als das Verhalten des Ganzen. Und natürlich wird unsere lichtsuchende Schildkröte, auch wenn sie ab und zu einen Fehler macht und einen anderen Weg einschlägt, dennoch ans Ziel gelangen – tatsächlich wird sie sogar dort ankommen, wenn ihre Zufallsentscheidung, auf welcher Seite mehr Licht ist, die meiste Zeit falsch ist.

Die Bemerkung, daß ein System zuverlässiger sein kann als seine Einzelteile, soll nicht als pauschaler Freispruch für gedankenlose Schlampigkeit angesehen werden. Wenn man die Schildkröte so anschließen würde, daß rechts und links ausgetauscht wären, würde das oben beschriebene Programm sie nie zu der Lichtquelle hinbringen – ganz im Gegenteil, sie wäre lichtscheu und würde fliehen. Andererseits könnte ein Fünftkläßler mit ein wenig kybernetischer Erfahrung ein anderes, sehr viel komplexeres Programm schreiben, das sich an solche Anschlußfehler anpassen würde. Kybernetik ist tatsächlich voll von Prinzipien der Anpassung an eine Welt, die nie ganz genau vorherbestimmt und vollständig gesteuert werden kann. Diese Prinzipien haben Namen wie »Redundanz«, »systemisches Denken«, »statistischer Trend«, »selbstorganisierendes System« und »Rückkopplung«. Das Folgende gilt größtenteils für alle diese Prinzipien. Hier will ich mich jedoch auf das Prinzip der Rückkopplung (feedback) konzentrieren, das als Beispiel dafür dienen soll, welche Vorstellungen die Kybernetik hervorbringt, und das insbesondere auch eine Begründung sein soll, warum Kindern gerade kybernetisches Wissen zugänglich gemacht werden sollte.

Zwei extreme Antworten auf die Frage der Wahl gerade dieses Wissens müssen zurückgewiesen werden. Die extreme Haltung auf der konservativen Seite ist, den bereits bestehenden Lehrplänen zu folgen: Da gibt es bereits mehr Stoff, als die Kinder anscheinend bewältigen können; Reformer täten besser daran, den Unterricht in den Fächern, die bereits da sind, zu verbessern, als die Situation noch dadurch zu verschlimmern, daß sie in weltfremdem Idealismus neue Fächer vorschlagen. Nach meinen Berechnungen bildet der in den Lehrplan aufgenommene Stoff weniger als ein Millionstel des gesamten menschlichen Wissens und nimmt weiter schnell ab. Ich muß einfach die Frage stellen: Warum gerade dieses Millionstel? Außerdem sind genügend Personen damit beschäftigt, dieses Millionstel (oder Milliardstel, oder wieviel es auch sein mag) aufzupolieren, so daß die wenigen von uns, die bereit zu sein scheinen, in andere Richtungen zu forschen, sicher nicht vermißt werden.

Die andere radikale Antwort ist, daß wir alles Wissen verfügbar machen sollten, um nicht unsere eigenen, mit Vorurteilen behafteten Ansichten auf die nächste Generation zu übertragen. In meiner Darlegung des Falles Jennifer und der Wissensmaschine habe ich selbst mit dem Fernziel einer Wissensmaschine etwas derartiges vorgeschlagen. Ja, ich glaube tatsächlich, daß Kinder freien Zugang zu Wissen über Afrika und Tibet genauso wie über Amerika und Europa, über Giraffen und Elefanten genauso wie über Katzen und Hunde, über Chaka und Dingane und ihre Nachkommen genauso wie über König Georg und seine Nachkommen, haben sollten und eines Tages auch haben werden.

Wenn ich könnte, würde ich eine solche Wissensmaschine bauen. Kein Einzelner kann dies jedoch schaffen. Die einzige Möglichkeit, sich diesem Ziel anzunähern, ist systemisches Denken. Die entscheidende Frage ist für mich: Was kann ich tun, um die notwendigerweise gesellschaftlichen Prozesse zu beschleunigen, die schließlich zur Entwicklung der Wissensmaschine, oder eher zur besseren Vorstellung, daß sie uns alle sicherlich durch ihr Erscheinen überraschen wird, führen wird? Meine Antwort ist, meinen geistigen Sensoren zu folgen und dabei zu versuchen, die Kriterien zu formulieren, die mich dazu gebracht haben, mich für die Kybernetik als wichtigstes

Milliardstel menschlichen Wissens zu entscheiden, was gerade so viel ist, wie ein Mensch direkt verfügbar haben kann.

Eines dieser Kriterien ist besonders augenfällig: Gibt es ein Milliardstel, das besonders dafür geeignet ist, Zugang zu viel größeren Gebieten und mehr Freiheit zu ermöglichen, persönliche Entscheidungen zu treffen? Um zu erkennen, ob ein Konzept sich für diese Rolle eignet, müssen wir prüfen, ob es die Eigenschaften der Einverleibbarkeit und Ausbreitungsfähigkeit besitzt. Die Bedeutung dieser Konzepte wird sich aus der Darlegung ergeben, warum Rückkopplung sich durch seine Stärke in beiden Punkten als mathetisch kraftvolle Vorstellung erweist.

Beweis für die Einverleibbarkeit des Konzeptes ist, daß dies schon in großem Ausmaß passiert ist. In Büchern über Wildblumen spricht man davon »weg von der Kultivierung« und »zurück zur Natur« zu kommen. Es ist nicht schwer, einer Spur zu folgen, wie das Wort *Rückkopplung* von der Kultivierung in der Geheimsprache solcher Kreise wie Funktechniker wegkam, wo es der Beschreibung einer Technik diente, einen Verstärker zu stabilisieren, indem ein Teil des Ausgangssignals auf seinen Eingang zurückgeführt wird. In den vierziger Jahren hatte sich der Begriff der Rückkopplung zu einer Form entwickelt, die das Thema dieses Kapitels sein wird, und fand allmählich in vielen Bereichen der Technik und auch der Physiologie als wichtiges Konzept Beachtung.

Die Aufregung über diese frühe Form der Kybernetik (die erst ab 1948 so genannt wurde), zog eine Anzahl von Personen an, deren Interessen weder im Bereich der Technik noch in dem der Physiologie lagen. Ihr typischster und einflußreichster Vertreter war der Anthropologe Gregory Bateson, der erkannte, daß diese Vorstellungen für das Verständnis des menschlichen Verhaltens wichtig sein konnten. Bateson wurde in den sechziger Jahren eine zentrale Figur auf der psychologischen Bühne; und durch diesen Kanal verbreiteten sich Vorstellungen, und sicherlich die Kunde, von der Kybernetik in populäre Kulturen, die noch weiter von allem Technischen entfernt waren, ja, die sogar zutiefst antitechnisch waren. Damit waren die Voraussetzungen für einen allgemeinen Gedächtnisschwund in bezug auf den technischen Ursprung des Wortes geschaffen, der mir sehr bewußt wurde, als ich eine formlose Umfrage unter meinen Bekannten durchführte, was das Wort *Rückkopplung* oder *Feedback* für sie bedeute.

Die meisten sprachen über Rückmeldung in zwischenmenschlichen Beziehungen. Eine Lehrerin sprach über die Notwendigkeit, daß sie von ihrer Klasse »ein Feedback erhält«. Ein Freund, der Erfahrung mit Familientherapie hatte, sprach davon, wie Spiralen sich immer weiter verschlechternder Beziehungen zustandekommen, wenn der Ärger einer Person bei anderen ein Verhalten auslöst, das den Ärger der ersten Person noch verstärkt. Diese Verwendung des Wortes liegt näher an seinem technischen Ursprung als die der Lehrerin; mein Freund war sich jedoch einer solchen Verbindung überhaupt nicht bewußt und sehr erstaunt, daß die spiralförmige Zunahme des Ärgers physikalisch nachgebildet werden konnte, indem man das Mikrophon einer Lautsprecheranlage in die Nähe der Lautsprecher bringt und die Lautstärke ein wenig aufdreht: Ein leises Flüstern ins Mikrophon erzeugt einen Ton aus dem Lautsprecher, der auf das Mikrophon »zurückgekoppelt« wird. Auch wenn der rückgekoppelte Ton nur um ganz wenig lauter ist als das ursprüngliche Flüstern, so führt dies doch zu einem sich selbst erhaltenden und verstärkenden Prozeß, und kurze Zeit später wird der ganze Raum mit ohrenbetäubendem Pfeifen erfüllt sein. Dieses Phänomen wird als »positive Rückkopplung« bezeichnet. Immer wenn der Zustand eines Systems, sagen wir mal, der Ärgerpegel oder der Schallpegel, eine Wirkung erzeugt, die diesen Zustand noch verstärkt, redet man von positiver Verstärkung; und bei positiver Verstärkung werden der Ärger oder der Schall immer weiter zunehmen, bis etwas zerspringt oder blockiert.

Ein weiteres Zeichen für die Einverleibbarkeit des Konzeptes ist die Leichtigkeit, mit der es in den Humor Eingang findet. Einer meiner Schüler berichtete das Beispiel einer wirklichen Begebenheit, bei der dieses Merkmal deutlich wird. Ein Paar, nennen wir sie A und B, liegen im Bett und teilen sich eine elektrische Heizdecke. In diesem Fall war die Decke mit zwei Schaltern ausgestattet, so daß die Temperatur von beiden Bettseiten aus separat eingestellt werden konnte. So war es zumindest vorgesehen. Einmal wurden die Schalter so vertauscht, daß A links den Schalter für die Wärmeregulierung der rechten Seite hatte, und umgekehrt. A wurde wach, fror und stellte den Schalter in der Erwartung, mehr Wärme zu bekommen, nach oben. Die zusätzliche Wärme wurde jedoch auf Bs Seite erzeugt, und B, dem es zu heiß wurde, verstellte die Temperatur von seinem Schalter aus nach unten. A fror noch mehr und stellte den Schalter noch höher. Dadurch wurde es B noch heißer, und er stellte den Schalter noch weiter nach unten. Nun fing A wirklich an zu zittern und stellte den Schalter auf maximale Wärme. Das Ergebnis war, daß B beinahe gebraten wurde und As Temperatur noch weiter herunterstellte. Falls A und B noch nichts von positiver Rückkopplung gewußt hatten, nachdem sie sich über dieses Vorkommnis Klarheit verschafft hatten, hatten sie jetzt ganz sicher etwas davon begriffen.

Bei negativer Rückkopplung, die nützlicher und faszinierender ist, passiert genau das Gegenteil. Das einfachste Modell ist ein Thermostat, der Heizung und Klimaanlage steuert. Man stelle am Schalter 21 Grad ein. Wenn der Raum zu warm wird, das heißt, wenn die Temperatur über 21

Grad steigt, schaltet der Thermostat die Klimaanlage ein. Die Rückkopplung wird als negativ bezeichnet, weil der Zustand der Hitze eine Wirkung erzeugt, die Hitze reduziert, und der Zustand der Kälte eine Wirkung erzeugt, die Kälte reduziert. So gesehen könnte kein Mechanismus einfacher sein. Dennoch sind viele durch die Eigenschaften dieses Systems beeindruckt, die es wie ein Lebewesen erscheinen lassen: Es handelt, als ob es eine Absicht hätte, als ob es entschlossen wäre, die Temperatur auf dem eingestellten Stand von 21 Grad zu halten.

Einige haben sich philosophisch mit der Frage beschäftigt, ob ein Thermostat wirklich Absichten oder Ziele hat. Für mich klingt dies nach einer ziemlich sinnlosen Wortspielerei, wenn man dabei in der einen oder anderen Richtung die letzte Wahrheit finden will, obwohl es sicher Möglichkeiten gibt, darüber nachzudenken, die unter Kindern zu wertvollen Diskussionen über erkenntnistheoretische oder psychologische Grundsätze führen könnten. Die pragmatische Entdeckung, daß das Prinzip für die Entwicklung von Maschinen mit zielgerichtetem Verhalten verwendet werden kann, ist für moderne Technologien grundlegend. Daß der Thermostat das Ziel zu haben scheint, die Temperatur im Haus konstant zu halten, berührt mich nicht besonders. Doch so viel ich auch über die Funktionsweise solcher Dinge weiß, es kommt mir doch immer noch wie Zauberei vor, wenn ich sehe, wie ein Lego-Fahrzeug ein Blinklicht verfolgt oder sich zu mir dreht, wenn ich in die Hände klatsche. Ist meine Reaktion ein winziger Rest eines Glaubens an Übersinnliches? Kommt es daher, weil das kleine Ding irgendwie zwischendrin zu sein scheint? Ich weiß, daß es nicht lebendig ist, es hat jedoch genügend Ähnlichkeit mit einem Lebewesen, um mich – und viel andere – zu fesseln. Was auch immer der Grund sein mag, solche Dinge sind faszinierend, und sie zu bauen, ist eine fesselnde Methode, sich mit einem wichtigen Wissensbereich zu beschäftigen.

Noch beachtlicher wird dieses Prinzip durch seine Ausbreitungsfähigkeit: Es kann für das Verständnis vieler verschiedener Situationen, und bei einigen in überraschender Weise, verwendet werden. Es ist fruchtbar in intellektuellen Witzen und komischen oder paradoxen Situationen.

Eine komische Situation haben wir bereits bei der Heizdecke für Ehebetten gesehen. Hier ist eine knifflige Frage im gleichen Sinne: Wie kann man mit Hilfe eines Eisstücks einen Raum erwärmen? Eine bessere Quizfrage, als zum xten Mal das Volumen eines Gases berechnen zu lassen, das auf 20 Grad erwärmt wird. Nun, die Antwort lautet: Indem man es auf den Thermostat legt! Was wird bewirkt? Es läßt den Thermostat annehmen, daß der Raum kalt sei, also wird er die Heizung höher schalten. Solange das Eis dort liegt, wird die Heizung auf Hochtouren laufen. Der Raum wird so heiß werden, wie es bei diesem Heizsystem überhaupt möglich ist.

Unsere Körpertemperatur wird durch einen Thermostat konstant gehalten, der komplexer ist als derjenige, der in einem Raum für angenehme Temperaturen sorgt. Sein Prinzip dürfte jedoch dasselbe sein: Irgendwie muß das System wissen, ob die Temperatur über oder unter dem festgelegten Niveau liegt – in diesem Fall ungefähr 37 Grad. Wenn die Temperatur unterhalb dieses Niveaus liegt, setzt ein Prozeß ein, der die Temperatur ansteigen läßt – zum Beispiel Schüttelfrost und Verengung der oberflächlichen Blutgefäße. Die Muskelbewegung erzeugt Wärme und die Gefäßverengung reduziert den Wärmeverlust. Wenn die Temperatur über dieses Niveau steigt, setzt ein Prozeß ein, der eine Temperaturabsenkung bewirkt – zum Beispiel Keuchen, Schwitzen und Erweiterung der oberflächlichen Blutgefäße.

Dieser Vorgang läßt sich leicht nachvollziehen. Jetzt jedoch eine knifflige Frage: Wenn man Fieber hat, ist man heiß, hat häufig jedoch auch Schüttelfrost. Schüttelfrost ist jedoch eine Reaktion auf Kälte. Wie kommt es, daß man heiß ist und dennoch Schüttelfrost hat?

Die Frage ist ein hübsches Beispiel für ein interessantes Paradox. Die Antwort erhält man durch die Erkenntnis, daß das Gefühl der Hitze und Kälte relativ ist. Wenn man Fieber hat, ist man heiß im Vergleich zur normalen Temperatur. Im Vergleich zum festgesetzten Niveau ist man vielleicht nicht heiß: Der Temperaturanstieg beim Fieber entspricht einer höheren Thermostateinstellung, so daß die normalen Regulierungsmechanismen der Körpertemperatur bewirken, daß die Temperatur auf dem neu eingestellten Temperaturniveau gehalten werden.

Ein weiteres Phänomen, das sich dadurch erklären läßt, daß der Körper ein »Zielniveau« für einen Rückkopplungsmechanismus einstellt, führt zu Frustration bei Personen, die ihr Gewicht reduzieren wollen. Es scheint so, als »versuchte« der Körper, ein bestimmtes Gewicht zu halten, indem er den Grad der Energieabgabe anpaßt. Wenn dieses Gewicht nicht mit den Wünschen der Person übereinstimmt, entsteht ein Interessenskonflikt zwischen den Zielen der Person und jenen des Rückkopplungsmechanismus, der das Gewicht reguliert: Wenn das Gewicht unter das für den Rückkopplungsmechanismus einstellte Niveau sinkt, bringt der Mechanismus Prozesse in Gang, um das Gewicht zu erhöhen oder zumindest die Geschwindigkeit des Gewichtsverlustes zu bremsen.

Da es nicht möglich ist, alles auf einmal darzustellen, bin ich über eine Schwierigkeit hinwegegangen, der wir begegneten, als wir das erste Mal versuchten, mit der Tastsensor-Schildkröte zu arbeiten. Ungefähr zwanzig

Jahre zurückliegende Pilotversuche zeigten, daß dieses Konzept Kindern nahegebracht werden konnte. Fünftkläßler konnten Aufgaben lösen, in denen das Prinzip der Rückkopplung angewandt werden mußte, für die meisten Kinder blieben diese Versuche jedoch bloße Aufgaben und standen in scharfem Gegensatz zu der Eigendynamik, die ihre Beschäftigung mit Grafik entwickelte.

Es lohnt sich, meinen ersten Versuch zur Lösung dieses Problems, obwohl er in eine Sackgasse führte, hier zu erwähnen, weil er verdeutlicht, wie jemand, der neue pädagogische Ansätze entwickelt, automatisch auf eine Schwierigkeit reagiert. Außerdem zeigt er, wie schwer es mir fiel, die Bedeutung der Erkenntnisse, die bereits aus der Erfahrung mit Grafik gewonnen wurden, zu begreifen. Das Problem schien zunächst ganz ähnlich wie jenes zu sein, dem wir in den ersten Logo-Klassen begegneten. Diese Beobachtung führte in eine Sackgasse, wie gleich deutlich wird. Damals hatten wir das Problem durch die Schaffung der Schildkröte gelöst, also dachten wir, daß sich dieses durch die Schaffung von mehr Geschöpfen lösen lassen würde. Damit hätten Kinder mehr Wahlmöglichkeiten und würden auch mehr Begeisterung zeigen. Das Ergebnis war, daß wir eine ganze Reihe neuer computergesteuerter Objekte schufen, wobei ein pneumatischer Wurm und eine hölzerne Marionette am eindrucksvollsten waren. Wir und einige der Kinder hatten Spaß daran, aber dies alles war nicht der springende Punkt.

Das wirkliche Problem war, daß wir immer noch nur daran dachten, wie wir »Kinder dazu bekommen könnten, etwas zu tun«. Dies ist die instinktive Denkweise des Erziehers: Wie kann man Kinder dazu bekommen, Mathe zu mögen, wunderbar zu schreiben, Begeisterung für Programmieren zu entwicklen, anspruchsvollere Denkfertigkeiten zu verwenden? Es dauerte lange, bis ich auch gefühlsmäßig verstand, selbst nachdem ich dies schon lange überall verkündete, daß Logo-Grafiken aufgrund der Macht, die sie den Kindern *gaben*, erfolgreich war, und nicht aufgrund der Leistung, die man von *ihnen* bekam. Zeichnen war bereits in ihrer Kultur verwurzelt; mit dem Computer gaben sie etwas, das bereits ihnen gehörte, eine neue (nicht »bessere«) Richtung. Schließlich gehörte der Umgang mit Bildern auf dem Bildschirm bereits zu ihrem Leben und war ihnen wichtig; die grafische Schildkröte gab ihnen neue Möglichkeiten, mit diesen Bildern in Beziehung zu treten. Verhaltensmuster durch die Programmierung der kybernetischen Schildkröte darzustellen, hatte dagegen im Leben der meisten Kinder keine Wurzeln.

Dennoch hatte ich das Gefühl, daß Kybernetik eine Welt war, die Kinder mögen und von der sie profitieren würden. Ich machte mir weiter Gedanken über das Problem. Obwohl die Lösung, als sie einmal da war, ein ganz einfaches Konzept war, entwickelte sie sich langsam und brauchte viele Jahre, um Fuß zu fassen. Der Kernpunkt war, den Versuch aufzugeben, Kinder in die kybernetische Welt der Schildkröte zu locken, und statt dessen Kybernetik in ihre Welt zu bringen. Diese Vorstellung, die Mitte der achtziger Jahre Gestalt annahm, führte zu meiner Zusammenarbeit mit Lego. Kinder lieben es, Dinge zu konstruieren, also wählt man einen Bausatz aus und erweitert ihn um alles, was für den Bau kybernetischer Modelle notwendig ist. Sie sollten in der Lage sein, eine Schildkröte mit Motoren und Sensoren zu bauen, und die Möglichkeit haben, Logo-Programme für deren Steuerung zu schreiben; oder wenn sie einen Drachen, einen Lastwagen oder ein Aufwachbett wollten, sollten sie auch dies bauen können. Sie sollten nur durch ihre Vorstellungskraft und technischen Fertigkeiten begrenzt sein. In frühen Experimenten mit diesem Konzept mußten die Motoren und Sensoren über eine Schnittstelle mit einem Computer verbunden werden. Später bauten wir Computer, die so klein waren, daß sie in den Modellen selbst Platz hatten. Der Unterschied ist ganz beträchtlich; nun steckt die Intelligenz tatsächlich in dem Modell und nicht mehr in einem überdimensionierten Rechner. Außerdem sind die Modelle nun autonom. Sie können ohne Verbindungskabel überall herumfahren. Dies alles macht sie viel realistischer.

Der größte Wandel in der Entwicklung von Lego-Logo in Richtung eines »realen« Teils im Leben der Kinder wird jedoch kommen, wenn sich die Aktivität von der Schule nach Hause verlagert. Es erscheint offensichtlich, daß in Zukunft kybernetische Konstruktionen genauso selbstverständlich zum Aufwachsen der Kinder gehören werden, wie jetzt das Bauen von Autos, Häusern oder Modelleisenbahn-Anlagen. Erst dann wird kybernetisches Denken wirklich ein Teil ihrer Kultur werden.

Damit werden die beiden Fragen, die Eltern und Lehrer am häufigsten zu Lego-Logo stellen, schon weitgehend beantwortet: Was werden Kinder damit lernen? Und werden damit nicht Jungen mehr gefördert als Mädchen? In meinem eigenen Denken sind die Antworten auf diese beiden Fragen etwas ganz anderes als das, worauf die meisten Fragesteller hinauswollen. Die erste Frage zielt darauf ab, welcher Teil des Lehrplans gelernt wird; ich selbst sehe jedoch die größte Bedeutung in solchen Themen wie dem Verhältnis der Kinder zur Technologie, ihrer Vorstellung vom Lernen, ihrem Selbstverständnis. Was die Frage der Geschlechterrollen angeht, so denke ich mehr darüber nach, wie Computeraktivitäten langfristig die Geschlechterrollen beeinflussen werden, als darüber, welchen Einfluß die Geschlechterrollen auf diese Aktivitäten haben. Geschlechtsspezifische Unterschiede sind nämlich kein biologisches Problem, sondern ein soziales Konstrukt; und das Ausmaß des Wandels, den ich im Leben der Kinder vorhersehe, wird sicherlich auf die eine oder andere Weise zu einer Veränderung dieses Konstrukts führen. Wichtig ist in meinen Augen jedoch, daß Frauen bei der Gestaltung der zukünftigen Computerkultur mitwirken.

Nach diesen Bemerkungen, die zum Nachdenken anregen sollen, wende ich mich jedoch der ersten Frage direkter zu, indem ich ein Beispiel für eine für Lego-Logo sehr spezifische Lernweise anführe. Früher oder später werden Schüler bei der Konstruktion von Lego-Objekten an einen Punkt kommen, wo sie Getriebe benötigen. Ihre Arbeit liefert gute Beispiele für ein Stoffgebiet, das sich mit den naturwissenschaftlichen und mathematischen Schulfächern überschneidet, jedoch in einem anderen Stil behandelt wird – statt in einem formalen Stil, der Regeln verwendet, in einem konkreten Stil, der Objekte verwendet.

Die Motoren der Baukästen arbeiten mit hoher Drehzahl und niedrigem Drehmoment. Ein Auto, bei dem diese Motoren direkt mit den Rädern verbunden sind, wird sehr schnell fahren, jedoch so leistungsschwach sein, daß es bei der kleinsten Steigung oder Behinderung stehen bleibt. Die Lösung dieses Problems bei den Lego-Autos ist die gleiche wie jene, die bei der Entwicklung wirklicher Autos gefunden wurde: Die Verwendung von Getrieben. Um sie jedoch wirkungsvoll zu nutzen, müssen Kinder etwas von Übersetzungsverhältnissen verstehen. Dies bringt wiederum eine Reihe von Begriffen wie Kraft, Drehmoment (das physikalische Maß für die Drehkraft) und Last-Kraft-Verhältnis mit sich.

Ein Aspekt dieses Wissens, der bereits im Grenzbereich dessen liegt, was Kinder im Grundschulalter begreifen können, ist seine Rationalität oder Relativität. Wenn ein kleines Getrieberad ein größeres antreibt, dreht sich das größere langsamer und mit höherem Drehmoment. Was zählt, ist die relative und nicht die absolute Größe der beiden Getrieberäder. Viele Kinder diesen Alters, und besonders die Jungen, neigen zu der Annahme, daß es nur darauf ankäme, daß eines der Räder sehr groß sei – als ob sie einer Reihe von Regeln folgen würden, zum Beispiel »große Getrieberäder sind langsam und stark« und »kleine Getrieberäder sind schnell und schwach«. (Siehe Abbildung auf der nächsten Seite) Ohne das Konzept der relativen Größe werden solche Regeln versagen. Andere Kinder, vor allem Mädchen, können den Sachverhalt nicht so gut artikulieren und erklären ihn eher mit Hilfe von Körperbewegungen. Sie winden und verdrehen sich bei dem Versuch zu erklären, wie sie ihn verstehen, und sie finden die richtige Antwort.

Theoretiker, die sich mit der intellektuellen Entwicklung von Kindern, wie dem Erwerb zunehmend differenzierter Regeln, befassen, würden sagen, daß Kinder dann Probleme bekommen, wenn die von ihnen aufgestellten Regeln noch nicht gut genug sind. Die Vorstellung vom konkreten Denken ermöglicht es uns, eine andere theoretische Erklärung in Betracht zu ziehen. Unsere Beobachtungen lassen vermuten, daß die Kinder, die das Problem lösen konnten, keine besseren Regeln hatten, sondern dazu neigten, die Dinge eher unter dem Aspekt der Verhältnisse als unter dem der Eigenschaften zu sehen. Sie hatten Zugang zu einem Denkstil, der ihnen die Vorstellung ermöglichte, sie seien »innerhalb des Systems«. Sie verwendeten ihre Beziehung zu den Getrieberädern als Hilfsmittel, um ein Problem gedanklich zu bewältigen.

Dieses »Denken von innen her« ist vielleicht nicht für alle Probleme mit Getrieben geeignet, für das Problem, dem die Kinder in unserem Projekt begegneten, war es jedoch nicht nur angemessen, sondern auch viel weniger für die Fehler anfällig, die durch zu einfache Regeln entstanden.

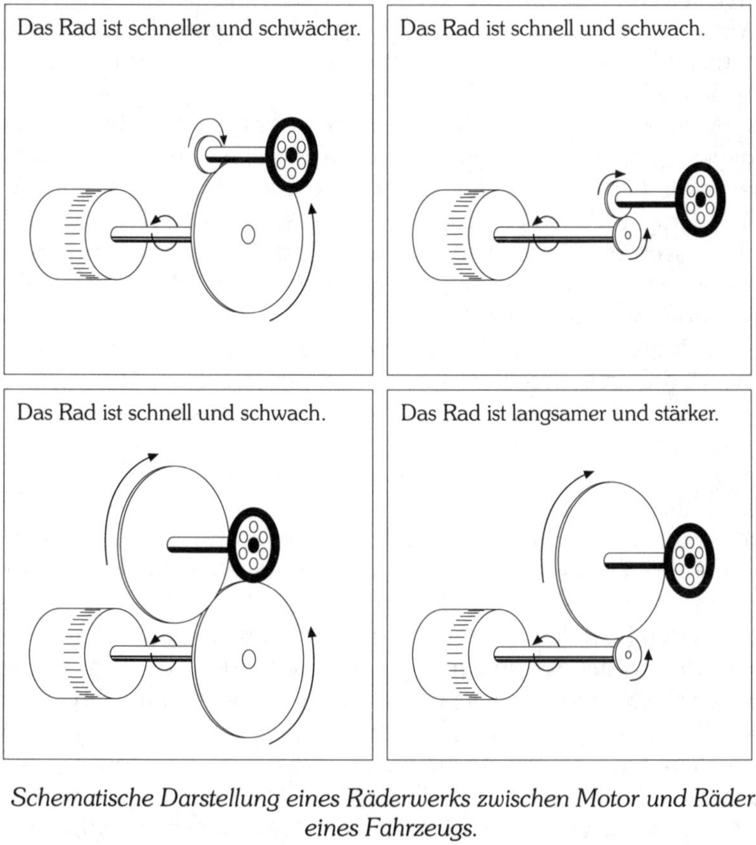

Schematische Darstellung eines Räderwerks zwischen Motor und Rädern eines Fahrzeugs.

Relationales, konkretes Denken hat einen Vorteil: Man erlebt keine Katastrophe, wenn die Regel nicht genau stimmt. Dies läßt vermuten, wenn dies bisher auch alles noch reine Spekulation ist, daß es hier Bereiche physikalisch-wissenschaftlichen Wissens gibt, die für Mädchen leichter als für Jungen zugänglich sind.

Ich definierte *bricolage* als einen Stil, Arbeit zu organisieren, der als nachgiebig und nicht als von vornherein geplant beschrieben werden kann – was Warren McCulloch »heterarchisch« statt hierarchisch nannte. Das Beispiel der Kinder mit ihren Getrieben soll dazu dienen, ein weiteres Merkmal vieler im Stil des *bricoleur* arbeitender Programmierer einzuführen, das Turkle und ich als »Proximalität«, oder Nähe zum Objekt, bezeichnet haben. Ein Programmierer wie Kevin ist seinen Computerobjekten näher als jemand wie Jeff. Wie die Kinder, die bei den Getrieben »von innen her dachten«, betritt Kevin innerlich denselben Raum wie die Bildschirmschildkröten. Er erlebt sein Raumschiff auf körperliche, sinnliche und greifbare Weise. Er ist da drin, mitten unter diesen kleinen Wesen, spielt mit ihnen wie mit Objekten in einer Collage. Wenn Kevin über diese Objekte redet, zeigen seine Hand- und Körperbewegungen, daß er sich mit und zwischen ihnen bewegt. Wenn er von ihnen spricht, verwendet er Ausdrücke wie »ich gehe dahin«.

Ich wählte Kevin, einen Jungen, zur Verdeutlichung des »Denkens von innen her«, um eine Überbetonung des Zusammenhangs zwischen Geschlecht und Verhaltensweisen, die für Mädchen doch typischer sind, zu vermeiden. Den Grundgedanken, den ich hervorheben will, ist der, daß die Zusammenhänge zwischen Geschlecht, Technologie und harter Naturwissenschaft in einem Kontext, in dem Kinder eng mit materiellen Computerobjekten arbeiten können, in einem neuen Licht erscheinen. Damit kann Kybernetik einmal mehr den Anspruch erheben, ein neues Fach zu sein, das Kindern neue geistige Bereiche erschließen wird.

Als nächstes wende ich mich anspruchsvolleren Konzepten zu, die zu demselben allgemeinen Gebiet wie die Kybernetik gehören. Betrachten wir zuerst einmal ein von meinem Kollegen Mitchel Resnick geschildertes Experiment, in dem eine Logo-Version verwendet wurde, die er *Logo (Star Logo) nennt, das unter anderem die Erzeugung einer sehr großen Zahl von Schildkröten ermöglicht. In seiner Doktorarbeit spricht Resnick von einer »zentralisierten Denkhaltung«, die dazu führt, daß man eher einen bestimmenden Urheber voraussetzt, als daß man nach Erklärungen sucht, die sich aus dezentralisierten Wechselwirkungen ergeben.

Zwei Schüler einer High-School, die kurz zuvor ihren Führerschein gemacht hatten, entschlossen sich, *Logo zur Darstellung von Autos auf einer Autobahn zu verwenden. Die Schüler begannen damit, einige Dutzend Schildkröten, die Autos darstellen sollten, zu erzeugen; dann schrieben sie ein Programm für jedes Auto. Das Programm bestand aus zwei einfachen Regeln. Wenn ein Auto per Sensor ein anderes vor sich bemerkte, wurde es langsamer. Wenn es kein Auto bemerkte, wurde es schneller. Die Schüler erwarteten nicht, daß bei diesem einfachen Programm viel passieren würde. Als sie es jedoch laufen ließen, bildeten die Autos einen realistisch aussehenden Verkehrsstau. Die Schüler waren überrascht, daß sich durch ihr einfaches kleines Programm ein so komplexes Muster bildete. Tatsächlich lieferte das Programm ein eindrucksvolles Beispiel für Selbstorganisation: Die Autos schienen sich von selbst zu einem Muster zusammenzufügen, ohne jede zentralisierte Steuerung. Der Stau ergab sich einfach aus den Wechselwirkungen zwischen den einzelnen Autos, die Schüler hatten jedoch den Eindruck, daß es eine »Ursache« geben müßte.

Diesem Konzept begegnet man in allen Gebieten der Wissenschaft. In der Biologie organisieren sich Ameisen selbst zu Zügen, um Nahrung zu suchen; Vögel organisieren sich selbst zu Schwärmen, um in andere Gebiete zu ziehen; in längeren Zeiträumen organisieren sich Gene selbst zu neuen Lebewesen. Es ist wichtig festzuhalten, daß die Schüler die selbstorganisierende Natur des Verkehrsstaus nur deshalb richtig erkannten, weil sie die Programme selbst geschrieben hatten. Wenn sie ein fertiges Simulationsprogramm verwendet hätten, hätten sie keine Möglichkeit gehabt, die elegante Einfachheit der dem Stau zugrundeliegenden Programme zu erkennen.

Als die Schüler anfingen, den Verkehrsstau zu beobachten, erlebten sie eine weitere Überraschung: Der Verkehrsstau bewegte sich rückwärts. Dieses Verhalten ging gegen ihre Intuition. Wie konnte ein Verkehrsstau rückwärts gehen, wenn alle beteiligten Autos sich vorwärts bewegten? Dieses Verhalten rückte eine wichtiges Konzept in den Mittelpunkt: Entstehende Strukturen verhalten sich häufig ganz anders als die einzelnen Elemente, aus denen sie bestehen. Dieses Konzept trifft nicht nur auf Verkehrsstaus zu, sondern auch auf eine ganze Reihe anderer Phänomene, zu denen auch Wellen gehören. Vorstellungen über Wellen sind bekannt dafür, daß sie Anfängern Schwierigkeiten bereiten. Ein Grund liegt darin, daß Wellen häufig in unmotivierten Kontexten (wie Bewegungen entlang eines Seiles) oder als schwierige mathematische Formel (eine Differentialgleichung) vorgestellt werden. Das *Logo-Verkehrsprogramm war eine sehr viel sinnvollere Einführung in solche Probleme, besonders da die Schüler kurz zuvor ihren Führerschein gemacht hatten. Außerdem wurden die Wellen durch ein zugängliches formales System erzeugt, eine Reihe einfacher Computerprogramme. Und da die Schüler die Programme selbst geschrieben hatten, konnten sie sich ihrer auch bedienen, um viele andere wellenartige Phänomene zu erforschen.

Die Beispiele Verkehrsstau und Getriebe zeigen, wie kybernetische Vorstellungen mit Konzepten in der Physik genauso wie in der Biologie

Verbindungen eingehen, und zwar sowohl auf fortgeschrittenen als auch auf elementaren Ebenen. Somit verbindet Kybernetik Einverleibbarkeit mit Vielfalt an wissenschaftlichen Beziehungen. Außer ihren Beziehungen zur klassischen Naturwissenschaft, ist Kybernetik auch eng mit einem weiteren modernen Wissensbereich verbunden, der häufig als »Systemtheorie« bekannt ist, und der wiederum eng mit Denkweisen verbunden ist, die in Wirtschaftswissenschaft, Ökologie und dem Studium der Evolution eine herausragende Rolle spielen. Die gleiche Denkweise, die der Programmierung und später dem Verständnis der Verkehrssituation zugrunde lag, kann genauso leicht auf Situationen angewandt werden, in denen es verschiedene Arten von Objekten gibt, zum Beispiel zwei Tierarten, eines davon ein Raubtier und das andere dessen Beute, und eine Pflanze, die der zweiten Tierart als Nahrung dient. In einigen Stunden Arbeit kann ein Schüler der unteren Klassen einer High-School eine Mikrowelt mit Populationen dieser zwei Tierarten und der Pflanze aufbauen, indem er genau angibt, wieviel jedes Tier in der Zeiteinheit frißt, und wie stark alle drei Arten sich vermehren und sterben.

Ich schließe dieses Kapitel, indem ich etwas über die Folgen dieser Arbeitsform für das Konzept der Programmierung sage. Es gibt ein geflügeltes Wort (das auf einen Ausspruch der britischen Mathematikerin Lady Lovelace im neunzehnten Jahrhundert zurückgeht), daß ein Computer genau das macht, was man ihm sagt, nicht mehr und nicht weniger. Eine tief verwurzelte Zweideutigkeit in dieser Aussage wird jedoch deutlich, wenn man die zwei vorher erwähnten um die Schachtel herumgehenden Schildkröten, die eine einem geometrischen, die andere einem kybernetischen Programm folgend, vergleicht. Machen sie genau das, was man ihnen »gesagt« hat? Wenn »sagen« tatsächlich bedeutet, es ausdrücklich ins Programm zu schreiben, dann könnte man sagen, daß der geometrischen Schildkröte »gesagt« wurde, um die Schachtel herumzugehen. Was der kybernetischen Schildkröte gesagt wurde, sieht jedoch ganz anders aus; tatsächlich muß man vielleicht sogar ein wenig nachdenken, um zu erkennen, daß ihr Programm bewirkt, daß sie um die Schachtel herumgeht. Es gibt eine Distanz zwischen dem, was ihr gesagt wurde, und jenen Aspekten ihres Verhaltens, die den Programmierer interessieren. In anderen Fällen kann die Distanz zwischen Programm und Ergebnis sogar noch größer sein. Ein Beispiel, das jedem vertraut ist, der schon viel mit Logo gearbeitet hat, ist das Programm, das durch die Eingabe von WIEDERHOLE 360 [VORWÄRTS 1 RECHTS 1] einen Kreis zeichnet. Wurde der Schildkröte gesagt, daß sie einen Kreis zeichnen solle? Wenn man ja sagt, muß man doch zugeben, daß ihr dies auf sehr seltsame Weise gesagt wurde.

Im vorherigen habe ich einen Unterschied zwischen Blindnavigation, oder geplanter Programmierung, und Sichtnavigation, oder sich entwickelnder Programmierung, gemacht. Im nächsten Kapitel werde ich die Ausdrucksweise geplante und sich entwickelnde Programmierung dazu verwenden, um über Wirtschaft und andere »systemische« Situationen zu sprechen. Ich denke, daß deutlich werden wird, daß Erfahrung mit den in diesem Kapitel vorgestellten Arbeitsformen junge Köpfe für die im folgenden dargelegten Themen vorbereiten wird.

10 Was kann getan werden?

Wenn man von dem Gefühl überwältigt wird, wie es wohl jedem von Zeit zu Zeit geht, daß die Schule zu fest in sich selbst verwurzelt ist, um sich jemals zu wandeln, ist es hilfreich, sich einmal all die politischen Veränderungen in der Welt vor Augen zu führen, die bis vor kurzem noch für ziemlich unmöglich gehalten wurden. Die Ereignisse in der Region, die wir früher allgemein als Ostblock bezeichneten, sind am dramatischsten, die Entwicklungen in Südafrika, Chile und Mittelamerika gehören jedoch ebenfalls in diese Kategorie.

Der Anblick, wie Tausende von Menschen die Berliner Mauer niederreißen, oder wie Nelson Mandela mit Frederik de Klerk am Verhandlungstisch sitzt, ist ein wirksames Gegenmittel gegen jede Tendenz, »Es ist unmöglich« zu sagen. Wie diese Ereignisse abliefen, ist jedoch ebenso ernüchternd wie berauschend. Bei genauerer Betrachtung kann man viel über den Schmerz und die Probleme lernen, die mit der Veränderung einer breiten, sich hartnäckig haltenden, tief in der Gesellschaft verwurzelten Struktur einhergehen. Der wichtigste Aspekt ist hier, wie sich ein System selbst dagegen wehrt, das Ausmaß seiner Probleme und die Notwendigkeit eines grundlegenden Wandels zu erkennen.

Michail Gorbatschow, dessen Name verdientermaßen zum Symbol des Wandels wurde, ist auch eines der interessantesten geschichtlichen Beispiele für Widerstand gegen Veränderung. Selbst als er bis dahin undenkbare Reformen einleitete, hielt er doch weiterhin den Vorstellungen, auf denen das System basierte, die Treue, und wandte sich erst von der Kommunistischen Partei ab, als er selbst Gefahr lief, fallen gelassen zu werden. Sein Schlagwort Perestrojka (das wörtlich »Umbau« bedeutet) wurde zum Synonym für eine Politik, in einem krisengeschütteltes System für Reformen zu kämpfen, ohne das Fundament, auf dem es gebaut wurde, in Frage zu stellen. Es sollte inzwischen klar geworden sein, daß ich jene, die laut nach einem »Umbau« im Schulwesen rufen, in einem ähnlichen Licht sehe – wenn auch wenige von ihnen den Mut haben, die Reformen in ihrem Gebiet zu weit wie Gorbatschow in seinem voranzutreiben. In ihrem Fall wäre vielleicht »das System frisieren« ein passenderer Ausdruck als »Umbau«.

Der Vergleich zwischen Perestrojka und Schulreform wäre bereits lehrreich, wenn er nur diese allgemeinen Merkmale des Wandels und des Widerstands dagegen verdeutlichte. Doch es steckt mehr dahinter. Wenn man die Ausdrucksweise der Systemdynamik, die im vorigen entwickelt wurde, verwendet, kann man die Probleme sowohl der ehemaligen Sowjetunion als auch der Schule als Konflikt zwischen straff und sich entwickelnd programmierten Systemen beschreiben.

Eines der Hauptargumente für die Rechtfertigung der Planwirtschaft ist, daß ein straff programmiertes, bis ins letzte geplantes Wirtschaftssystem zwangsläufig effektiver wäre als eines, das durch unzählige einzelne, unkoordinierte Entscheidungen funktioniert. In der Sowjetunion wurde diese weltanschauliche Haltung in eine riesige Organisation mit dem Namen Gosplan umgesetzt, deren Aufgabe es war, die gesamte Wirtschaft so straff wie möglich zu programmieren. Jedes Produkt war bis in die kleinste Einzelheit in einem Gesamtplan festgelegt. So bestimmte dieser Plan zum Beispiel, wie viele Nägel insgesamt hergestellt, wo sie hergestellt, wie sie verteilt, und zu welchem Preis sie verkauft wurden. Die für die Planung Zuständigen wußten, wie viele Nägel gebraucht würden, weil sie auch die Entscheidung über die jeweilige Menge der Produkte, für die Nägel erforderlich waren, trafen. Was für Nägel zutraf, galt auch für alles andere, was zu einer (theoretisch) vollkommen rationalen Wirtschaft führte, in der es keine Verschwendung gab – um wieviel vernünftiger war dies, so wurde argumentiert, als das Chaos in der kapitalistischen Marktwirtschaft, wo Hinz und Kunz bestimmen konnte, ob er Nägel produzieren wollte oder nicht.

Wir sind diesem Argument schon früher begegnet, als es um das »Kathedralenmodell« für das Schulwesen ging. Der Bau einer großen gotischen Kathedrale (oder irgendeines anderen großen Gebäudes) ist ein Prozeß, der tatsächlich straffe Programmierung erfordert. Es ist unwahrscheinlich, daß eine Kathedrale entstehen würde, wenn die Arbeiter Steinblöcke behauen und setzen könnten, wie sie wollten. Offensichtlich ist hier sorgfältige Planung durch einen fähigen Architekten notwendig. Beim Kathedralenmodell für das Schulwesen wird dieses Prinzip auf den Aufbau von Wissensstrukturen angewandt. Die für die Entwicklung der Lehrpläne Zuständigen bekommen die Rolle von »Wissensarchitekten« zugewiesen, die einen Plan, ein straffes Programm für die Plazierung der »Wissenssteine« in den Köpfen der Kinder ausarbeiten. Dies unterscheidet sich nicht wesentlich von dem Argument, mit dem der Gosplan in der Wirtschaft gerechtfertigt wird.

In diesem Buch habe ich immer wieder konkrete Beispiele und abstrakte Argumente entwickelt um zu zeigen, daß die dem Gosplan oder dem Kathedralenbau entsprechende Form der Programmierung als allgemeiner Ansatz im Schulwesen falsch ist. Die vorherige Darstellung der geplanten und der sich entwickelnden Programmierung stützte diese Position indirekt, indem sie zeigte, daß das Argument für die Überlegenheit der exakt geplanten Programmierung selbst in einfachen greifbaren Situationen keine universelle Gültigkeit hat. Etwas so einfaches wie eine Schildkröte so zu programmieren, daß sie um eine rechteckige Schachtel herumgeht, war mit dem sich entwickelnden Ansatz ganz leicht, während es mit der Methode der geplanten Programmierung schwierig, wenn nicht unmöglich war. Das Versagen der sowjetischen Planwirtschaft ist ein weiterer Sargnagel für die Vorstellung, daß diese Methode letzten Endes überlegen sei. Wichtige Fälle, in denen ein Element der geplanten Programmierung absolut notwendig ist, sind eher die seltene Ausnahme als das Modell, wie ein Projekt ausgeführt werden sollte.

Man kann nicht behaupten, daß das Scheitern des sowjetischen Systems ein Beweis für die Untauglichkeit einer Planwirtschaft sei, da seine besondere Ausprägung mit so vielen anderen für die Gesellschaft verhängnisvollen politischen Strategien verbunden war. Spezifische Mängel in der Arbeitsweise des Systems legen jedoch nahe, daß es in dem Argument, es wäre letzten Endes rational, Lücken gibt. Betrachten wir einmal eine schematische Darstellung einer zu der Zeit weit verbreiteten Situation.

Die Ilyanova-Fabrik mußte laut Plan 100 Tonnen Nägel produzieren. Der Direktor hatte den Einfall, größere Nägel herzustellen, und produzierte 150 Tonnen, was ihm eine Belohnung für 150prozentige Planerfüllung einbrachte, obwohl niemand solche großen Nägel brauchen konnte. Es ist tatsächlich unerheblich, ob der Direktor ein genialer Betrüger oder ein ehrlicher Dummkopf war; die Absurdität der Systems wird durch die Tatsache deutlich, daß jede Nagelfabrik ihren Plan erfüllen und es dennoch zu einem nationalen Engpaß an Nägeln kommen könnte.

Natürlich werden unter jedem System betrügerische oder dumme Entscheidungen getroffen. Der wichtige Unterschied zwischen Planwirtschaft und Marktwirtschaft liegt in dem Spielraum, der den übrigen gelassen wird, eine Lücke zu schließen: Wenn die Nagelhersteller nicht die Nägel produzieren, für die es eine Nachfrage gibt, wird früher oder später jemand anderer feststellen, daß man mit der Gründung einer neuen Nagelfabrik Geld verdienen kann. Somit ist in dem System die Initiative auf viele verteilt, und es wird durch zahllose kleine und große Rückkopplungsschleifen am Laufen gehalten, die nach den im vorigen beschriebenen Prinzipien funktionieren. Typisch für sich entwickelnd programmierte Systeme ist, daß Abweichungen von dem, was erwartet wurde, nicht das Ganze zum Scheitern bringen, sondern Anpassungsreaktionen auslösen.

Ich möchte nicht behaupten, daß wir wirklich in einem vollständig rationalen Wirtschaftssystem leben – weit entfernt davon. Für viele wird das Konzept des freien Unternehmertums durch die Beschränkungen, die Armut, Vorurteile und unsere eigene Form der Bürokratie mit sich bringen, zur Farce. Selbst die wirtschaftlich Mächtigen sind durch Grenzen der Rationalität eingeengt. So enthält zum Beispiel der Schwerpunkt der amerikanischen Wirtschaft auf vierteljährlichen Erträgen an Stelle einer Betrachtung der tatsächlichen wirtschaftlichen Gesundheit eines Unternehmens ein Element, das dem Zählen von Nägeln zur Beurteilung von Erfolg sehr nahe kommt. Ich möchte auch nicht behaupten, daß das sowjetische System überhaupt keine Möglichkeit zu vernünftiger Eigeninitiative bot; daß es sich so lange halten konnte, läßt vermuten, daß es seinen selbstzerstörerischen Idealen selbst nicht vollständig nachkam. Somit geht es hier nicht darum, Schneeweiß mit Pechschwarz zu vergleichen.

Ich möchte jedoch behaupten, daß, während unser Wirtschaftssystem mit all seinen Fehlern oberhalb der Schwelle zur Zweckmäßigkeit liegt, und das sowjetische unterhalb blieb, unser Schulsystem auf derselben Seite dieser Schwelle anzusiedeln ist wie die sowjetische Wirtschaft. Wir leben mit einem Schulsystem, das grundsätzlich genauso irrational wie die Planwirtschaft ist, und dies letztendlich aus dem gleichen Grund. Es besitzt keine Fähigkeit zur lokalen Anpassung, die ein komplexes System nun einmal braucht, um in einer sich verändernden Umgebung auch nur effizient funktionieren zu können, und die es doppelt braucht, wenn es sich auch noch weiterentwickeln soll.

Was dies bedeutet, läßt sich konkreter einschätzen, wenn man Vorschläge für eine Schulreform betrachtet, denen es an systemischem Denken fehlt. Ein gutes Beispiel ist ein Plan mit dem bombastischen Titel »Amerika 2000«, der von George Bush verkündet wurde, um sein Wahlversprechen, der »Bildungspräsident« zu werden, einzulösen. Meine Darlegungen sollen kein parteipolitischer Angriff auf Bush sein; diese Denkfehler sind in mehr oder weniger stark ausgeprägter Form im gegenwärtigen Bildungsdenken beinahe allgegenwärtig.

Der Bush-Plan erinnerte außerordentlich stark an den sowjetischen Stil, Probleme per Erlaß zu »lösen«. Bush verkündete, daß amerikanische Schüler bis zum Ende der Jahrhunderts die besten der Welt sein würden. Der Dreh- und Angelpunkt seiner Vorschläge um dies zu erreichen, war die Einführung eines auf nationaler Ebene einheitlichen Testsystems. Damit, so hoffte er anscheinend, kämen die Amerikaner nicht mehr in die peinliche Lage zu lesen, daß ihre Kinder in einer internationalen Studie über naturwissenschaftliches Wissen an siebzehnter Stelle rangieren, oder müßten sich fragen, ob in der 1992 von einem japanischen Politiker gemachten Bemerkung, die amerikanischen Arbeiter seien faul und dumm, nicht doch ein Körnchen Wahrheit steckt. Er könnte auf die Menge der an amerikanischen Schulen produzierten Noten hinweisen, so wie die sowjetische Propaganda auf die Menge der Nägel, die ihre Wirtschaft produziert, hinweist.

Den Erfolg der Schule durch Noten zu definieren, unterscheidet sich nicht wesentlich davon, die produzierten an Stelle der gebrauchten Nägel zu zählen. In Bushs Bildungsplan gab es keinen einzigen Hinweis auf irgendeine spezifische Theorie, die auf der Ebene zugrundeliegender Mechanismen erklären könnte, was mit der gegenwärtigen Situation nicht stimmt. Seine Lösungen waren die Lösungen, die Bürokratenköpfe unterschiedslos für jede Situation vorschlagen: Herausgabe von Anordnungen; Verschärfung der Kontrollen. Schlechte Ergebnisse können nur bedeuten, daß die Betroffenen faul sind, und daß ein gutes Testsystem sie entlarven wird.

Wir können jedoch mehr lernen, wenn wir zum Beispiel Maria betrachten, jenes Mädchen, das ein Blinklicht in ihrem Lego-Haus installierte. Sie war sicherlich ein typisches Beispiel für alle, die zum schlechten Abschneiden der USA im internationalen Vergleich beitragen. Sehr wahrscheinlich ist sie das immer noch: Es ist nicht anzunehmen, daß ihre isolierte Erfahrung mit Lego-Logo ihr mehr als eine Ahnung davon vermittelte, wie sie zuerst Geschmack an wissenschaftlichen und technischen Dingen finden und später auch ein intuitives Gespür dafür entwickeln könnte. Natürlich könnte diese Erfahrung der Keim für eine zukünftige Entwicklung sein, obwohl ich, selbst wenn dies so wäre, alles andere als sicher bin, ob die Veränderung sich in einer besseren Note bei einem nationalen Test über naturwissenschaftliches Wissen niederschlagen würde. Jedenfalls hätte jeder Nutzen, den sie aus dieser Erfahrung ziehen könnte, wenig damit zu tun, ob es einen solchen Test gibt oder nicht; er hätte jedoch alles damit zu tun, daß sie eine keineswegs selbstverständliche Gelegenheit erhalten hatte, eine gesunde persönliche Beziehung zur Naturwissenschaft zu entwickeln.

Wenn ein Test, wie ihn Bush im Kopf zu haben schien, tatsächlich eine Wirkung auf Maria hätte, dann wäre es eine negative. Mindestens drei verschiedene Mechanismen würden dazu beitragen. Angst davor, in einem Fach geprüft zu werden, das einem fremd ist, ist der sicherste Weg, das wenige Interesse, das ein Mädchen wie Maria an Naturwissenschaft haben könnte, vollständig zum Erlöschen zu bringen. Auf einer tieferen Ebene würden Tests in ihr ein ganz falsches und Ablehnung hervorrufendes Bild von Naturwissenschaft als einer Sammlung von Fakten, die wie ein Ritual auswendig gelernt werden müssen, noch verstärken. Außerdem wäre Maria nicht die einzige, die durch den Test beeinflußt würde: Angst vor diesem Test könnte den Lehrer dazu veranlassen, weniger Zeit auf irgendetwas anderes als die abfragbaren Aspekte dieser Fächer zu verwenden.

Maria und mit ihr Millionen anderer könnten sich jedoch zu den Naturwissenschaften hingezogen fühlen, wenn man ihnen bessere Möglichkeiten bietet, sich diese Gebiete in einer persönlichen Form anzueignen. Werden solche Möglichkeiten entwickelt, wird es nützlich sein, auch Methoden zu entwickeln, die Schülern, Eltern und Lehrern eine Einschätzung erlauben, welche Fortschritte gemacht werden. Vielleicht wird man dies als »Test« bezeichnen, obwohl die Konnotation dieses Wortes so negativ ist, daß ein besseres erfunden werden sollte. Wie immer man es auch nennen mag, ein solcher Rückkopplungsmechanismus muß im Gefolge neuer Lernansätze kommen und nicht an ihrer Spitze stehen: Ein Testsystem, das auf alten Lernmodellen basiert, wird bestenfalls diese Modelle festigen und die Entwicklung neuer Richtungen hemmen.

Nehmen wir einmal an – da es sinnlos ist, über eine Reformierung der Schule auch nur nachzudenken, wenn man den Erfolg von vornherein ausschließt –, die Vereinigten Staaten würden in der Entwicklung eines systemtheoretisch begründeten Unterrichtsansatzes in den Naturwissenschaften die weltweite Führung übernehmen, oder jedem Kind ermöglichen, sich eingehend mit einem selbstgewählten Zweig der traditionellen Naturwissenschaft zu beschäftigen. Nehmen wir weiter an, was sehr wahrscheinlich wäre, daß, selbst wenn ein oder zwei Länder es uns gleich tun würden oder sogar noch weiter wären, so doch die meisten Länder hinterherhinken und weiterhin im alten Trott verharren würden. Unter diesen Bedingungen würden unsere Kinder sehr wahrscheinlich im internationalen Wettbewerb bei althergebrachten Testverfahren schlecht abschneiden: Wenn die Testverfahren aus der Vergangenheit stammen oder von den anderen Ländern übernommen werden, werden sie uns daran hindern, vorwärts zu kommen, außer in dem Tempo der anderen Länder. Dies könnte tatsächlich sogar Stillstand bedeuten, da eine Veränderung vielleicht ein kritisches Ausmaß erreichen muß, um überhaupt stattzufinden. Wenn man ganz vorne sein will, muß man deshalb aufhören, sich an einer Aufholjagd zu beteiligen und statt dessen die Führung in neue Richtungen übernehmen.

Damit soll nicht bestritten werden, daß ein Indikatorsystem notwendig ist, das zeigt, wie gut sich die Dinge entwickeln. Das Falsche am Bush-Plan war, daß der Test nicht Teil eines Mechanismus zur Selbstkorrektur war. Betrachten wir zum Beispiel einmal die lichtsuchende Schildkröte. Sie nutzte das Prinzip der negativen Rückkopplung, das seinem Wesen nach einen Indikator für die Abweichung von einem angestrebten Zustand beinhaltet. Tatsächlich war das Schlüsselkonzept beim Entwurf der Schildkröte für die sich entwickelnde Programmierung die Wahl eines geeigneten Indikators. Bei dem im Text dargestellten Entwurf wurde der naheliegendere Indikator der tatsächlichen Entfernung von der Lichtquelle zugunsten des weniger »exakten« Indikators Abweichung nach links oder rechts abgelehnt. Dieser Indikator zeigte nicht an, wie weit die Schildkröte vorwärts gehen sollte; er zeigte jedoch, in welche Richtung sie gehen mußte, um vorwärts zu kommen. Analog dazu hätte ein Lehrer, der Maria beobachtet, leichten Zugang zu einem solchen Indikator und könnte ihn sehr viel gewinnbringender einsetzen, als ein Maß, das nur zeigt, wieviel Wissen ein Schüler in den Naturwissenschaften hat. Der Lehrer würde sehen, daß Maria sich allmählich mit einem speziellen Bereich technischer Arbeit beschäftigte, und könnte zu dem Schluß kommen, daß sie ermutigt werden sollte, weiter in diese Richtung zu gehen. Tatsächlich könnte Maria sogar selbst zu diesem Schluß kommen! Der pädagogische Fehler lag nicht in einem Mangel an Richtungsindikatoren, sondern darin, daß die Schule nur eine Richtung bereitstellte und Maria diese notgedrungen einschlug. Nach der Einzelerfahrung mit Lego-Logo kam sie wieder zur Unpersönlichkeit des Lehrplans zurück.

Genauso verwenden im Fall der Nagelfabrik sowohl die Planwirtschaft als auch die Marktwirtschaft einen Indikator für die Nagelproduktion – einen Test. Im ersten Fall bestand der Test in einem Maß für die Planerfüllung, und wir haben gesehen, wie das in einer Situation funktionierte, die gar nicht so abwegig ist, wie es scheinen mag. Im zweiten Fall besteht der Test im Preis der Nägel, der auf einen Engpaß mit Anstieg reagierte, und damit die Hersteller veranlassen würde, mehr Nägel zu produzieren, oder das Nagelgeschäft für potentielle Produzenten attraktiv machen würde.

Kurz, das Nachdenken über Tests zeigt das wirkliche Problem unseres Schulsystems auf: seine mangelnde Flexibilität, vernünftig darauf zu reagieren, was geeignete Tests offenbaren könnten. Die Schwierigkeit ist, aus der Uniformität der Schule auszubrechen.

Hier liefert der von der Regierung Bush vorgeschlagene Plan ebenfalls Erkenntnisse, wie man nicht über das Thema denken sollte. Bush und seine Berater waren natürlich darauf eingeschworen, ständig eine Weltanschauung des Kapitalismus und freien Unternehmertums im Mund zu führen; es ist also nicht verwunderlich, daß ihr Plan mit Begriffen wie Wahlfreiheit, Wettbewerb und Möglichkeit zur Eigeninitiative gespickt war. Sie waren jedoch noch mehr darauf eingeschworen, den Status quo zu halten, was immer er auch sein mochte. So erinnerte ihr Reden von Wahlfreiheit am Ende an Henry Fords Anpreisung seines Modell T: Sie können ihn in jeder Farbe bekommen, solange es Schwarz ist! Sie waren außerdem durch ihr Festhalten an hierarchischen Strukturen – in Organisationen, in der Erkenntnistheorie und in der Gesellschaft – blind für die Möglichkeit einer Schulreform. Hierarchie in Frage zu stellen, ist jedoch der Kernpunkt eines schulischen Wandels.

Bushs Blindheit für die wirklich wichtigen Fragen wurde in seinem Vorschlag deutlich, in jedem Wahlbezirk eine Million Dollar für die Unterstützung einer Versuchsschule zur Verfügung zu stellen. Auf den ersten Blick scheint dies auf eine Förderung der Vielfalt abzuzielen: Es ist jedoch vorhersehbar, daß die ausgewählten Schulen den Vorstellungen der staatlichen Schulbehörden entsprechen und ohnehin nicht genügend Mittel erhalten würden, um etwas wesentlich Neues auszuprobieren.

Eine Variante dieses Planes, die auch nicht mehr Kosten verursachen würde und tatsächlich funktionieren könnte, ist ein Wettbewerb zur Auswahl von fünfzig Vorschlägen für Versuchsschulen, von denen jede einen Zuschuß von zehn Millionen Dollar erhalten würde, wobei die Preisrichter verpflichtet werden müßten, durch ihre Entscheidung Vielfalt zu fördern. Da das Preisrichterkommittee zwangsläufig durch die staatlichen Schulbehörden zusammengestellt würde, kann man davon ausgehen, daß die ersten zehn oder zwanzig gewählten Vorschläge nur unwesentlich von der heutigen Schule abweichen würden. Lange bevor die fünfzigste Entscheidung gefallen wäre, würden die Preisrichter jedoch durch ihre Verpflichtung gezwungen sein, auch Pläne, die wirklich etwas Neues darstellten, zu berücksichtigen. Diese Variante ist jedoch nur ein Gedankenexperiment, das die Schwächen des Bush-Plans verdeutlichen soll. Es ist weit von dem entfernt, was ich als den wahrscheinlichen Weg zum radikalen Wandel der Schule sehe. Ganz im Gegenteil, dieser müßte sehr viel näher an der Basis beginnen.

Um eine konkrete Vorstellung vom Wandel zu bekommen, sollte man sich eine Grundschullehrerin, nennen wir sie Martha, vorstellen, die dieses Buch liest und sich entschließt, daß sie in ihrer eigenen Klasse gerne Thelmas Beispiel folgen würde. Ihr erstes Problem wäre die technische Ausrüstung. Vor zehn Jahren wäre dies ein größeres finanzielles Problem gewesen. In Thelmas Fall gab es ein Programm, das für die beteiligten Lehrer Computer bereitstellte; andere Lehrer stellten Zuschußanträge, überzeugten die Schulverwaltung oder baten die Eltern um finanzielle Unterstützung. Für Martha stellt sich durch die »Abwehrreaktion« der Schule jedoch ein anderes Problem. Sie hat Schwierigkeiten, Computer zu bekommten, weil ihre Schule bereits viel in diesen Bereich investiert hat, und die Computer für andere Zwecke verwendet – vielleicht für Drill-and-Practice, vielleicht auch für die Vermittlung von »Computerkenntnissen«.

Nehmen wir jedoch einmal an, Martha hat das Ausrüstungsproblem gelöst und ist bereit loszulegen. Jetzt steht sie vor einem anderen Problem, nämlich, sich soviel von der Computerkultur anzueignen, daß sie ihre Schüler mit Selbstvertrauen führen kann. Viele Lehrer in Thelmas Alter haben an Programmen teilgenommen, deren Ziel nicht die bloße Vermittlung technischen Wissens über Computer war, sondern die dies im Geist der Mathetik erreichen wollten, der in den Arbeitsskizzen in ihren Klassenzimmern durchdringt. Für Martha wird es nicht leicht sein, deren Lernerfahrung zu wiederholen. Sie wird Schwierigkeiten haben, ein geeignetes Programm zu finden. Wenn sie doch eines findet, wird sie Schwierigkeiten haben, ihre vorgesetzte Schulbehörde davon zu überzeugen, daß sie für die Zeit der Teilnahme von der Schule freigestellt werden sollte. Ihre Vorgesetzten werden sie darauf aufmerksam machen, daß das Schulsystem, oder vielleicht auch die Computerfirma, Kurse über die »Verwendung des Computers« anbieten. An einigen Nachmittagen erwerben Lehrer die wichtigsten Computerkenntnisse. Man braucht nicht unbedingt einen dreiwöchigen Kurs. Außerdem hat die Schule bereits einen Vollzeit-Computerlehrer. Die Vorgesetzten werden zunächst ihre Erklärung, daß es ihr um mehr geht, als einen Computer zu verwenden, nicht verstehen. Wenn es Martha doch gelingen sollte, ihre Vorstellung und Hoffnung begreiflich zu machen, Kinder auf eine ganz neue Weise Mathe lernen zu sehen, wird sie auf ein neues Hindernis stoßen. Man erklärt ihr, daß die Schule bereits festgelegt hat, wie Kinder Mathe lernen sollten, daß die Schule die Mathematikreihe XYZ eingeführt hat, daß der Schulbezirk einen Fachmann für die Koordination des Mathematikunterrichts beschäftigt, mit dem man Probleme besprechen kann, daß es nicht an ihr ist, neue Eigeninitiativen zu ergreifen.

Man kann sicher sein, daß dieser Schwall von Einwänden nur ein kleiner Teil der Schwierigkeiten ist, denen Martha bei ihrem Versuch, in ihrer Schule die Initiative zu ergreifen, begegnen wird. Bewunderswert ist, daß es vielen in ihrer Lage dennoch gelingt, neue Methoden in ihren Klassen einzuführen, auch wenn sie dies damit bezahlen müssen, daß sie in Kämpfen mit dem System einen Großteil der Energie, mit der engagierte Lehrer in so außerordentlichem Maße ausgestattet sind, vergeuden. Das Problem, diese Energie effektiver zu kanalisieren, steht im Mittelpunkt meiner Anfangsfrage: Was kann getan werden? Ich will hier keine vorgefertigte Antwort geben, da ich weder glaube, daß es eine gibt, noch die Vorstellung akzeptieren kann, daß ich die Stellung eines Lieferanten (eines »Guru«) habe, der seine Kunden mit Veränderungsplänen versorgt. Ich kann hier jedoch versuchen, mich, soweit wie möglich, in Martha hineinzuversetzen, und einen konkreten Plan beispielhaft, so wie Martha es tun würde, durchzuspielen.

Martha ist zu dem Schluß gekommen, daß es einen besseren Plan geben muß, als ein Hindernis nach dem anderen in Angriff zu nehmen. Solange sie ein isolierter Einzelkämpfer an einer Schule von vierzig Lehrern und drei Schulverwaltern ist, werden solche Probleme immer wieder auftreten. Sie glaubt zwar, daß sie die Kraft hätte, sie weiter so anzugehen, wenn sie keine andere Wahl hätte, hat sich jetzt jedoch dazu entschieden, sich nach einem systemischeren Ansatz umzusehen. Auf der Suche nach Modellen findet sie drei. Ein erster Ansatz, für den das Projekt Mindstorm Modell steht, ist, die Schule zu »bekehren«, ihre Denkmuster und ihre Organisationsform umzustrukturieren, nicht notwendigerweise so gründlich, daß sie vollkommen mit ihrer eigenen Vision übereinstimmt, aber doch in einem solchen Maß, daß sie Raum für einen Fortschritt läßt, an den sie glauben kann. Ein zweiter Ansatz, der auf Modellen wie dem Computerprojekt in Costa Rica basiert, ist die Schaffung einer Gemeinschaft, die die Grenzen der Schulen überschreitet. Ein dritter Ansatz, auf den ich mich hier konzentrieren möchte, ist das Modell der »kleinen Schule« – ein Name der auf die in Dänemark übliche Praxis zurückgeht, Gruppen von Bürgern, die sich ernsthaft mit dem Aufbau einer Einrichtung befassen, die in den Vereinigten Staaten als alternative Schule bezeichnet würde, staatliche Zuschüsse zu gewähren.

Martha hat über faszinierende kleine Schulen in Dänemark gelesen, kann jedoch mehr über Modelle in ihrer näheren Umgebung herausfinden. 1968 wurde in New York City eine formale Dezentralisierung des Schulsystems durchgeführt, indem Schulbezirke eingerichtet wurden, denen ein hohes Maß an Autonomie in den Grundschulen und den unteren Klassen der High-School in ihrem Bereich zugestanden wurde. Diese Dezentralisierung blieb an sich »formal« und führte zu keinem der Vorteile, die ein wahrer Bruch mit einer zentralisierten Organisation mit sich bringt, hauptsächlich weil sie als Umbildung des zentralistischen bürokratischen Systems verstanden wurde: Die Bezirke sahen sich selbst nicht als Herausforderung zentralistischer Autorität an; sie sahen sich selbst als Einrichtungen, die zentralisierte Autorität über ihre eigenen Reviere erwarben. In jüngerer Zeit haben einige dieser Bezirke Strategien eingeführt, die einen bedeutungsvolleren Schritt in Richtung einer wahren Dezentralisierung darstellen. Sie haben ein Verfahren entwickelt, das es einer Gruppe von in der Regel sechs bis zehn Lehrern ermöglicht, einen Vorschlag für die Gründung einer separaten Schule zu unterbreiten, die das Recht hat, ihre eigene Schulpolitik innerhalb der von der Schulbehörde des Bezirks gebilligten Richtlinien selbst zu bestimmen.

Die kleinen Schulen sind immer noch keine Beispiele für radikalen Wandel. Martha sucht jedoch keinen direkten Weg zu radikalem Wandel. Sie kann erkennen, daß die Entwicklung einer radikal gewandelten Lernumgebung ein gesellschaftlicher Prozeß sein muß, der allmählich organisch wachsen wird. Er wird auch das Wachstum einer wirklich anderen Lernkultur umfassen, überreich an Literatur, an Witzen, an neuen Denkweisen darüber, was gelernt wird und wie es gelernt wird – kurz, an viel mehr als Martha und eine Handvoll ihrer Kollegen jemals allein erreichen können. Das Problem, das sie zu lösen versucht, liegt auf einer anderen Ebene als das Herbeiführen eines radikalen Wandels: Sie versucht nicht, radikalen Wandel selbst zu ersinnen, sondern an seiner Entstehung mitzuwirken. Sie sucht nach einem Weg, ein erfülltes Leben als Lehrerin zu führen, und bei ihrer Einstellung bedeutet dies auch, daß sie zur Entwicklung neuer Lernweisen beiträgt.

Bei dem Beispiel Costa Rica erwähnte ich, wie Logo zu einem Mittel für etwas wurde, das Bell Hooks bei seiner Beschreibung einer ähnlichen Situation in den Erfahrungen afroamerikanischer Frauen als Wiederherstellung der Identität bezeichnet hat. Die Arbeit mit Computern ermöglichte es Menschen eines kleinen »unterentwickelten« Landes, auf die Werkzeuge der Zukunft Anspruch zu erheben; es ermöglichte Lehrern, das Image ihres Berufsstandes, sie seien unfähig zur Beherrschung irgendeiner komplexen modernen Technologie, zu widerlegen; und es ermöglichte Frauen, sich selbst und anderen zu zeigen, daß Technik nicht nur eine Sache für Männer ist. In den Vereinigten Staaten habe ich Frauen beobachtet, die Logo in einem ähnlichen Geist verwendeten. Ich habe Kinder in »Sonderschulklassen« gesehen, die den Computer in einem kämpferischen Geist verwendeten, um ihr wahres Selbst gegen die Schule, die sie als unfähig einstufte, zu behaupten. Jeder dieser Fälle zeigt Möglichkeiten, wie eine in einem kämpferischen Geist gegründete kleine Schule Technologie als Mittel zur Selbstbehauptung einsetzen kann.

Bei der Erörterung verschiedener Denkstile führte ich an, wie *bricoleurs* eine besondere Form der Identität wiederherstellen konnten, für die sie in der Regel keinen Namen hatten: eine erkenntnistheoretisch begründete Identität, die sie vorher als minderwertig angesehen hatten, und in der sie nun eine Quelle intellektueller Kraft und einen Anlaß für Stolz erkannten. Es stimmt mich nachdenklich, daß sich viele alternative Schulen zwar durch ein Interessensgebiet wie Kunst, Literatur oder Wissenschaft abgrenzen, daß es jedoch nur wenige gibt, die sich selbst durch eine erkenntnistheoretische Ausrichtung bestimmen.

Ein Ansatz, der einer solchen Ausrichtung noch am nächsten kommt, ist jener der afrozentrierten Schule. Natürlich geht es hier um mehr als eine erkenntnistheoretische Ausrichtung; sie beinhaltet auch eine Reihe von Werten, ein Gefühl der ethnischen Identität und vielleicht eine politische Einstellung. Am besten kenne ich die Paige Academy in Boston, die durch ihre Einbettung in eine entsprechende Gemeinschaft noch weitere Dimensionen aufweist.

Ich könnte in diesem Geiste fortfahren, doch genügt dies vielleicht um zu zeigen, daß kleine Schulen grundlegender und bewußter ein Gefühl ihrer eigenen Identität entwickeln könnten. Alles, was ich in diesem Buch gesagt habe, läuft in der Vermutung zusammen, daß dadurch fruchtbare intellektuelle Umfelder geschaffen würden, in denen sich nicht nur Kinder und Lehrer, sondern auch neue Lernkonzepte entwickeln würden. Nur in einem solchen ökologischen System der Mutationen und Hybridisierungen verschiedener Lernmethoden kann sich eine wirklich neue mathetische Kultur herausbilden. Wie Darwin uns zu verstehen gab, sind zwei Schlüsselbegriffe zur Erklärung biologischer Evolution und vieler anderer Entstehungsprozesse jene der Variation und Selektion. Wenn wir heute auch wissen, daß der Prozeß komplexer ist, als Darwin sich vorstellte, so gilt doch immer noch, daß biologische Evolution von einem breiten Angebot an Vielfalt abhängt. Ich halte kleine Schulen für den wirkungsvollsten, vielleicht sogar einen unentbehrlichen Weg zur Schaffung von Vielfalt für die Evolution der Schule.

Die vorherrschende Linie in den staatlichen Schulbehörden erkennt vielleicht ebenfalls die Notwendigkeit der Vielfalt, schaut jedoch nach anderen Quellen Ausschau, aus denen sie bezogen werden kann. So würden zum Beispiel viele – nennen wir sie die strengen Forscher – sagen, daß der richtige Platz sowohl für Variation als auch für Selektion das Labor ist. Nach ihrem Modell sollten Forscher eine große Anzahl verschiedener Konzepte entwickeln, diese streng testen, das beste auswählen und an die Schulen weitergeben.

Nach meiner Meinung ist das einfach Gosplan in pädagogischer Verkleidung. Man stelle sich einmal vor, man hätte ein neues Küchengerät erfunden und könnte beweisen, daß zehn Millionen Menschen es gerne hätten. Man könnte den Ansturm der potentiellen Geldgeber kaum abwehren! Das Gerät wäre in kürzester Zeit auf dem Markt. Man stelle sich nun vor, man hätte ein Schulkonzept entwickelt, das für zwanzig oder dreißig Millionen Menschen – sagen wir, für jeden fünften in allen Bezirken des Landes – attraktiv wäre. Obwohl dies in vielen Bereichen wirtschaftlichen Wettbewerbs einen Marktanteil darstellte, der die kühnsten Träume der Unternehmer übertreffen würde, könnte er dennoch nicht ausreichen, um auch nur einen einzigen »Verkauf« an eine Schulbehörde zu bewirken.

Die absurde Situation, daß Angebot und Nachfrage vorhanden sind, sich jedoch nicht treffen, resultiert aus dem Festhalten der Schulen an Uniformität. In den meisten Ländern besteht diese Uniformität auf nationaler Ebene: Ein Bildungsministerium müßte die Entscheidung treffen, das neue Konzept einzuführen. In den Vereinigten Staaten besteht ein dezentralisiertes System, in dem jede Stadt ihre eigenen Entscheidungen treffen kann. Dadurch können sich einige Formen der Vielfalt einfacher halten: am einfachsten jene Schulformen, die der sozialen Zusammensetzung einer bestimmten Stadt am ehesten entsprechen. Vielfalt in grundlegenden Bereichen der Schule wird jedoch durch die Forderung der mehrheitlichen Billigung auf städtischer oder sogar einzelschulischer Ebene genauso wirksam abgewürgt wie auf nationaler Ebene. Die Bedeutung des Konzepts der kleinen Schule ist, daß sie eine wirkungsvolle, vielleicht sogar die bei weitem wirkungsvollste Strategie darstellt, um die Prinzipien der Variation und Selektion zum Tragen kommen zu lassen.

Die strengen Forscher werden einwenden, daß in diesem Argument ein populistischer Unterton mitschwingt. Es ist angemessen, eine Küchenmaschine oder eine Knoblauchpresse ganz nach dem persönlichen Geschmack zu kaufen, bei der Schule geht es jedoch um etwas Ernsteres. Jedes Kind verdient das Beste. Wissenschaft sollte dazu dienen, das Beste herauszufinden, und dann sollte jeder die erprobte Methode übernehmen. Persönliche Entscheidung ist hier einfach fehl am Platz.

Dieser Einwand hängt mit einer Annahme zusammen, die im Mittelpunkt des technizistischen Schulmodells steht: Bestimmte Verfahren sind die besten, und man kann den Beteiligten die Anordnung geben, sie anzunehmen. Selbst wenn es so etwas wie »die beste Methode« für Lernen gäbe, wäre sie nur dann die beste, oder sogar nur eine halbwegs gute, wenn die Beteiligten (Lehrer, Eltern und Schüler) an sie glaubten. Nach Auffassung der Bürokraten kann man jemanden durch Anordnung dazu bringen, an etwas zu glauben. Diese Auffassung wird durch die Rationalisten gestützt, die denken, daß man durch Vorbringen überzeugender Argumente jemanden dazu bringen kann, an etwas zu glauben. Was ist, wenn dies nicht so ist? Was ist, wenn Lehrer und Eltern, und sogar Kinder weiterhin andere Vorstellungen haben? Dann haben wir die Wahl, entweder Gewalt auszuüben, um das System bürokratisch am Laufen zu halten, oder es auf den kleinsten gemeinsamen Nenner zu reduzieren, an den alle glauben können. Wir hätten entweder ein totalitäres oder ein nichtssagendes Schulsystem. Tatsächlich würde, wenn es nicht den Widerstand von Lehrern wie Martha gäbe, die Schule diese Wahl nicht einmal treffen, sondern beides erreichen – und manchmal passiert dies auch trotz der Marthas.

Ein zentrales Merkmal des Konzepts der kleinen Schule ist, daß sie es einer Gruppe Gleichgesinnter – Lehrern, Eltern und Kindern – ermöglicht, auf der Grundlage wirklich eigener Überzeugungen gemeinsam tätig zu sein. Statt allen eine gemeinsame Denkweise aufzuzwingen, haben Menschen mit gemeinsamen Denkweisen die Möglichkeit zusammenzukommen. Ich möchte behaupten, daß dies sogar vom Standpunkt der strengen Forscher aus betrachtet sinnvoll ist. Sie sollten erkennen, daß die kleine Schule das geeignetste Labor für die Evolution von Lernmethoden darstellt. Dies gilt insbesondere für einen Bestandteil in der Lernumgebung der Kinder, dem bisher am wenigsten Aufmerksamkeit in diesem Buch geschenkt worden ist, nämlich die Eltern.

Wenn Martha und ihre Kollegen tatsächlich neue Konzepte erproben, werden sie wahrscheinlich Maßnahmen treffen, die den Vorstellungen der

Eltern vom Lernen zuwiderlaufen. Dadurch kann die Effektivität der Arbeit an der kleinen Schule untergraben werden; wenn die Eltern jedoch begreifen, was an der Schule gemacht wird, kann unterstützende Diskussion im Elternhaus dies sehr gut verstärken. Somit spielt der Konsens zwischen Schule und Elternhaus auch eine wichtige Rolle dabei, wie sie sich entwickeln wird.

Ein aufschlußreiches Beispiel für die Auswirkungen einer ungünstigen Elternreaktion liefert die Bewegung der »Neuen Mathematik«, die in den sechziger Jahren aufkam. Der Start des ersten Satelliten in der UDSSR löste panische Angst vor einer sowjetischen Überlegenheit in Wissenschaft und Technik aus, und dies führte plötzlich zu einer allgemeinen Lehrplanreformierung an amerikanischen Schulen, die sich schließlich auf die ganze Welt ausbreitete. Ein herausragender Teil dieser Reform war ein neuer Ansatz für den Mathematikunterricht an Grundschulen. Aus Mathematikern, Psychologen und Lehrern bestehende Arbeitsgruppen sollten diesen erarbeiten. Unter dem Einfluß der Mathematiker kamen sie zu dem (richtigen) Schluß, daß der herkömmliche Mathematikunterricht Routinelernen zu stark betonte, argumentierten jedoch weiter, daß die Lösung darin bestünde, Kindern die »Logik« hinter der Mathematik nahezubringen. Dieses Argument enthielt einige grundlegende Denkfehler, von denen der unmittelbar relevanteste hier ist, daß die allgemeine Öffentlichkeit, und dies schloß die große Mehrheit der Eltern mit ein, wenig Verständnis und noch weniger Sympathie für diese neue Mathematik hatte. Viele Eltern reagierten, indem sie das, was ihre Kinder lernten, lächerlich machten – kaum ein geeigneter Weg um Lernen zu fördern. Und selbst wenn die Eltern sich nicht aktiv über die Arbeit ihrer Kinder lustig machten, so trug ihr mangelndes Verständnis doch unter den Kindern zu dem Gefühl bei, daß es akzeptabel war, Mathematik nicht zu verstehen – ihre Eltern verstanden sie nicht und schienen sogar noch stolz darauf zu sein.

Die Bedeutung der Elternreaktion auf diese Mathematik macht die Komplexität und Anfälligkeit der gesellschaftlichen und kulturellen Seite schulischen Wandels deutlich. Sie macht auch deutlich, wie sehr dies von den Pädagogen vernachlässigt wurde: Nicht nur, daß die Bewegung der Neuen Mathematik den Eltern nicht gefiel, die Initiatoren der Bewegung betrachteten dies nicht einmal als relevanten Faktor. Die der Entwicklung und Einführung des neuen Lehrplans vorausgehenden Diskussionen schenkten den Auffassungen der Mathematiker, welche Form der Mathematik »richtig« sei, genauso wie den Auffassungen der Psychologen, was für Kinder lernbar sei, große Beachtung. Die Diskussionen schenkten der kulturellen Seite des Lernens jedoch keinerlei Beachtung: sie befaßten sich nicht mit Fragen nach dem Verhältnis der alten oder der neuen Mathematik zur vorherrschenden Kultur.

Hätten sie dies beachtet, wären mehrere Ergebnisse möglich gewesen. Es wäre zumindest mehr Wert darauf gelegt worden, das Verständnis der Eltern für das, was getan wurde, zu fördern. Es läßt sich schwer abschätzen, was in diesem Fall passiert wäre. Sicherlich wäre die Reaktion auf den neuen Ansatz etwas positiver ausgefallen. Meiner Meinung nach wäre sie jedoch nicht sehr viel besser gewesen, weil der Konflikt zwischen Kultur und neuer Mathematik zu tief war, als daß er durch eine bessere Öffentlichkeitsarbeit zu überwinden gewesen wäre. Eine sehr viel wahrscheinlichere Folge hätte sein können, daß die Reformer vielleicht die Notwendigkeit eingesehen hätten, ihren Lehrplan umzuformen, so daß er in der Kultur eine bessere Resonanz erhalten hätte. In beiden Fällen läßt sich jedoch für Martha und alle, die sie bei ihren Bemühungen unterstützen, aus der Geschichte der neuen Mathematik eine Lehre ziehen: Beim Entwurf einer Lernumgebung muß auch die kulturelle Umgebung berücksichtigt werden, und bei seiner Einführung müssen ernsthafte Anstrengungen unternommen werden, die Gemeinschaften, in denen er eingeführt werden soll, miteinzubeziehen.

Ich bin nicht sicher, daß irgendein Ansatz, Mathematik zu reformieren, in den sechziger Jahren hätte effektiv sein können. Glücklicherweise lebt Martha in einer Zeit, in der viele Faktoren dazu beitragen, Möglichkeiten für die Entwicklung einer auf die Kultur abgestimmten Lernumgebung zu schaffen. Es ist für das allgemeine Problem aufschlußreich, noch einmal einige Möglichkeiten zu betrachten, wie Mathematik in kleinen Schulen besser gehandhabt werden kann, Möglichkeiten, die für Martha ein Modell darstellen könnten.

Man sollte nie müde werden, das Naheliegende zu wiederholen: Selbst wenn alles andere gleich bliebe, die einfache Tatsache, daß es sich um eine kleine Schule handelt, könnte einen entscheidenden Unterschied ausmachen, wenn es zu einer automatischen Auswahl von Eltern käme, die diese spezielle pädagogische Linie befürworten. In diesem Fall würde die Schule, statt gegen eine skeptische und mißtrauische Elternschaft zu kämpfen, von dem Engagement, das die Eltern durch die Wahl eben dieser Schule gezeigt haben, profitieren. Selbst in der Zeit der Bewegung der neuen Mathematik hätte eine alternative Schule diesen Faktor nutzen können – und tatsächlich taten dies einige –, um ein besseres intellektuelles Klima zu schaffen. Heute kann eine kleine Schule diesen Vorteil noch viel besser ausnutzen. Die besondere Neuerung der neuen Mathematik war in verschiedener Hinsicht isoliert. Sie war speziell auf Mathematik beschränkt und schwappte auch ein wenig in die Naturwissenschaften über; es lag in der Natur der Sache, daß sie nur für wenige attraktiv war.

Wenn die moderne kleine Schule ihrem mathematischen Ansatz die Computer-Verwendung zugrunde legt, erhält sie eine Chance, ihre Isolierung zu durchbrechen. Ganz unabhängig von ihrem »wahren« pädagogischen Wert, hat die Assoziation von Mathematik mit Computern eine viel höhere Chance, positive Reaktionen auszulösen, als die Assoziation von Mathematik mit einer fremden, nur Eingeweihten begreiflichen Sache mit dem Namen »Mengenlehre«. Die Reaktion typischer Eltern wird sehr viel positiver sein, wenn das Kind nach Hause kommt und sagt, »Ich habe in Mathe mit dem Computer gearbeitet«, statt »Wir haben in Mathe Mengenlehre gehabt«. Diese Form der Akzeptanz des Computers kann natürlich mißbraucht werden: Alle möglichen oberflächlichen Aktivitäten werden als »Computerlernen« verkleidet. Daß mangelhafte pädagogische Methoden in Computerkostümen verkleidet werden können, tut der Tatsache jedoch keinerlei Abbruch, daß eine positive Haltung gegenüber der Vorstellung, daß Kinder etwas über Computer lernen, als Brücke verwendet werden kann, um Eltern pädagogisch sinnvolle Arbeit verständlich zu machen. Die Eltern sind bereit zuzuhören. Sie sind auch bereit zu glauben, daß etwas über Computer lernen dazu führt, etwas über Mathematik zu lernen, denn die öffentliche Meinung ist fest davon überzeugt, daß Computer »mathematisch« sind. Vielleicht wissen viele nicht genau, was dies bedeutet; es ist jedoch ausreichend, um eine positive Haltung gegenüber Mathematik durch die Verbindung des Faches mit Computern zu bewirken.

Ein neuer auf den Computer gestützter Ansatz in der Mathematik reduziert auch anders die Isolierung, denn, wie ich mehrfach in diesem Buch gezeigt habe, ist Mathematik dadurch mit vielen anderen Interessensgebieten, die für Eltern verständlich und wichtig sind, verbunden. Dazu gehören spezielle Gebiete wie Ballett, Robotertechnik, Schreiben und Gemeinschaftskunde; dazu gehören jedoch auch, was vielleicht sogar noch wichtiger ist, erkenntnistheoretische Positionen, die für Eltern durch feministische, afrozentristische (und andere multikulturelle) oder ökologische Verbindungen interessant sein können. Somit hat die kleine Schule im Prinzip eine breite Basis, auf der sie mit den Eltern in einen Dialog treten könnte.

Natürlich besteht noch eine große Kluft zwischen einer prinzipiell bestehenden Basis für einen Dialog und seiner Realisierung in einer fruchtbaren Form. Ich will nicht sagen, daß dies einfach wäre, oder daß ich sogar wüßte, wie man dabei vorgeht. Ich will einfach nur sagen, daß eine ganz neue Möglichkeit besteht, eine größere Öffentlichkeit für das Streben nach schulischem Wandel zu mobilisieren. Und es erscheint mir sehr einleuchtend, daß eine dynamische kleine Schule, die auf einem grundsätzlichen Eintreten für das Denken in Zusammenhängen basiert, in einer viel besseren Lage ist, dies zu tun, als eine schwerfällige traditionelle Schule.

Eine weitere Möglichkeit, wie Technologie dazu beitragen wird, ein günstigeres Umfeld für die verschiedenen Initiativen für neue Lernkontexte bereitzustellen, ist die elektronische Kommunikation. Selbst wenn es viel mehr kleine Schulen als heute gäbe, und deren Reformen viel mutiger und vielfältiger wären, würden sie doch keine evolutionsfördende Umgebung darstellen, wenn sie nicht Teil eines interagierenden Systems wären. Die Entwicklung besserer Kommunikationstechnologien kann einen signifikanten Beitrag zur Umwandlung des Plansystems der Schule in ein System der Eigeninitiative leisten.

Neue Kommunikationstechnologien bieten auch eine Antwort auf etwas, was einige Leser vielleicht als Einwand gegen das Konzept der kleinen Schule betrachtet haben. Sie erscheinen vielleicht isolationistisch und förderten eine noch größere Aufspaltung der Gemeinschaften, als ohnehin schon besteht. Man stelle sich jedoch einmal vor, in der Lage zu sein, auf elektronischem Weg eine Schule in einer virtuellen Realität zu besuchen, vergleichbar im Geist mit der virtuellen Realität, in dem ich mir Jennifers Besuch bei den Giraffen in Afrika vorstellte. Man stelle sich Schulen auf der ganzen Welt vor, die in Projekten zusammenarbeiten. Solche Bilder lassen auf Kontaktmöglichkeiten zwischen Schulen schließen, die weit über alles hinausgehen, was man früher kannte. Es ist nicht länger notwendig, tausend Kinder in einem Gebäude und unter einer Verwaltung zusammenzubringen, um ein Gemeinschaftsgefühl zu entwickeln.

Dies wiederum bedeutet, daß sich langfristig die Funktion der kleinen Schulen wahrscheinlich verändern wird. Die großen Schulen sind zu schwerfällig, um in den turbulenten Strömungen eines radikalen Wandels manövrieren zu können. Meine Vision ist durchaus mit einem Szenario vereinbar, in dem eine Bewegung der kleinen Schule 10 Prozent aller Kinder einbezieht, dies dafür nutzt, einen Weg für neue Lernmethoden zu bahnen, nach der Erfüllung dieser Katalysator- und Erprobungsfunktion jedoch wieder von der Bildfläche verschwindet. Dennoch sehe ich dies nicht als das wahrscheinlichste Szenario an, denn langfristig ist es wahrscheinlich, daß große Schulen überhaupt nicht mehr gebraucht werden.

Welchen Vorteil bietet die große Schule gegenüber der kleinen? Einige früher vorhandene Vorteile sind dazu bestimmt zu verschwinden. Dies gilt am augenfälligsten für den Vorteil, sich eine große Bibliothek leisten zu können. Viele Schulen haben ohnehin keine gute Bibliothek; im elektronischen Zeitalter wird jedoch jede Schule, tatsächlich sogar jeder Haushalt, in der Lage sein, auf weit entfernte Referenzbücher, Enzyklopädien und ähnliches, genauso wie auf Werke der Weltliteratur zuzugreifen, ohne daß der Leser seinen Sessel oder sein Spielzimmer verlassen muß. Ähnlich wird die Kommunikationstechnologie die Möglichkeiten, andere Menschen mit gleichen Interessen zu treffen, vergrößern. Sogar die mehr oder weniger illusorische Vorstellung, daß eine große Schule bessere Chancen bietet, einen Lehrer für jedes Gebiet, das den einzelnen Schüler interessieren könnte, zu haben, wird durch die Möglichkeit untergraben, über große Entfernungen mit Fachleuten in Verbindung zu treten.

Es gibt nur eine Art von Argumenten gegen kleine Schulen, die mich beunruhigt, wenn auch nicht so stark, daß ich den Ansatz deshalb aufgeben würde. Diese Argumente drehen sich um die Thematik Elitedenken und Kinder vor sozialer Ungerechtigkeit zu beschützen. Im Prinzip hat die traditionelle staatliche Schule das Potential, Chancengleichheit für alle sicherzustellen. Im Prinzip untergräbt das Konzept, sie in kleinere Einheiten aufzuspalten, wenn nicht das Potential, Kinder vor Ungerechtigkeit zu beschützen, so zumindest die herkömmlichen Methoden, dies zu tun.

Im Grunde lautet meine Antwort auf diese Argumente, daß staatliche Schulen den hohen Preis der Bürokratisierung bezahlt haben, ohne jene, die es am nötigsten hätten, ausreichend zu beschützen. In diesem Sinne gibt es keinen wesentlichen Einwand zu beantworten. Die Situation ruft wieder einmal eine Analogie mit der sowjetischen Wirtschaft wach. Die UdSSR prahlte immer damit, daß alle ihre Bürger Arbeit und ein gewisses Maß an sozialer Sicherheit hätten. Ein schrecklicher Preis wurde jedoch bezahlt, und das nicht einmal für wirkliche Sicherheit, sondern nur für die Illusion davon. Ich kann nicht erkennen, daß die Schule in ihrer sozialen Rolle verteidigt werden müßte. Sie wird den Aufgaben, die sie für sich in Anspruch nimmt, immer weniger gerecht.

Die Aufgaben, Kindern soziale Sicherheit zu bieten, sind sicherlich notwendig. Es wäre zum Verzweifeln, wenn man beim Blick in die Zukunft feststellen müßte, daß wunderbare Netzwerke für den Zugang zu Wissen nur für einige Menschen vorhanden sind, während andere ausgeschlossen werden, oder wenn man erkennen müßte, daß Schule noch viel mehr als in der Vergangenheit zu einer Brutstätte für Intoleranz und Haß geworden wäre. Diese Aussicht ist so grausam, daß ich zögern würde, irgendeinen nur intellektuellen Vorteil anzunehmen, wenn dies mit der Abschaffung eines Status quo bezahlt werden müßten, der Demokratie und kultureller Vielfalt diente. Ich bin jedoch nicht bereit zu akzeptieren, wirkliche Vorteile zugunsten einer nur vorgegebenen Gleichheit aufzugeben. Die einzig vernünftige Alternative, die ich hier erkennen kann, ist, sich weiter in der Förderung schulischer Vielfalt voranzukämpfen, und mit großem Engagement nicht nur ihre Vorteile an alle weiterzugeben, die sie nutzen wollen, sondern auch sicherzustellen, daß jene, die sie nicht nutzen wollen, ausreichend unterrichtet sind, um eine bewußte Entscheidung treffen zu können.

Informationsquellen

Council for Logo in Mathematics Education
10 Bogert Avenue
White Plains, NY 10606
Telefon: (914) 946-5143

Epistemology and Learning Group
Media-Lab E15-309
Massachusetts Institute of Technology
20 Ames Street
Cambridge, MA 02139
Telefon: (617) 253-7851
Fax: (617) 253-6215

Logo Foundation
250 West 57th Street, Suite 2603
New York, NY 10107-2603
Telefon: (212) 765-4918
Fax: (212) 765-4789

Logo Special Interest Group
International Society for Technology in Education
1787 Agate Street
Eugene, OR 97403-1923
Telefon: (503) 346-4414
Fax: (503) 346-5890

Bezugsquellen für Logo-Software

Harvard Associates
10 Holworthy Street
Cambridge, MA 02138
Telefon: (617) 492-0660
Fax: (617) 492-4610

Lego Dacta
555 Taylor Road
Enfield, CT 06082
Telefon: (800) 527-8339
Fax: (203) 763-2466
Logo Computer Systems, Inc.
P.O.Box 162
Highgate Springs, VT 05460
Kundenservice: (800) 321-5646
Fax: (514) 331-1380

Paradigm Software, Inc.
P.O.Box 2995
Cambridge, MA 02238
Telefon: (617) 576-7675

Terrapin Software, Inc.
400 Riverside Street
Portland, ME 04103
Telefon: (207) 878-8200
Fax: (207) 797-9235

LOGO-Gruppen, Europa

Prof. Dr. Herbert Löthe, Pädagogische Hochschule Ludwigsburg, 71634 Ludwigsburg, Reute-Allee 46; arbeitet seit Jahren zum Thema LOGO, verwendet verschiedene deutsche Versionen von LOGO u.a. IBM-LOGO, KRS-LOGO; MSW-LOGO (unter Windows)

Pestalozzianum Zürich, Fachstelle PU, Postfach CH-8035 Zürich (Tel. 01-361-75-19) MAC-LOGO; MAC-LOGO Grafik, MAC-LOGO Spezial und MAC-LOGO Text.

Bibliographie

FREIRE, PAULO AND DONALDO MACEDO. *Literacy: Reading the Word and the World.* New York: Bergin & Garvey, 1987.

ILLICH, IVAN. *Deschooling Society.* New York: Harper & Row, 1983; dt. *Entschlüsselung der Gesellschaft, Entwurf eines demokratischen Bildungssystems*, Reinbek 1984.

LATOUR, BRUNO. *Science in Action.* Cambridge: Harvard University Press, 1987.

LAVE, JEAN. *Cognition in Practice.* Cambridge: Cambridge University Press, 1988.

MCCULLOCH, WARREN. *Embodiments of Mind.* Cambridge, Mass.: MIT Press, 1965.

PAPERT, SEYMOUR. *Mindstorms: Children, Computers, and Powerful Ideas.* New York: Basic Books, 1980; dt. *Gedankenblitze: Kinder, Computer und neues Lernen*, Reinbeck 1985.

PAPERT, SEYMOUR. »Teaching Children Thinking.« In *The Computer in the School: Tutor, Tutee, Tool,* Hrsg. Robert P. Taylor. New York: Teachers College Press, 1980.

PECK, M. SCOTT. *The Road Less Traveled.* New York: Touchstone/Simon and Schuster, 1980; dt. *Der wunderbare Weg, Eine neue Psychologie der Liebe und des spirituellen Wachstums*, München 1986.

PIAGET, JEAN. *The Child's Conception of Number.* New York: Norton, [1941] 1965; dt. *Die Entwicklung des Zahlenbegriffs beim Kinde*, Frankfurt a.M. 1975.

PIAGET, JEAN. *The Grasp of Consciousness: Action and Concept in the Young Child.* Cambridge, Mass.: Harvard University Press, [1974] 1976.

RESNIK, MITCHEL. »Beyond the Centralized Mindset.« Ph.D. diss., Massachusetts Institute of Technology, 1992.

SUPPES, PATRICK. »The Future of Computers in Education.« *In The Computer in the School: Tutor, Tutee, Tool,* Hrsg. Robert P. Taylor. New York: Teachers College Press, 1980.

TURKLE, SHERRY. *The Second Self: Computers and the Human Spirit.* New York: Simon and Schuster, 1984; dt. *Wunschmaschine; Der Computer als das zweite Ich*, Reinbek 1984.

TURKLE, SHERRY UND SEYMOUR PAPERT. »Epistemological Pluralism: Styles and Voices within the Computer Culture.« *Signs* 16, no. 1 (1990).

WIENER, NORBERT. *Cybernetics: Control and Communication in the Animal and the Machine.* New York: Wiley, 1948; dt. *Kybernetik: Regelung und Nachrichtenübertragung in Lebewesen und Maschine*, Düsseldorf 1963 u. ö..

WIENER, NORBERT. *The Human Use of Human Beings: Cybernetics and Society.* Garden City, New York: Doubleday, 1954; dt. *Mensch und Menschmaschine*, Frankfurt a. M. 1966 u.ö..

Stichwortverzeichnis